La France n'a pas dit
son dernier mot

ÉRIC ZEMMOUR

La France n'a pas dit son dernier mot

Rubempré

© Rubempré 2021

J'ai péché, je le confesse.

Péché d'orgueil, péché de vanité, péché d'arrogance.

Je me suis vu Rastignac : « À nous deux Paris. »

Je me suis vu César : « Je suis venu, j'ai vu, j'ai vaincu. »

Le tohu-bohu médiatique, les irritations politiques, et les tirages astronomiques m'ont tourné la tête. Avec mon ouvrage *Le Suicide français*, j'avais atteint mon objectif que je ne cessais de proclamer sur tous les plateaux télévisés : « déconstruire les déconstructeurs ». J'avais mis au bout d'une pique télévisuelle les têtes des Cohn-Bendit, Attali, et consorts, pour la plus grande joie de mon public de sans-culottes, qui criaient : « Ah ça ira, ça ira. »

J'avais mis au jour la mécanique de l'idéologie progressiste qui avait conduit notre pays à l'abîme, ce triptyque né dans la foulée de Mai-68, élaboré dans les années 1970, et installé en majesté dans les années 1980 : « déconstruction, dérision, destruction ».

Mes lecteurs ne regardaient plus de la même façon un film, un match de football, une émission de Canal+, n'écoutaient plus aussi ingénument une chanson, ou un débat politique. Ils me le disaient, me le répétaient, et c'était doux à mes oreilles. J'avais découvert ensuite les brillants ouvrages de l'Américain Samuel Huntington, son célèbre *Choc des civilisations*, et le moins connu mais encore plus brillant *Qui sommes-nous ?* Une longue tirade concernant notre pays m'avait frappé par son désespoir qui avait précédé le mien :

> La France, tout particulièrement, a connu un effondrement civilisationnel éclair dont personne, pas même Braudel, mort en 1985, ne semble avoir compris la portée dramatique. Cette nation qui a été pendant mille ans le fer de lance intellectuel de la civilisation occidentale bascule à la charnière des années 1970-1980. En moins de deux générations, on assiste à une explosion de l'illettrisme, de la criminalité de droit commun, de la corruption politique, et à un remaniement à grande échelle de sa population qui la destituent comme nation historique d'Europe occidentale. Les Français, paradoxalement, refusent de considérer objectivement leur situation et semblent vouloir s'installer dans le déni jusqu'à ce que la mort s'ensuive. L'avenir se fera manifestement sans eux.

Je me disais vaniteusement que j'avais tiré le pays de son déni. Ce bon vieux Gramsci n'était pas mon cousin. Ivre de moi-même, j'étais convaincu d'avoir gagné à moi tout seul la bataille des idées.

J'avais seulement oublié que je n'avais pas gagné la guerre.

J'avais oublié que le propre de l'idéologie est de se radicaliser au rythme où le réel la désavoue.

J'avais oublié les leçons de Taine qui décrit avec une élégante méticulosité dans son fameux *Les Origines de la France contemporaine* la lente mais inexorable montée aux extrêmes des jacobins, portée par un mélange détonant d'avidité et de culte très français du verbe et de l'abstraction.

Nous vivions une nouvelle épopée révolutionnaire. J'avais dans *Le Suicide français* raconté et analysé son moment 1789 ; je vivais et endurais son moment 1793.

Je devais me remettre au travail. La tâche n'était pas simple. Celui qui a dit que l'abondance de biens ne nuit pas s'est trompé.

Pas un jour sans sa provocation, sans sa déconstruction, sans sa dérision, sans sa destruction.

Pas un jour sans que la police ne soit accusée de « violences policières », de « racisme systémique », de « contrôles au faciès ». Pas un jour sans qu'une thèse ne soit publiée dans nos universités sur la « théorie du genre dans le Limousin du XVIIe siècle ». Pas un jour sans qu'un émule du patron du CNRS Antoine Petit ne répète le nouvel horizon indépassable de l'intelligence française : « La "race" devient la nouvelle grille de lecture du monde sur laquelle s'intègre la grille du genre, et qui s'articule à la hiérarchie homme/femme[1]. »

Pas un jour sans que Walt Disney ne retire de son offre « Enfants », sur sa plateforme de films à la demande, des dessins animés hautement racistes comme *Les Aristochats* ou *Le Livre de la jungle* ; pas un jour sans qu'*Autant en emporte le vent* ne soit cloué au pilori pour avoir alimenté les préjugés racistes et sexistes ; sans que *Les Femmes savantes* de Molière ne soit transformée en pièce féministe ; sans que le grec et le latin ne soient accusés de véhiculer le suprémacisme blanc ; sans que la blancheur de la statuaire antique ne soit soupçonnée de nourrir « le privilège blanc » ; sans qu'un rappeur n'insulte la France ou n'invite à tuer la police ; pas un jour sans statue de Colbert, de Gaulle, Churchill, Napoléon, Joséphine, Lincoln, etc. couverte d'injures vengeresses ou déboulonnée. Pas un jour sans que la cérémonie des César ne soit transformée en happening d'art contemporain avec femmes nues et peintes.

Pas un jour sans une émission de télévision du service public qui ne décrive par le menu les « crimes de la colonisation française » ; pas un journal télévisé (privé et public confondus) qui ne décortique les ravages des « discriminations » ou ne rende hommage à ces immigrés qui sont une « richesse pour la France ».

Pas un jour sans qu'Assa Traoré n'étale sa tignasse de jais et ses escarpins Louboutin à la une de la grande presse française et internationale, et ne vante la douceur de vivre de son enfance dans une famille polygame (quatre femmes et dix-sept enfants dont un grand nombre de repris de justice). Qui a dit que la polygamie était interdite en France ? Pas un jour sans qu'entre en France un des 270 000 étrangers par an. Pas un jour sans que demeurent sur notre territoire

---
1. En préface d'un ouvrage intitulé : *Sexualités, identités et corps colonisés*, publié en 2019.

les déboutés du droit d'asile (80 % des 170 000 demandes) et les innombrables clandestins. Pas un jour sans qu'un « mineur isolé » qui n'est le plus souvent ni mineur ni isolé, et qui vient par exemple du Maroc ou d'Afghanistan, ne commette un larcin, une agression sexuelle, un trafic de drogue, voire un crime. Pas un jour sans qu'une nouvelle boucherie hallal ne s'ouvre dans un de ces innombrables « territoires perdus de la République ». Pas un jour sans qu'un politique, ou un journaliste, ou un chanteur, ou une actrice ne s'émeuve de la souffrance dans les « quartiers populaires », dénommés ainsi par la novlangue officielle depuis que les classes populaires françaises en ont été chassées et remplacées. Pas un jour sans qu'un « porc » ne soit balancé à la vindicte générale : peu importe la réalité des faits, la présomption d'innocence, l'important est qu'il soit un mâle blanc hétérosexuel ; s'il est célèbre, c'est encore mieux, car la dénonciatrice connaît son quart d'heure de gloire wharolien. Pas un jour sans son film mettant à l'honneur un couple de lesbiennes, sans sa publicité et son union mixte, où l'homme est toujours noir, sans sa série où deux hommes s'embrassent fougueusement, sans oublier l'inévitable transgenre dont on exalte le difficile « parcours de transition ». Pas un jour sans sa lutte contre la « précarité menstruelle ».

Pas un jour sans qu'un maire écologiste de grande métropole, Bordeaux, Lyon, Grenoble, Strasbourg, ne vilipende les sapins de Noël, le Tour de France – peu importe le sujet, l'objectif est de viser une tradition française quelle qu'elle soit –, ou ne subventionne une mosquée. Pas un jour sans vol, viol, agression dans la rue ou dans le métro. Pas un jour sans ses innombrables « agressions gratuites ». Pas un jour sans son crime. Pas un jour sans son commissariat attaqué, son école brûlée, ses policiers assaillis, ciblés par des tirs de mortier, ses pompiers caillassés, ses médecins menacés, ses professeurs insultés, ses jeunes Françaises violées, ses adolescents blessés, ses trafiquants de drogue arrêtés et relâchés, ses passagers de RER molestés, détroussés, ses collégiens traités de « sales Français », son vieil homme cambriolé, sa vieille femme brutalisée et assassinée.

Ce n'est pas seulement Paris, pas seulement les banlieues, pas seulement « les quartiers perdus de la République », pas seulement « les zones de non-droit », pas seulement les métropoles, pas seulement le Sud, pas seulement le Nord, qui sont touchés. C'est toute la France. Longtemps, la Bretagne et l'ensemble de la façade atlantique du pays avaient été épargnés : depuis quelques années, alors que leurs maires socialistes ont accueilli de nombreux migrants, Rennes et Nantes ont acquis une réputation de coupe-gorge, où se multiplient vols, viols, agressions. Des villes comme Grenoble sont comparées par leurs habitants à Chicago pour le crime, Alger ou Dakar ou autre pour la population.

Même les écoles des quartiers bourgeois sont assaillies par des élèves, pour la plupart maghrébins et africains, de plus en plus nombreux, et de plus en plus rebelles à l'enseignement, et violents, aggravant encore l'effondrement du niveau de l'enseignement public dans notre pays. Tous les parents, même les plus progressistes, découvrent avec stupeur dans les programmes scolaires de leur enfant les élucubrations « genrées » ou « racisées ». Aucune petite bourgade, aucun petit village de France n'est plus à l'abri d'une équipée sauvage de bandes de Tchétchènes, ou de Kosovars, ou de Maghrébins ou d'Africains qui volent, violent, pillent, torturent, tuent. Les « attentats terroristes » contre Samuel Paty ou les fidèles de la basilique de Nice ne sont que la partie émergée d'un iceberg qui a percuté tout un pays et le plonge dans une angoisse existentielle. La thèse du grand historien arabe du XIVe siècle, Ibn Khaldoun, qui synthétise l'histoire des hommes, la vie et le destin des Empires autour de l'affrontement entre sédentaires riches et pacifiques et nomades faméliques et violents (les fameux « Bédouins » dont il dit qu'ils ont « une réserve considérable de violence en désir de la civilisation perdue ») qui viennent piller et saccager le cœur des cités prospères édifiées par « les sédentaires qui payent l'impôt », trouve dans notre situation une résonance fascinante.

On va me rétorquer : quel rapport entre tous ces faits ? pourquoi mélanger les carottes et les navets d'une soupe du monde qui évolue, d'une France qui « change » ? Le lien est naturel. Il est dans les mots et dans les faits. Les alliances sont nouées. Les mots ont un sens, ils nous sont imposés à longueur de journée, à longueur d'onde. L'individualisme, né il y a quatre siècles, aux confins de la Renaissance italienne et du protestantisme germanique, arrive au bout de sa course échevelée : il a transformé nos vieilles nations en société d'individus craintifs et capricieux, qui exigent de l'État la reconnaissance de leur sensibilité et de leurs ressentis fragiles. De l'autre côté, la civilisation islamique a pris pied sur le sol européen, avec des diasporas de plus en plus fournies, qui imposent leurs mœurs, leurs lois, leurs imaginaires, leurs patronymes, dans une logique colonisatrice. Ces deux mouvements historiques incarnent deux visions du monde aux antipodes, l'émancipation de toutes les règles pour les uns, la soumission à un Dieu vengeur pour les autres. Un jour prochain, ils s'entrechoqueront violemment, et on peut supposer que le règne de la Soumission écrasera brutalement celui de la Libération. En attendant, ils sont alliés contre le même ennemi : le peuple français, ses mœurs, son histoire, son État, sa civilité, sa civilisation. C'est le Pacte germano-soviétique.

La propagande d'État n'a plus besoin de l'État pour être puissante. « Faites-leur manger le mot, vous leur ferez avaler la chose », avait dit Lénine. Ses émules ont retenu la leçon. Il faut bien les connaître pour mieux les combattre. C'est le décalogue de notre nouvelle religion :

1) La race n'existe pas, mais les racistes existent.
2) Seuls les Blancs sont racistes.
3) L'identité – qu'elle soit ethnique ou sexuelle – ne doit pas être figée.
4) L'école a pour seule mission de lutter contre les inégalités.
5) La virilité est toxique.
6) L'islam est une religion d'amour.
7) Le capitalisme et le patriarcat tyrannisent les femmes comme ils détruisent la planète.

8) Il n'y a pas de culture française, il y a des cultures en France.
9) L'immigration est une chance pour la France.
10) La France ne peut rien sans l'Europe.

On pourrait poursuivre sans fin. Ces calembredaines sont les idoles de notre temps. Elles font office de religion séculière, et nombreux sont ses prêtres médiatiques (et judiciaires) qui sermonnent en chaire et excommunient à l'occasion les incroyants.

Leur argumentaire remonte à loin. Ils ont très habilement retourné à leur profit les vieilles critiques de la démocratie tout en se parant des plumes du paon progressiste. Au XIXe siècle, Tocqueville avait analysé les risques de tyrannie de la majorité qu'entraînaient les nouveaux mécanismes démocratiques. Son analyse annonçait et anticipait les totalitarismes de masses, fascisme, nazisme, communisme, qui allaient s'épanouir au XXe siècle. Il proposait de limiter le pouvoir par trois moyens : la décentralisation, la justice, et les associations. C'est l'exact remède que tous les pays occidentaux ont appliqué après la guerre. Au nom de cette analyse tocquevillienne, on a forgé des mécanismes juridiques qui corsètent le pouvoir de la majorité : le fameux « état de droit ». Et ces mécanismes juridiques ont été exploités par des associations, représentantes de minorités, qu'elles soient sexuelles, ethniques, mais aussi économiques, financières, ou bureaucratiques, pour imposer leur loi à une majorité rendue impuissante.

Cet aristocrate lettré et cultivé, raffiné et conservateur qu'était Tocqueville a subi la pire infamie qui soit, détourné et retourné, subverti par une idéologie totalitaire qui a utilisé ses diagnostics et ses recettes pour détruire la société qu'il voulait préserver. Comme on disait jadis dans les rangs trotskistes : bien creusé, la taupe !

Mais voilà, cette idéologie a été diagnostiquée, dénoncée. On a déconstruit les déconstructeurs. Les oligarchies ont été identifiées, repérées, accusées. Les peuples se sont révoltés. Le Brexit et la victoire de Trump montrent que c'est du cœur même du réacteur politiquement correct de l'Occident, les États-Unis et la Grande-Bretagne, qu'est venue la révolte. Comme dit avec finesse le hongrois Orban, « il faut être libéral du XIXe siècle, pas libéral du XXIe siècle ».

Mises en danger, les élites ont alors compris que leur survie passerait par la radicalisation idéologique et l'accélération du processus de destruction : peuple, famille, jusqu'à l'existence des sexes. Elles ont accentué la dissolution des nations. Elles ont démultiplié les accords de libre-échange qui favorisent les grands groupes et la finance au détriment des producteurs locaux et épuisent la planète.

Elles n'ont pas hésité, au nom de la liberté individuelle, à favoriser encore et encore l'islamisation des pays occidentaux et en particulier de la France. Au nom de l'égalité homme-femme, elles ont fait de l'homosexualité et de l'indécision des genres le nouveau modèle à suivre. Les médias, les milieux culturels, universitaires, judiciaires, ont emboîté le pas et se sont mis au service de cette révolution oligarchique.

Le politiquement correct a révélé et assumé sans fard son caractère totalitaire et liberticide pour qu'il n'y ait plus de retour en arrière. Pour que les peuples, et surtout le peuple français, ne puissent plus exister en tant qu'identité d'une nation. La France était la cible privilégiée car elle a forgé historiquement le concept d'État-nation, copié depuis dans le monde entier. Pour supprimer cette « merde d'État-nation », selon le mot du communiste italien Toni Negri, il fallait détruire l'unité de la nation, et affaiblir l'État, dans une relation dialectique qui ferait tomber comme un fruit mûr et l'État et la nation.

Quitte à sacrifier certains membres de ses propres élites qui ne correspondraient plus à la nouvelle rectitude fanatisée. Ainsi, de nombreuses personnalités dites de gauche – intellectuels, politiques – furent-elles épinglées, ostracisées, dénoncées, éradiquées. Elles n'étaient plus de gauche, elles étaient racistes, elles étaient sexistes, elles étaient populistes, elles étaient fascistes. La révolution dévore toujours ses enfants.

Je n'avais pas compris que le succès du *Suicide français* paverait leur triomphe. C'était une victoire à la Pyrrhus.

Je me réjouissais d'une consécration sur le front médiatique, voire intellectuel, et je ne m'apercevais pas que mes troupes avaient été enfoncées. J'étais devenu ce « polémiste d'extrême droite multicondamné », dont on ne veut plus prononcer le nom, mais dont on agite le fantôme pour menacer les enfants qui ne veulent pas bien penser.

Un jour que je me félicitais auprès de mon fils du regain dans le débat public des thèses assimilationnistes, que j'avais portées bien longtemps en solitaire, celui-ci me rétorqua du tac au tac : « Le diagnostic, tu l'as fait depuis longtemps. Maintenant, il faut agir. »

Je restai sans voix. J'avais toujours prétendu que le bombardement d'artillerie idéologique précédait la charge de cavalerie politique ; qu'elle était en soi une courageuse plongée dans la mêlée politique. Une fois de plus, je m'étais payé de mots.

Mon gramscisme pour les nuls était pris à revers par le bon sens impatient de la nouvelle génération. Depuis des mois, voire des années, de nombreuses personnes, des amis et des inconnus, célèbres et anonymes, m'encourageaient à me jeter à corps perdu dans l'aventure présidentielle. Ils étaient parisiens ou provinciaux, jeunes ou moins jeunes, hommes ou femmes, militants politiques ou spectateurs. Ils étaient restaurateurs ou cadres, caissières ou médecins, ingénieurs ou éboueurs, hauts fonctionnaires ou universitaires ; ils argumentaient ou se contentaient d'un signe de la main ; ils avaient lu « tous mes livres », ou m'avaient regardé à la télévision ; ils pensaient comme moi ou je disais comme eux. Là aussi, mon succès éditorial avait été un déclic. Il y avait eu d'abord mes amis Philippe de Villiers et Patrick Buisson, dès les premiers mois de 2015, lors de nos fameux déjeuners au restaurant Le Dôme, à Montparnasse, que les médias avaient surnommés « les déjeuners de la droite hors les murs ». Depuis lors, l'amitié est restée, mais les opinions ont changé : Patrick dit partout le mal qu'il pense d'une candidature vouée, selon lui, à l'échec, me compare à Lamartine, grand poète écrasé par Louis-Napoléon Bonaparte, lors de l'élection présidentielle de 1848, et me supplie de rester dans « ma fonction tribunitienne » ; Philippe craint une aventure qui finirait mal. Pourtant, en 2019, encore, le même Patrick Buisson expliquait à la télévision qu'il s'apprêtait, avec « son ami Éric », à proposer une « plateforme pour la présidentielle ». À l'époque, c'était moi qui avais le pied sur le frein et lui sur l'accélérateur. Les temps changent. Il a depuis lors découvert que j'avais tort d'évoquer « une guerre de civilisation avec l'islam », et les vertus jusqu'alors insoupçonnées de la candidature de Marine Le Pen : « Elle est nulle, mais Reagan aussi était nul. Et Trump aussi », me lâcha-t-il un jour, en guise d'argument définitif.

Mais d'autres, proches et moins proches, publicitaires, politiques, écrivains, comblaient les trous laissés par les désertions, comme dans les cohortes de la Grande Armée. Dès 2015, un jeune journaliste fringant de *Valeurs actuelles*, Geoffroy Lejeune, publiait un récit de ma conquête élyséenne dans un livre intitulé *Une élection ordinaire*. Mais le souffle médiatique retomba devant mon manque d'appétence. À la veille des européennes de 2019, Paul-Marie Coûteaux et Philippe Martel, deux amis de quarante ans qui s'étaient connus à l'ENA, en vinrent presque aux mains, Paul-Marie ne tolérant pas que Philippe ne m'encourage pas lui aussi à franchir le Rubicon électoral. Robert Ménard m'avait à la même époque écrit une lettre passionnée, une véritable lettre d'amour intellectuel pour me déclarer sa flamme politique et idéologique. Pendant deux ans, il persévéra pour me décider. Et puis, à la veille des régionales de 2021, il se répandit dans les médias pour dire tout le mal qu'il pensait de toute candidature qui pourrait diviser le camp national rassemblé autour de Marine Le Pen… cette même Marine qu'il avait vouée aux gémonies pendant des années, traitée de « nulle » et de « médiocre ». Robert est ainsi, passionné et versatile, sanguin et impressionnable. Pour paraphraser François Ier, souvent Robert varie, bien fol est qui s'y fie.

D'autres politiques sont plus constants. Ils sont d'autant plus rares et précieux. À l'été 2020, Jacques Bompard m'avait lui aussi écrit une belle et émouvante missive dans laquelle il m'assurait, reprenant ainsi la célèbre formule giscardienne, que je n'étais « pas le meilleur, mais le seul ». Il quitta sa ville d'Orange pour venir me retrouver dans mon lieu de villégiature varois. Il me dit ses certitudes et ses espérances, je lui dis mes doutes et mes craintes. Quelques mois plus tôt, d'autres élus du Rassemblement national moins célèbres et moins capés, mais également en rupture de ban avec le parti de Marine Le Pen, m'avaient contacté avec le même objectif, le même enthousiasme communicatif, les mêmes convictions sur mes capacités politiques.

Dans la rue, on ne m'interpellait plus seulement pour me demander des « selfies », mais pour m'encourager à me « présenter », sans qu'il y ait besoin de précisions. Ils songeaient tous à l'échéance de 2017. Je m'étonnais, me récriais, me dénigrais. Je brocardais les flatteurs, refusais de jouer le rôle du corbeau de la fable. Ce n'était point fausse humilité, mais réelle surprise.

Dans mes rêves d'enfant, je n'avais jamais imaginé être chef de l'État. Je n'avais même pas songé m'engager dans un parti, ni poursuivre une carrière politique. J'aimais l'histoire, la politique, la littérature. Pour moi – et en cela j'étais très français –, les trois étaient intimement liés. Bonaparte et de Gaulle furent de grands lecteurs et de véritables écrivains ; et les plus grands auteurs français ont rarement refusé un engagement politique : Montaigne, Chateaubriand, Balzac, Hugo, Lamartine, Tocqueville, Barrès, Céline, Aragon, Camus, Sartre, Laurent, Malraux, Druon… Mais quand j'envisageais un glorieux destin, c'était l'écriture plus que le pouvoir qui emportait mon imagination d'enfant. Je vénérais Napoléon, mais je m'écriais à mon tour : « Être Chateaubriand ou rien. »

La politique m'apparaissait alors comme un monde de géants où j'étais trop petit, trop vulnérable, trop franc, pas assez retors et machiavélique. Mon enfance s'était déroulée sous le règne du général, mon adolescence, sous Pompidou et Giscard, mes premiers pas de journaliste politique sous Mitterrand, puis Chirac. Au pays des géants, les nains ne se prennent pas pour des rois. Non seulement le charisme de ces derniers, mais aussi la solidité du système politique interdisaient à un amateur de troubler leur guerre de titans. À l'époque, personne n'aurait eu l'idée de sonder mes intentions présidentielles. Je me faisais ces réflexions au fur et à mesure que ces incitations s'accumulaient.

L'hypothèse de mon entrée fracassante en politique n'était que le symptôme – un de plus – de la désagrégation du système politique français et de l'avilissement des institutions de la Ve République. Emmanuel Macron n'était-il pas d'ailleurs la preuve la plus éclatante de la décadence du régime ? Le secrétaire général adjoint de François Mitterrand ou celui de Jacques Chirac aurait-il pu – y aurait-il seulement songé ? – se lever contre son patron et empêcher le président de se représenter ?

Le monde de géants de ma jeunesse est devenu un monde de nains. Je notais, désolé, que les politiciens, loin de vouloir le bien, craignaient même de le rechercher.

Mes analyses nostalgiques et désenchantées ne convainquaient personne. D'autres avis venaient conforter mes doutes et appréhensions. Des amis, et même des inconnus, me mettaient en garde ; on parlait à l'homme, à l'ami, au mari, au père ; on craignait pour ma famille, mon équilibre, ma santé, ma vie même. On me montrait le monde politique sous l'aspect le plus vil. On me promettait mille coups bas, cent coups tordus. On me mettait en garde, on m'effrayait. D'autres proches – des journalistes surtout – m'assuraient avec un ton docte que Marine Le Pen était indéboulonnable ; qu'elle me confinerait dans une marginalité dont je ne parviendrais pas à m'arracher. Je plafonnerais à 3 % des voix. Tout ça pour ça, me murmurait-on en mettant la main sur l'épaule, fraternellement. Les « frères » ne s'arrêtaient pas en si bon chemin. Ils me mettaient en garde. Ma vie privée serait étalée à l'encan ; mes frasques, mes amours, mes enfants, mes amis, mes revenus aussi, « mon misérable petit tas de secrets », comme disait Malraux, seraient sortis de l'ombre protectrice ; « Ta famille n'y résistera pas », me dit-on ; « Tu auras un contrôle fiscal » ; « *Mediapart* est déjà sur ton dos, ils vont te trouver une fille qui t'accusera d'agression sexuelle, de viol ; c'est facile aujourd'hui. Il suffit qu'elle se déclare sous emprise. Et une femme sous emprise, qu'est-ce que c'est sinon ce qu'on appelait naguère une femme amoureuse ? »

Tous ces gens me prévenaient avec les meilleures intentions du monde. Je m'étonnais seulement de la dégradation des mœurs politiques que ces avertissements bien intentionnés signifiaient. On ne s'étonnait plus qu'une campagne présidentielle fût l'occasion d'un grand déballage de la vie privée des adversaires. Cela paraissait aller de soi. Ce qu'on considérait naguère avec horreur comme d'odieuses habitudes américaines était entré dans la culture française. Le retentissement de l'arrestation de Dominique Strauss-Kahn avait été un détonateur. On avait alors reproché aux journalistes français d'avoir caché le libertinage de l'ancien ministre des Finances. Ce qui était à leur honneur était devenu leur honte. J'avais suivi la campagne de François Mitterrand en 1988, et avais côtoyé cette consœur suédoise qui était de notoriété publique la maîtresse du président, – elle était même la mère d'un enfant de lui – sans que jamais il me vînt à l'idée de l'évoquer dans un de mes articles. J'en suis plutôt fier, mais je n'ai aucun mérite : aucun de mes confrères d'alors n'y a même pensé. Le néo-puritanisme féministe aveugle désormais les meilleurs esprits, et fait passer l'ignominie pour une vertu. J'ai suivi en tant que journaliste la carrière d'innombrables politiques, dont certains sont devenus présidents : Chirac, Sarkozy, Hollande. Je fus dépositaire malgré moi de nombreux secrets, que je suis heureux de n'avoir jamais trahis. Je me verrais comme un triste sire. Il paraît que les jeunes journalistes, émules d'Edwy Plenel, se contemplent comme des chevaliers blancs épris de vérité, alors qu'ils sont les obscurs et médiocres agents d'un totalitarisme de la transparence.

La « mediapartisation des esprits » est le cancer de notre République agonisante.

Mon triomphe médiatique à CNews n'arrange pas mes affaires. Les audiences progressent de semaine en semaine et la fureur de mes détracteurs grandit au même rythme. Les esprits de mes admirateurs s'échauffent à l'unisson ; je passe des analyses aux commentaires, des commentaires aux solutions, des solutions aux préconisations, pour la plus grande joie de mes aficionados qui me projettent déjà à l'Élysée. Je suis devenu un connaisseur averti des chiffres d'audience, tandis que les journalistes de la presse de gauche, les pions du CSA, comme ceux des associations antiracistes – tous ces bien-pensants qui ont en commun de vivre de grasses subventions publiques – sont devenus des exégètes patentés de ma pensée. Chacun de mes propos est décortiqué, voire détourné, pour permettre à la dix-septième chambre du tribunal de Paris de mettre sa lourde patte sur moi. Dans les articles qui se suivent sur le même modèle, on dénonce pèle mêle la « Fox News à la française » et le « polémiste d'extrême droite, multicondamné et multirécidiviste ». Au sein de notre petite équipe de « Face à l'info », l'ambiance est euphorique. Nos succès nous portent et nous galvanisent. On plaisante, on commente, on argumente. La petite classe des garnements se dissipe, puis retrouve un sérieux de bons élèves. Une fois l'antenne rendue, vers vingt heures, on tarde à quitter le studio : on se congratule ou on se critique, on justifie ou on regrette ; on évoque des souvenirs ou on prolonge des analyses. J'approfondis un point d'histoire avec Marc Menant et Thomas Bauder, le directeur de l'information. Christine Kelly abandonne la baguette de maîtresse d'école qu'elle a tenue pendant l'émission avec une fermeté souriante pour un air d'écolière attentive qui a soif d'apprendre. Bon camarade rigolard, Menant théorise la fonction sacrificielle du *gregario* dans les équipes cyclistes ; il nous épate par ses connaissances médicales et nous amuse par son attitude de moine paillard, qui évite alcool et tabac, jusqu'au sucre, qu'il regarde avec effroi comme des péchés capitaux ; Riedmatten sort de sa froide réserve helvétique pour imiter Bourvil ; Pavlenko arbore le visage réjoui du petit écolier doué qui a sauté une classe et se retrouve au milieu des « vieux ». On croise dans les couloirs Pascal Praud, jamais en manque d'un bon mot emprunté à feu Thierry Roland, ou d'une mise en perspective politique tirée de son encyclopédique culture de cinéphile. Seul Serge Nedjar, le patron de la chaîne, ne partage pas notre puérile insouciance. Petite boule d'inquiétude, il surveille en régie le moindre de mes mots, le moindre de mes « dérapages », selon la terminologie de mes ennemis qu'ils ont réussi à imposer à tous, même à mes proches, de peur que le CSA y trouve le prétexte d'interdire mon émission, voire de fermer sa chaîne.

Les jours passent et les rencontres se multiplient, malgré les confinements à répétition. En septembre 2020, Xavier Bertrand m'invite à déjeuner. Nous sommes assis en terrasse, au restaurant La Méditerranée, en face du Théâtre de l'Odéon. Le temps est clément, la conversation sans tabous. Xavier Bertrand évoque sans fard sa prochaine candidature à la présidentielle : « Je sais bien que je n'ai pas le niveau. Mais plus personne ne l'a aujourd'hui. La présidentielle, ce n'est pas un examen, c'est un concours. C'est le niveau des autres qui compte. »

À la fin du repas, il me lance avec un clin d'œil complice : « Après 2022, que je gagne ou pas, il ne restera que deux candidats à droite : Marion et toi. »

Je lui propose de venir débattre avec moi, sur CNews ; il me le promet : ce n'est qu'une question de calendrier, avant ou après les régionales, mais il viendra se confronter... Il n'est toujours pas venu.

L'année 2021 devait être, selon la promesse de notre fringant président, celle du retour des « jours heureux » ; elle fut celle de l'enfermement et des couvre-feux. Pourtant, cela n'empêche pas une jeune journaliste de *L'Express* d'enquêter à mon propos. Je refuse de répondre à ses sollicitations. Je connais trop la règle de ces interrogatoires dont les réponses ne servent pas à modifier le point de vue hostile de l'article, mais à donner du crédit à la prétendue objectivité de la journaliste. Fin février 2021, la couverture de l'hebdomadaire fondé par Jean-Jacques Servan-Schreiber annonce ma « tentation présidentielle ».

Mon portrait photographique est plus flatteur que les articles qui oscillent, comme souvent, entre demi-vérités et erreurs, allusions perfides et citations tronquées. Mes interrogations deviennent des preuves de mes ambitions. « Ce qu'on prenait pour mon secret n'était que mon hésitation et mon doute », avait pourtant écrit Marguerite Yourcenar ; mais la journaliste n'avait sans doute pas lu les *Mémoires d'Hadrien.*

Je savais que cette enquête en entraînerait d'autres. Comme dit Régis Debray, « un journaliste est quelqu'un qui lit d'autres journalistes ». Quelques jours plus tard, c'est pourtant un collaborateur de Marine Le Pen qui me contacte. Je rencontre cette dernière dans un appartement cossu du VIIe arrondissement de Paris, qui appartient à un de nos amis communs. Après nous avoir accueillis, celui-ci nous abandonne aussitôt. Marine Le Pen boite. Elle s'est blessée à la jambe en jardinant. Elle sort une large pochette épaisse dans laquelle elle glisse nos deux téléphones portables. En riant, elle me confie : « C'est Bayrou qui m'a montré ça, lorsque je l'ai rencontré au sujet de la proportionnelle. » Elle étend sa jambe raide devant le canapé sur lequel elle s'est installée. Elle ouvre la conversation sans préambule : « Je tiens à te dire que je ne ferai jamais de coup bas contre toi. Ce n'est pas mon genre. Je n'irai jamais raconter de saloperie sur toi et ta vie privée. Tu es quand même de ma famille politique. » Je ne sais que dire devant une telle entrée en matière : sincérité ou hypocrisie ? franchise ou auto-accusation ? Je préfère croire en sa sincérité. J'ai depuis longtemps fait mienne la devise du cardinal de Retz : « On est plus souvent trompé par défiance que par confiance. » Et tant pis si parfois je péche par ingénuité. Puis elle enchaîne : « Je sais ce que tu veux faire. Te présenter à la primaire de LR pour devenir leur candidat, mais ils ne te laisseront pas faire. Il y a trop de fric en jeu. »

Je lui rétorque en souriant que telle n'est pas mon intention, même si certains amis me le conseillent. Elle paraît fort étonnée de ma réponse tant elle est sûre de son information. Quelques jours plus tôt, elle a appris qu'un sondage lui donnait 48 % des intentions de vote au second tour face à Emmanuel Macron. Ce chiffre flatteur lui a procuré un bonheur qui irradie son visage, en dépit de la douleur à chaque fois qu'elle remue sa jambe. J'émets des réserves sur la fiabilité des sondages. Je lui rappelle qu'à chaque présidentielle, leurs résultats un an avant l'échéance sont toujours démentis. En 2016, Juppé était donné vainqueur ;

en 2011, Strauss-Kahn ; en 2001, Jospin ; en 1994, Balladur. Et je pourrais remonter ainsi jusqu'à de Gaulle !

Ma démonstration l'agace, surtout quand je suggère que le « système » a intérêt à ce qu'elle soit au second tour. Elle me rétorque que « le système n'existe pas ». Elle croit, elle, aux sondages. Surtout quand ils l'arrangent... Elle change de registre. Elle me dit que j'y « perdrai beaucoup », que la vie d'un politique est infernale, elle me dit, sur le ton de la confidence : « Regarde-moi, je suis seule, je n'ai plus de vie personnelle. » Elle m'émeut. Je m'apprête à lui montrer un peu de compassion lorsqu'elle enchaîne : « Je sais que tu me méprises. » Elle n'entend pas mes dénégations. Elle poursuit, sur le ton de la confession : « Moi-même, après mon débat, je ne croyais pas m'en remettre. J'ai vraiment voulu tout arrêter... Tu ne m'as pas épargnée... »

Je peux enfin l'interrompre : « Pardon, mais tu as été lamentable. Tu nous as tous humiliés. Puisqu'on est de la même famille, si ma sœur fait n'importe quoi, je lui dis. » Elle acquiesce à contrecœur. Elle reprend sans se lasser : « Éric, tu vas faire 3 % et tu ne vas pas m'empêcher d'être au second tour, mais tu m'empêcheras d'arriver en tête. » Je ne relève même pas son incroyable assurance, aux confins de l'arrogance : je préfère rétorquer sur le fond : « Ne pas sortir en tête du premier tour n'a pas empêché Mitterrand de gagner en 1981 et Chirac en 1995. Franchement, je ne crois pas que tu vas gagner. Je pense même que tu es la seule chance pour Macron de gagner. Voter pour toi, c'est voter pour Macron. En tout cas, lui le sait et fait tout pour te faire monter. »

Elle enchaîne, comme si elle ne m'avait pas entendu : « Je crois qu'il ne faut pas cliver. Il faut apaiser les choses. Les gens ont peur. Les Français sont peureux, tu es trop clivant. » Je reconnais volontiers que la question se pose. Mais j'y réponds différemment : « Tu te trompes de période. On n'est plus en 1988. On ne gagne plus au centre. Il y a une attente de fermeté et de conviction. Et même de radicalité. » Elle me fixe au fond des yeux, comme si elle tentait de lire en moi : « Tu es un idéologue. En politique, il faut aimer les gens. » Je lui lance du tac au tac : « J'aime les idées, et je mène la bataille des idées que personne ne mène dans notre camp ; mais je ne suis pas un idéologue, au contraire, je pars toujours des réalités. Et puis, tu crois vraiment que de Gaulle les aimait, les gens ? Il aimait la France oui, pas les Français. Et toi, tu les aimes, les gens ? Franchement, cela ne se voit guère. »

La conversation s'achève sans animosité. Dans un soupir, elle lâche : « Je savais que je ne te convaincrais pas. » Elle se lève avec lenteur, tirant sur sa jambe raide. Elle conclut par un : « Je pars la première. »

Le sujet qu'elle croyait avoir clos reste bel et bien ouvert. Mes doutes et mes interrogations demeurent. Je ne me laisse pas emporter. En revanche, mon constat est désolant : personne ne remplit le costume. J'ai l'impression qu'aucun politique n'appréhende à sa juste mesure l'enjeu : la mort de la France telle que nous la connaissons. Déjà, la France telle que nous l'avons connue dans les années 1960-1970 a disparu. Il suffit de regarder les films de l'époque pour s'en apercevoir. Le « grand remplacement » n'est ni un mythe ni un complot, mais un processus implacable. Cette question identitaire vitale rend subalternes toutes les autres, même les plus essentielles comme l'école, l'industrie, la protection sociale, la place de la France dans le monde. Je suis certain qu'aucun candidat – même Marine Le Pen – n'osera imposer cette querelle identitaire et civilisationnelle au cœur de la campagne. On parlera de sécurité, de souveraineté, d'indépendance, de relocalisation. Marine Le Pen parle déjà comme Emmanuel Macron qui parle comme Marine Le Pen. Seul Jean-Luc Mélenchon ose évoquer ce sujet, mais pour glorifier l'avenir d'une France métissée, « créolisée », selon son nouveau mot fétiche, emprunté au poète Glissant (et même si les Créoles étaient originellement les Blancs des îles d'Amérique colonisées par la France.) Une créolisation, un métissage, qui ne sont que le cache-sexe d'une opération beaucoup plus simple, « l'islamisation » : l'introduction inexorable de la France, vieille terre chrétienne depuis deux mille ans, dans l'ensemble islamique de l'oumma.

Ce passage qu'a connu l'Empire romain d'Orient il y a mille ans, l'Égypte il y a cinq siècles, l'Anatolie grecque il y a un siècle, le Kosovo il y a quelques décennies. Toute notre histoire récente – immigration, délinquance, terrorisme – s'éclaire à cette lumière historique : le monde est divisé selon les exégètes coraniques en deux camps : le *dar al-islam* et le *dar al-harb* : le camp où l'islam est maître, et celui où il faut porter la guerre. Tout – vols, viols, meurtres –, concourt au grand passage de la France du *dar al-harb* au *dar al-islam*. Quand il sera arrivé à la fin du grand voyage, notre pays connaîtra enfin la paix, la paix dans la soumission, deux mots qui ont la même racine sémantique : *islam.* Mais Marine Le Pen, comme Emmanuel Macron et Jean-Luc Mélenchon, estime que « l'islam n'est pas incompatible avec la République » et que « le grand remplacement n'existe pas ».

Face à un tel enjeu, que valent mes états d'âme, mes hésitations, mes doutes, mes légitimes interrogations ?

Il me faut donc me remettre à l'ouvrage. Il me faut raconter l'histoire de cette radicalisation exterminatrice. Il me faut expliquer que ma prétendue victoire s'avère une défaite en rase campagne. Que les forces (je devrais dire justement « les faiblesses ») suicidaires que j'avais détectées sont plus que jamais à l'œuvre. Me battre encore et toujours. Plus que jamais le dos au mur. J'avais interrompu le fil de ma narration du *Suicide français* à l'année 2005, persuadé que le référendum sur l'Europe, la victoire du « non » puis le mépris qu'avaient manifesté le président Sarkozy et toute la classe politique, de droite comme de gauche, à l'égard du suffrage universel avaient été le dernier clou planté sur le cercueil de la démocratie, de la République, de la France. J'avais une fois encore fait montre d'une ingénuité qui me mettait rétrospectivement le rouge de la honte au visage. Je n'avais encore rien vu. Nous n'avions encore rien vu. La France n'avait encore rien vu. Les quinze années qui allaient suivre allaient dépasser tout ce que j'aurais pu imaginer.

Je ne pouvais pas me contenter de reprendre mon récit là où je l'avais arrêté. J'étais devenu désormais un acteur de cette pièce. Je devais donc à mon tour m'examiner, m'analyser, me livrer. Non par narcissisme, mais par probité et souci d'exhaustivité. Je devais retrouver ce mélange de journalisme et d'analyse politique, idéologique, que j'avais imposé aux autres. Je relisais le maître absolu du genre, Victor Hugo et son célèbre *Choses vues*. Non dans l'espoir vain de l'égaler, mais plus humblement pour en retrouver l'esprit. Alors la phrase d'Alain Peyrefitte me revient en mémoire : « Ce livre est bâti de choses vues, dans l'espoir qu'elles seront peut-être mieux regardées. »

C'est mon tour. Choses vues, choses entendues, choses sues, longtemps tues. Trop longtemps tues.

2006

Bouffon médiatique

22 avril 2006

Je partis d'un grand éclat de rire. « Bite génération » ! Dieu que leur titre était bon ! À la fois drôle et politique, ce jeu de mots grivois s'inscrivait dans une tradition française séculaire dont le journal *Libération* avait renouvelé le genre depuis les années 1970. L'article était plus banal et besogneux. La journaliste s'efforçait de me montrer sous les traits ridicules d'un gringalet qui joue au dur, d'un adolescent qui se prend pour un homme, sans se rendre compte qu'elle reprenait ainsi à son compte les stéréotypes virils que la féministe en elle souhaitait dénoncer. J'étais un polémiste qui faisait un « coup médiatique ». Mon ouvrage, un court pamphlet sans intérêt ni talent, était réduit à « quelques phrases provocantes, calibrées pour la renommée de la télé ». Je n'avais pas à l'époque l'habitude d'un semblable traitement. Je ne savais pas encore qu'un écrivain n'accède au statut d'intellectuel que s'il est de gauche, et est ravalé au rang infamant de « polémiste » s'il ose transgresser les règles de la bienséance idéologique.

J'avais jusqu'alors suivi mon petit bonhomme de chemin de journaliste politique, plutôt spécialiste de la partie droite de l'échiquier. J'avais eu mon quart d'heure de gloire warholien quelques années plus tôt, lorsque *Le Monde*, alors dirigé d'une main de fer rouge par Edwy Plenel, avait hissé à sa une mon livre peu amène sur Jacques Chirac, *L'homme qui ne s'aimait pas*. Lors de sa parution en janvier 2002, le patron du *Monde* pensait encore défendre ainsi les intérêts du candidat socialiste Lionel Jospin. Avant que le « voleur » et le « menteur » Chirac ne devînt le dernier rempart de la République menacée par les hordes nazies de Jean-Marie Le Pen...

Mon ouvrage sur le féminisme, ou plus précisément sur la dévirilisation des hommes des sociétés occidentales, m'avait été suggéré par Clara Dupont-Monod, une amie journaliste et éditrice, avec qui j'avais discuté de ce thème lors d'une soirée bien arrosée. Sans savoir que ce petit opuscule culotté allait changer ma vie.

L'article aigrelet de la journaliste de *Libération* ne m'offusqua guère. Tout à ma joie puérile de prendre place dans la cohorte prestigieuse des portraits de dernière page du journal, je laissai aussi le photographe maison m'affubler d'une grotesque mais inquiétante allure d'espion, voire de « collabo ». La vanité est toujours mauvaise conseillère. Avec l'image, qui venait renforcer le texte, l'implacable équation sémantique et idéologique se mettait en place : un homme hétérosexuel blanc est un collabo, voire un nazi. Mon *Premier sexe* en devenait l'expression aboutie. Et j'en étais l'incarnation ridicule et honnie.

Je ne m'en souciais guère. Quelques semaines plus tôt, lors de l'émission du samedi soir de Thierry Ardisson, « Tout le monde en parle », j'avais affronté l'ire de la féministe Clémentine Autin et la fureur de l'acteur Francis Huster. Les beaux yeux bleus de la première me lançaient des flammes et le physique avantageux du second me tournait le dos avec une ostentation cabotine. Seule l'intervention majestueuse du grand écrivain américain Tom Wolfe, vêtu de blanc immaculé, du chapeau aux souliers, me sauva de la condamnation à mort lorsqu'il déclara, aussitôt après s'être assis, que j'avais raison et que l'homme occidental n'était plus un homme. Il parlait évidemment en anglais, et la langue du maître intimida aussitôt les sujets français de l'Empire.

J'avais bataillé vaillamment, argumentant pied à pied, ne lâchant rien, arc-bouté sur mes convictions, ce qui devint sous la plume de la journaliste de *Libération* une « ténacité de roquet accroché au bas des jupes », grâce à laquelle j'étais « le client en or des ardissoneries du samedi ».

Là encore, je ne saisissais ni ne maîtrisais les codes. J'étais un provocateur puisque mon livre avait éveillé la colère légitime des ligues de vertu féministe. Je ne défendais pas sincèrement des certitudes, mais j'avais cyniquement trouvé un moyen habile pour satisfaire « mon hystérique besoin de parler et briller ». À l'époque, on n'employait pas encore ces mots grotesques de « buzz » et de « clash ». Je croyais sauver un éternel masculin qui avait baigné mon enfance et mon adolescence, la littérature et le grand cinéma français jusqu'aux années 1970 ; je n'étais qu'un « croisé de la masculinité ». Suranné, ringard, désuet avocat des valeurs du monde d'avant, misogyne puisque je pointais le féminisme. J'étais un « bouffon médiatique » puisque mes prestations à la télévision suscitaient des audiences flatteuses. L'expression venait bien sûr d'un de mes chers confrères du *Figaro*. Cette férocité confraternelle ne me surprenait guère : Les *Illusions perdues* de Balzac avaient été le livre de chevet de mon adolescence.

J'avais mal choisi mon moment. L'homme blanc occidental, dont j'avais l'outrecuidante nostalgie, n'était pas seulement un odieux « macho », qui avait imposé aux femmes un inique et millénaire patriarcat, exercé des sévices intolérables sur sa progéniture, et moqué et persécuté les homosexuels pendant des siècles sous couvert d'une morale chrétienne hypocrite. Ses crimes, déjà impardonnables, ne s'arrêtaient pas là. En ce 10 mai de cette même année 2006, Jacques Chirac célébrait la première Journée nationale des mémoires de la traite, de l'esclavage et de leur abolition. Le président aurait pu choisir une date historique comme celle de l'abolition de l'esclavage par la Deuxième République, le 27 avril 1848. Il avait préféré commémorer en ce 10 mai le vote, cinq ans plus tôt par le Sénat après l'Assemblée, de la loi Taubira où la France s'était reconnue coupable « d'un crime contre l'humanité ».

L'homme blanc était un esclavagiste. Un affreux trafiquant de « nègres ». Le seul de l'histoire. Certains esprits mal tournés avaient pourtant rappelé que les traites transatlantiques ne tenaient pas la distance historique face à leurs homologues islamiques. D'autres avaient en tête la phrase du grand historien Fernand Braudel : « L'islam est la civilisation esclavagiste par excellence. » Les plus iconoclastes osaient même prétendre que, sans les négriers africains et leurs razzias, les Occidentaux n'auraient rien pu acheter.

Mais tout cela avait été occulté par Christiane Taubira qui avait concentré son exigence de repentance sur les seuls Occidentaux blancs. Interrogée un jour dans les studios de France Culture sur les raisons de cet « oubli », elle avait expliqué sans ambages qu'elle désirait « que l'on permette notamment aux jeunes d'échapper à des catégories qui les enferment : se sentir arabes et porter sur leur dos tout le poids de l'héritage des méfaits que les Arabes ont pu faire ». Le « petit Blanc » du Limousin n'avait pas droit à la même mansuétude...

À la fin de mon *Premier sexe*, je faisais le constat que les seuls jeunes hommes autorisés par les ligues de vertus féministes à s'approprier et conserver les codes honnis de la psyché virile d'antan, étaient les jeunes Noirs et Arabes. Cette remarque avait bien sûr été qualifiée de raciste et xénophobe par tous mes interlocuteurs. À l'époque, les féministes n'avaient pas encore montré leur dilection pour ces jeunes hommes, même lorsqu'ils faisaient une chasse ouverte à la femme blanche, comme à Cologne en 2015. J'avais de l'avance, mais mon avance était coupable. Là encore, là surtout, je n'avais pas compris que ce « deux poids, deux mesures » avait été préparé avec soin par un bombardement idéologique d'envergure. Les jeunes « Blancs » étaient écrasés par la culpabilité du colonisateur esclavagiste, tandis que le jeune Noir ou Arabe s'égayait dans la pampa des femmes blanches, innocent comme un nouveau-né.

Libération m'avait promis, goguenard, « un éphémère coup médiatique ». Quelques semaines plus tard, Laurent Ruquier me proposait de devenir un chroniqueur de l'émission qu'il présenterait à la rentrée 2006. Il reprenait la case du samedi soir puisque « Thierry » (on s'appelle par son prénom dans le monde de la télé), brouillé avec la direction de

France Télévisions, avait dû faire ses bagages. Mais tout cela restait en famille. Ardisson et lui partageaient la même productrice, Catherine Barma, qui m'avait découvert et apprécié lors de ma défense houleuse du *Premier sexe*.

Pourtant, Catherine Barma était une féministe revendiquée. Une femme forte, une femme d'affaires, une femme de tête et de chiffres. Elle avait détesté la thèse du *Premier sexe*, mais elle avait goûté la performance de l'auteur. En professionnelle. C'est ce décalage, ce regard distancié entre le fond et la forme, entre le désaccord des opinions et la contiguïté des esprits, pour paraphraser la définition de l'amitié selon Marcel Proust, entre l'opinion et le talent, et, soyons honnête jusqu'au cynisme, entre la rectitude idéologique et la quête intéressée des audiences, donc entre l'idée et l'intérêt, qui était encore autorisé à l'époque à la télévision. L'éphémère allait durer.

Les nouveaux collabos

29 juin 2006

Libé encore. *Libé* toujours. Comme si *Libé* me poursuivait. Me hantait.

Le 28 juin de cette même année 2006, Serge July annonce qu'il quitte la direction du journal. On comprend à demi-mot que son départ est la condition mise par son principal investisseur pour qu'il accepte de remettre de l'argent au pot. Un investisseur dont le nom de Rothschild a tant fait jaser quelques années plus tôt. Un Rothschild chez Jean-Paul Sartre ! Un banquier – et le patronyme le plus célèbre de l'histoire de la Place ! – dans le temple de la révolution. Pour utiliser le mot du général de Gaulle, le diable était entré dans le confessionnal. July avait pris alors, pour ses anciens compagnons de jeunesse, la figure du traître honni, l'incarnation de cette bourgeoisie soixante-huitarde passée « du col Mao au club Rotary ».

Cette accusation récurrente était injuste. Je me surprenais à trouver les arguments d'un plaidoyer en faveur de l'accusé. Je me faisais fort d'être son meilleur avocat. Son plus inattendu peut-être, mais son plus convaincant sans aucun doute. Son plus convaincu en tout cas.

Serge July fut dans sa jeunesse un militant communiste. Il était né trop tard pour connaître Lénine ou Rosa Luxembourg, mais il serait leur héritier. Il ressemblait à ces personnages de Dostoïevski, à la fois assoiffés d'idéal et amoraux. La mystique ouvriériste l'avait conduit à s'établir dans une usine ; il avait pu y constater que les véritables ouvriers étaient loin des mythes marxistes et plus près d'une petite classe moyenne, soucieuse de sa petite auto, de son petit confort et de ses petites vacances. Un idéal petit-bourgeois qui le dégoûtait, sans oublier le pire à ses yeux, à savoir un patriotisme chevillé au corps, que le secrétaire général du parti communiste, Georges Marchais, incarnait avec une aisance que le jeune July jugeait sans doute vulgaire.

Dans les yeux de notre révolutionnaire professionnel, le mythique « communard » d'hier était devenu un odieux franchouillard. Le fameux « beauf » que *Libération* ne tardera pas à ériger en tête de Turc de toute une génération. La mienne. Il fallait d'urgence trouver un « peuple » et une cause de remplacement : ce furent les immigrés. Ils seraient des colonisés pour l'éternité. Victimes à vie. Puisque les ouvriers français ne voulaient plus jouer le rôle que July et ses pairs leur assignaient, ils deviendraient dès lors leurs ennemis mortels. Les classes populaires françaises passaient dans le camp des bourgeois ; et July avait montré, lors de la fameuse affaire de Bruay-en-Artois – et son notaire déclaré coupable de viol et de meurtre, au seul motif de son statut social – comment il les avait traités.

Pendant la campagne présidentielle de 1988, ses éditoriaux remarquables étaient quasiment dictés par François Mitterrand qui le rencontrait souvent à l'Élysée. Le révolutionnaire était devenu historiographe du roi. Mitterrand avait ainsi réalisé le rêve de Bismarck qui avait envisagé d'embaucher auprès de lui Karl Marx lui-même. C'était pour la bonne cause. Les esprits superficiels lui reprochaient son abandon du communisme pour le libéralisme, et d'avoir remplacé la patrie du socialisme par l'Europe. July n'avait pas changé, seul le vent avait tourné.

Toute sa vie, July a choisi l'Empire contre la France : soviétique, chinois, puis américain et européen. Il changeait seulement d'empire. Toute sa vie, il avait voulu détruire les structures traditionnelles du pays, de la famille, de la religion, de la patrie, toutes « ces superstructures pétainistes » : ce que le communisme avait manqué, le capitalisme l'avait saccagé ; ce qu'on n'avait pas détruit au nom de la lutte des classes, les outils juridiques, pris en main au nom des droits de l'homme par le syndicat de la magistrature, l'avaient démoli ; ce que la classe ouvrière avait voulu préserver, les minorités ethniques, raciales, sexuelles l'avaient piétiné. La France éternelle, cette France des bérets et de la baguette de pain, qu'il haïssait, n'était plus qu'un champ de ruines. En 1979, il avait lui-même pris l'avion pour Téhéran, afin de défendre dans les colonnes de son journal l'honneur de la révolution islamique de Khomeini, sali par ses propres correspondants qui osaient, les malappris, dénoncer les femmes voilées et l'intolérance farouche du nouveau régime islamique.

En France, Serge July avait porté à bout de bras la nouvelle idéologie multiculturaliste, relayant les messages de SOS Racisme, dénonçant sans se lasser le fascisme et le racisme de ceux qui avaient l'outrecuidance de défendre l'identité française, dénigrant sans vergogne l'ancienne assimilation des étrangers, affublée des atours mensongers d'un masque colonial.

Pendant des années, il avait eu table ouverte à la télévision. Sa voix puissante, habituée dans sa jeunesse aux salles militantes qu'on manipule, s'imposait avec l'autorité naturelle du maître. Son sourire carnassier et son bras posé en avant intimidaient ses interlocuteurs. Quand il se retrouvait face aux politiques, ses questions étaient des réponses, ses admonestations des ordres. Les hommes de gauche y voyaient une statue crainte du commandeur ; ceux de droite, un inquisiteur redoutable. Il était l'incarnation de cet épiscopat médiatique qui imposait la vertu sans se soucier du réel, qui disait le bien sans se soucier des intérêts de la plèbe, et encore moins du pays.

Et puis, les années ont passé, l'étoile a pâli. Le bourgeois a pris le pas sur le révolutionnaire ; le patron de presse sur le rebelle. L'employé de Rothschild sur Gavroche. « Les Guignols » de Canal+ l'ont brocardé sous les traits d'un vieillard cacochyme et grotesque du « Muppet Show » qui tient des propos de comptoir entre deux apéros et quelques cacahuètes. Un journaliste du *Monde diplomatique*, acerbe Saint-Just, l'a mis sur la liste maudite des serviteurs du grand capital. Un révolutionnaire aguerri comme July sait que les ennuis commencent quand on laisse s'ériger une opposition sur sa gauche... Des rumeurs les plus folles couraient les dîners parisiens, une maîtresse ministre, une soirée arrosée, un accident de voiture, une victime maghrébine.

Paris l'avait mis sur le pavois, Paris demandait sa tête... Sa voix portait moins, on avait moins peur de lui. Le ridicule tue. Ou, en tout cas, blesse à mort. Triste, comme dit Victor Hugo, de voir un lion qui aboie. Serge July pouvait partir l'âme en paix. Il avait bien travaillé. Mission accomplie. La guerre civile, qu'il prophétisait et souhaitait en 1973, aurait bien lieu, mais pas dans les termes où il l'attendait. Comme l'écrirait René Girard dans son dernier livre, *Achever Clausewitz*, « il nous faut entrer dans une pensée du temps où la bataille de Poitiers et les croisades sont beaucoup plus proches de nous que la Révolution française et l'industrialisation du Second Empire ». Paradoxe girardien : alors que les gens comme Serge July avaient passé leur vie à revivre la Révolution française et l'industrialisation du Second Empire, ils nous avaient ramenés au temps de la bataille de Poitiers et des croisades.

Les boules !
9 juillet 2006

Défaite de la France en finale de la Coupe du monde de football face à l'Italie. Le coup de boule de Zidane sur la poitrine de Materazzi nous a sans doute privés de la victoire.

Notre « Zizou national » est redevenu en un instant un petit voyou des « quartiers » de Marseille. Docteur Zidane et Mister Zinedine. La complaisance – qui vire parfois à la célébration – des médias et des politiques me rebute et me scandalise. S'il n'avait pas été français, et surtout s'il n'avait pas été fils d'immigré, et d'immigré maghrébin, le concert d'excuses, voire de louanges, aurait tourné au règlement de comptes. Ce deux poids, deux mesures en dit plus sur la France et ses élites que sur Zidane.

La dernière séance
20 juillet 2006

Pour une fois, il ne nous a pas fait rire. Même pas un sourire. Mais pas pleurer, non plus. Il faut avouer qu'on l'avait un peu oublié. Lorsque Gérard Oury meurt, dans sa maison de Saint-Tropez, le 19 juillet, le temps de ses triomphes semble loin, très loin. Comme d'un autre temps, d'un autre siècle, d'un autre pays. D'une autre planète. Bien sûr, les politiques font le service minimum convenu, éléments de langage rédigés à la hâte par un obscur conseiller. Le ministre de la Culture rend hommage à « un maître du rire », tandis que l'Élysée diffuse un communiqué saluant « un maître du rire et de la bonne humeur ». Les hommes politiques aiment enfermer chacun dans des cases : l'agriculteur, l'ouvrier, le commerçant, le patron, le comique. Ils ont la prétention – qui est peut-être une naïveté – de croire qu'ils sont les seuls à faire de la politique. La politique, c'est fait pour les politiques ; le rire, c'est fait par ceux qui font rire… Ils se leurrent mais ne le savent pas…

Les chaînes de télévision enchaînent aussitôt en programmant un des quatre films les plus populaires du maître disparu : *Le Corniaud, La Grande Vadrouille, La Folie des grandeurs* et *Les Aventures de Rabbi Jacob.*

Ces opus sont connus de tous les Français de toutes les générations ; les plus anciens les ont vus dans les salles de cinéma à leur sortie, les plus jeunes sur leurs écrans de télévision où ils furent rediffusés à satiété ; à chaque fois, tous les records d'audience sont pulvérisés. On ne sait plus guère qui est Gérard Oury, mais tout le monde connaît ses films, et tout le monde connaît de Funès.

Ce quatuor exceptionnel a la particularité, à l'instar des chefs-d'œuvre de Molière, d'être concentré en un court laps de temps : de 1965 pour *Le Corniaud* à 1973 pour *Rabbi Jacob*, en passant par *La Grande Vadrouille* en 1966 et *La Folie des grandeurs* en 1971. Avant, l'acteur Oury n'avait pas encore trouvé sa voie ; après, le metteur en scène comblé semblait avoir perdu la main. Il n'avait rien perdu de son talent ; c'était l'époque qui avait changé. Une décennie d'or s'achevait qui s'était épanouie sous le règne gaullo-pompidolien ; les films d'Oury n'étaient pas seulement de leur auteur, mais également de leur temps comme les pièces les plus sublimes de Molière n'avaient pas été seulement celles de Jean-Baptiste Poquelin mais aussi celles du siècle de Louis XIV. Les uns comme les autres furent les produits d'une époque où dominait un certain regard français sur le monde, et surtout un certain regard français sur la France.

Leurs thèmes sont connus de chacun et semblent avoir livré depuis longtemps tous leurs secrets. *Le Corniaud* relate la rencontre improbable entre un riche bourgeois sans scrupule et cupide et un brave prolétaire à la fois naïf et déluré ; *La Grande Vadrouille* reprend les mêmes types sociaux et les mêmes acteurs (de Funès et Bourvil) pour les plonger au cœur de l'Occupation ; *La Folie des grandeurs* est un pastiche loufoque du *Ruy Blas* de Victor Hugo, et *Rabbi Jacob* projette le génie comique de de Funès – resté seul après la mort de son compère Bourvil – au milieu du microcosme juif de Paris.

Le diable politique est dans les détails. *Le Corniaud* raconte une lutte des classes entre un magnat qui se révélera mafieux et un ouvrier naïf qui se révélera moins couillon qu'il en a l'air. Le film s'ouvre sur un hilarant numéro de mépris de classe lorsque le choc entre les deux voitures désagrège la petite auto du prolétaire et qu'aux lamentations larmoyantes de Bourvil (« Mais qu'est-ce que je vais devenir maintenant ? »), l'arrogant de Funès, sortant de sa limousine à peine éraflée, rétorque un superbe : « Un piéton ! » Mais la fin du film sonne la revanche du petit contre le gros, du prolo contre le richard, de l'honnête homme contre le mafieux : le film d'Oury est l'antithèse des films des années 1930, où la défaite du Front populaire se reflétait à l'écran dans des personnages d'ouvriers à la Gabin, perdants magnifiques mais désespérés. Nous sommes dans les années 1960 désormais, le temps des Trente Glorieuses et de la Sécurité sociale et du plein-emploi : les ouvriers accèdent lentement à la classe moyenne et au confort matériel inauguré par l'Amérique et vanté par la publicité. La « moyennisation » de la société française semble alors l'issue pacifique de l'ancienne lutte des classes.

Oury continue de revisiter notre histoire l'année suivante avec *La Grande Vadrouille*. L'Occupation, la Résistance, la Libération. Les Français sont des antihéros héroïques, les soldats allemands sont des occupants inquiétants mais corrects ; tout le monde est tourné en dérision, mais personne – ni Français ni Allemand – n'est ridicule. Une fois encore, Bourvil et de Funès incarnent une « cascade de mépris » à la française, mais ils restent soudés face à l'ennemi, comme une parabole de l'alliance gaullo-communiste, née dans les maquis et qui domine alors le monde politique et culturel. Nous sommes quelques années à peine après le traité d'amitié franco-allemand de 1963 et la rencontre de Gaulle-Adenauer dans la cathédrale de Reims. Le film pourrait être résumé par la célèbre adresse du Général aux Allemands : « Nous avions le devoir de nous combattre, nous avons désormais la liberté de nous aimer. » Bientôt viendra le temps des films d'autodérision où les soldats français seront lamentables (*Mais où est donc passée la 7ᵉ compagnie ?*) et les résistants grotesques (*Papy fait de la résistance*). La génération du baby-boom, qui n'a pas connu la guerre, prend les manettes du cinéma français pour en faire une machine redoutable au service de la haine de soi. Gérard Oury, lui, né en 1919 d'un père juif russe immigré du nom de Tannenbaum, a vécu de près les affres de cette période, les peurs et les souffrances, les ambiguïtés du régime vichyste et les solidarités inédites, comme le grand Raimu qui le prit sous son aile pour lui permettre, malgré les lois antijuives, de travailler à Marseille. C'est peut-être pour cette raison que son regard sur cette période est moins manichéen et moins francophobe.

Oury s'attellera à cette « question juive », quelques années plus tard, dans *Rabbi Jacob*. Le Paris des années 1970 et le conflit israélo-arabe plantent le décor. Mais de Funès est toujours là, incarnation inégalable d'une bourgeoisie pompidolienne frénétique, qui se jette dans l'agitation de la modernité pour mieux oublier et faire oublier ses turpitudes et ses archaïsmes. De Funès révèle ses *a priori* et ses préjugés ancestraux, sa bêtise aussi à l'égard de ce mystérieux nom juif. Le film est cependant avant tout une ode à l'assimilation à la française : le célèbre « Salomon, vous êtes juif ? » constate l'invisibilité du juif dans la société française, sa « francisation », avait dit le général de Gaulle dans d'autres circonstances. Là aussi, le film d'Oury est un point d'inflexion : la guerre des Six Jours de 1967, puis celle de Kippour d'octobre 1973 (le film sort d'ailleurs en pleine guerre, et certains l'accusent d'être antipalestinien) ont marqué un réveil identitaire, à la fois spirituel et national, parmi les juifs français, qui corrodera leur travail séculaire d'assimilation. Et bientôt viendront, sur le modèle américain, les films qui mettront en exergue les identités religieuses, raciales ou ethniques, au lieu de les dissoudre dans un bain national commun.

Deux ans auparavant, Oury avait abordé un dernier thème qui lui tenait à cœur depuis ses jeunes années d'acteur à la Comédie-Française : *Ruy Blas*. Il avait transformé la tragédie de Victor Hugo en une comédie baroque, où de Funès, une fois de plus irrésistible, joue le rôle d'un grand d'Espagne, arrogant avec les faibles et obséquieux avec les puissants, cupide et intrigant, bref, un courtisan dans toute sa splendeur caricaturale. Oury met l'Ancien Régime en procès, mais là aussi, il le fait à la manière française, c'est-à-dire avec un roi bon et débonnaire qui tente de protéger « ses peuples » de l'avidité sans fin des seigneurs. On se retrouve dans Molière ou Beaumarchais, avec un domestique, représentant du peuple (joué par Montand) habile et espiègle, qui s'allie à la monarchie (et surtout à la reine) pour déjouer les perfidies et les complots des grands et des aristocrates.

Question de l'Ancien Régime, question sociale, question allemande, question juive : Oury traite, en n'ayant l'air de rien, et sans doute sans l'avoir conceptualisé, les quatre « questions » qui ont coupé la France en deux camps irréductibles depuis la Révolution ; près de deux siècles de guerre civile française expédiés en quelques images, en quelques rires, en quelques tirades. Oury est au cinéma ce que de Gaulle fut à la politique : le grand réconciliateur. L'homme qui referme les plaies séculaires, qui « règle les questions vieilles de cent cinquante-neuf ans », selon le mot du Général à propos de la Ve République et de la mort du roi Louis XVI. Le cinéma d'Oury, railleur sans jamais être méprisant, montre qu'il y eut une époque, quelques années, une décennie tout au plus, où les Français avaient fini par s'aimer. Sa mort nous rappelait un moment cette période bénie, fragile, ô combien, où ils riaient de leurs travers et de leurs conflits sans tomber dans la haine de soi. Cette accalmie fut brève : on croyait nos vieilles querelles éteintes, elles n'étaient qu'assoupies. On pouvait faire confiance à notre génie de la guerre civile : il n'allait pas tarder à ressusciter de vieilles sources de conflits et en forger de nouvelles.

Comme à la maison
7 septembre 2006

Mes jeudis soir ne m'appartenaient plus. Les enregistrements d'« On n'est pas couché » se révélaient fidèles au nom de l'émission. Les invités, les maquilleuses, les spectateurs, les techniciens, tous s'agitaient, mais j'essayais de ne pas les voir. Je n'étais pas un homme de télévision, je parlais à mes amis, comme lors d'une soirée ; sans filtre ni inhibition. D'instinct, je m'étais tenu à cette stricte discipline. Dans la forme comme sur le fond. Je tenais un discours aux antipodes de ceux qu'avaient ressassés depuis des années les grands éditorialistes que j'avais écoutés et observés dès mon adolescence. Je défendais la patrie, l'ordre, le mérite, la hiérarchie, l'excellence, l'assimilation.

Mon discours eût été banal jusqu'aux années 1960 ; après le grand basculement des années 1970-1980, il était révolutionnaire. Révolutionnaire parce que réactionnaire.

Je découvrais que ces émissions de divertissement étaient le temple de l'individualisme consumériste, de l'alliance entre le marché et le progressisme, entre libéraux et libertaires, scellée après Mai 68 ; le cœur du réacteur de la machine de propagande au service du politiquement correct. Les acteurs, chanteurs, écrivains, tour à tour invités, ânonnaient avec plus ou moins – plutôt moins que plus – de finesse les éléments de langage malaxés par les médias après qu'ils eurent été élaborés par les universitaires et les intellectuels autorisés. Je pulvérisais ce savant échafaudage avec une ingénuité et un enthousiasme communicatif. Le public s'agglutinait devant le poste, à la grande joie de Catherine Barma et de Laurent Ruquier qui, tels les Thénardier du service public, voyaient les zéros de leur compte en banque s'accumuler grâce à cette Cosette innocente qui allait puiser de l'eau au puits. Ils me voyaient comme l'idiot du village progressiste, sûrs que je finirai par mordre la poussière devant plus fort, meilleur rhétoricien que moi. Ils organisaient chaque semaine un dîner de cons, où ils me réservaient la place d'honneur du con. Ils gagnaient sur tous les tableaux, celui de l'audience et de leur bonne conscience idéologique. Tout à ma satisfaction politique de démolir les idées reçues, je ne faisais guère attention à leur jubilation cupide, ni d'ailleurs et à ma grande honte au mal mortel qui emporterait quelques années plus tard mon acolyte d'alors, le glorieux mais fatigué Michel Polac.

Dans la rue, on me reconnaissait ; les jolies filles me souriaient et les garçons me saluaient ; les réseaux sociaux vrombissaient d'aise ; je remarquais qu'un mot bien placé pouvait se répercuter dans la France entière. Le roi n'était pas mon cousin. J'étais plongé dans ce moment délicieux où on se croit important, reconnu, aimé ; bientôt viendrait le temps des importuns, où on n'est plus jamais seul, en famille ou avec des amis ; où on se sent observé, épié, surveillé, comme par une caméra cachée, quand on n'est pas insulté, menacé, molesté. Où on comprend mieux la célèbre phrase de Madame de Staël sur la gloire, deuil éclatant du bonheur. Un sniper était né et je ne me reconnaissais pas en lui.

Gastrite coloniale
14 septembre 2006

C'est l'histoire d'un mauvais film. D'un film raté. Plus manichéen que les pires westerns avant qu'Hollywood découvre que les Indiens étaient des êtres humains ; aussi subtil qu'un de ces pesants films de guerre que les services de la propagande soviétique savaient jadis trousser. Le critique du journal *Libération* est contraint lui-même de le reconnaître lorsqu'il évoque un « film étouffé sous les bons sentiments... Si l'on s'en tenait strictement à la qualité du film, de sa mise en scène et de son scénario, il n'est pas sûr qu'*Indigènes* ferait autant parler de lui ».

Mais le cinéma n'est pas l'objet de ce film. Son réalisateur, Rachid Bouchareb, confesse qu'il a visé « au-delà du cinéma ». Très au-delà. Ou plutôt très en deçà. C'est sans doute pour cette raison, comme un hommage du vice à la vertu, que les cinq principaux acteurs reçurent à Cannes le Prix d'interprétation. Ce chef-d'œuvre n'avait eu aucun mal à trouver des financements. Les parrains du cinéma français ont tous mis les deux mains à la poche. L'avance sur recettes du Centre national du cinéma a été copieuse ; Canal+ a donné 4 millions d'euros ; la Caisse des dépôts et la région Île-de-France ont versé leur obole ; Claude Bébéar, ancien patron d'Axa, et sorte de parrain du capitalisme français, a rameuté ses amis ; et Claude Chirac, la fille du président de la République, a vivement encouragé France Télévisions à desserrer encore davantage les cordons de sa bourse. Enfin, le Maroc a offert les services de son armée et ses paysages que les touristes apprécient tant. Rachid Bouchareb se plaignit pourtant que l'armée française ait tardé à lui répondre ; mais il suffit de lire le scénario pour comprendre les réticences de la grande muette, en particulier cette scène effroyable où des officiers français, hilares, contemplent à la jumelle des soldats algériens qu'ils ont envoyés au casse-pipe. Scène qui résume parfaitement l'esprit du film : ce n'est pas du cinéma, mais pas de l'histoire non plus. L'acteur vedette, Jamel Debbouze, se répandait alors devant la myriade de micros tendus avec complaisance pour définir le « pitch » de l'œuvre, selon l'expression médiatique consacrée : « C'est l'histoire de tirailleurs qui se sont battus pour la mère patrie mais qui, le jour de la victoire, n'ont pas eu le droit de défiler sur les Champs-Élysées parce qu'ils étaient arabes ou noirs. »

Autant de mots, autant de mensonges. Les « troupes coloniales » ont défilé sur les Champs-Élysées avec le reste de l'armée française le 11 novembre 1944, le 8 mai 1945, et le 14 juillet 1945. Tous les témoignages recueillis depuis lors auprès d'elles attestent que l'accueil de la population française fut chaleureux ; les historiens notent même que l'attitude ouverte et fraternelle des Français de métropole tranchait avec les rapports plus corsetés et empreints d'un mélange de méfiance atavique et de cordialité un brin condescendante qu'ils connaissaient souvent avec les pieds-noirs. Les tirailleurs qu'évoque Debbouze étaient pour la plupart sénégalais et plus généralement africains ; or, il n'y a pas de Noirs dans le film, que des Maghrébins. Les troupes coloniales étaient aussi composées d'Européens, surtout des pieds-noirs, chrétiens ou juifs, et leur taux de mortalité fut supérieur à celui de leurs collègues arabo-africains. Les officiers n'étaient pas les derniers à monter au front et à mourir en héros ; l'historien anglais John Ellis raconte dans *Cassino. Une amère victoire* qu'à Monte Cassino, les soldats maghrébins qui montraient un courage allant souvent jusqu'à la témérité et une férocité allant parfois jusqu'à la sauvagerie ne pouvaient contenir une inquiétude allant jusqu'à la panique si par malheur leur officier était tué. Ce n'est pas vraiment ce que raconte le film. Le même historien britannique relate comment les soldats marocains amélioraient l'ordinaire en vendant leurs prisonniers allemands aux Américains qui pouvaient ainsi parader pour les photographes des grands journaux d'outre-Atlantique, tandis que leurs collègues italiens ont constitué, sous l'appellation générique de *marocchinate*, un terrifiant dossier d'accusation contre les viols de masse dont se sont rendus coupables les goumiers maghrébins contre des femmes italiennes. Les historiens français ont toujours refusé de reconnaître ces crimes, préférant y voir une « propagande fasciste et nazie » contre leurs vainqueurs. Pour une fois, les universitaires donnaient la main à l'armée française qui, dès le début, et par la voix la plus autorisée du maréchal Juin, a tout fait pour étouffer le scandale. Inutile d'ajouter qu'il n'y a aucune trace de cette épineuse question dans notre film. Rien ne pouvait, rien ne devait salir la mémoire glorieuse des libérateurs de la « mère patrie ». Cette expression désuète, et qui faisait rire depuis les années 1970, a retrouvé à cette occasion un curieux retour en grâce. Du metteur en scène aux acteurs, des journalistes à l'Élysée, la mère patrie était dans toutes les bouches, sous toutes les plumes. Comme toujours, Dominique de Villepin, alors Premier ministre, emportait la palme du lyrisme grandiloquent en saluant « le courage, l'espoir et la volonté d'hommes et de femmes prêts à donner leur vie pour sauver une certaine idée de la France ». Villepin avait seulement oublié, ou négligé, que la volonté de ces hommes avait été à l'époque vivement encouragée par les recruteurs coloniaux qui, reprenant les méthodes vigoureuses de la Première Guerre mondiale, battaient les douars et les campagnes pour rameuter de gré, et le plus souvent de force, des « indigènes » qui faisaient tout pour échapper à « leur devoir ». Mais le temps s'est écoulé, et les « crimes de la colonisation » sont passés par pertes et profits de la grande machine réconciliatrice ; et la marâtre colonisatrice est soudain devenue par une transsubstantiation miraculeuse la mère patrie !

Cela sent à plein nez les éléments de langage. Son opération de « com ». Son blitzkrieg de propagande, pour rester dans l'esprit du film. Ce 5 septembre, le président de la République assiste à la projection d'*Indigènes* en avant-première du gala annuel de la fondation Pompidou. On voit Chirac bras dessus, bras dessous avec Debbouze, hilares et complices. Les gazettes décrivent un Chirac « très ému » par les images. Les services de l'Élysée annoncent avec force trompettes médiatiques que l'État va enfin réévaluer les pensions servies à ces anciens combattants d'outre-mer que l'administration avait réduites « à due concurrence » du faible coût de la vie dans leurs contrées exotiques. C'est ce qu'elle appelait dans son jargon abscons qui ne doit rien à Stendhal : la « cristallisation des pensions ». Heureusement pour le budget de l'État, la plupart de ces héros sont depuis lors décédés ; l'émotion du président ne contreviendra pas au traité de Maastricht ! Déjà, quelques mois plus tôt, son ministre de l'Intérieur, Nicolas Sarkozy, était sorti « ému » de la projection du film de Bertrand Tavernier *Histoires de vies brisées* ; et avait, dans la foulée, supprimé (ou plutôt vidé de sa substance juridique) la « double peine » qui expulsait vers leurs pays les délinquants étrangers.

Nos politiques ne devraient plus aller au cinéma ; ils sont trop sensibles.

Cette course à l'échalote émotionnelle ne doit rien au hasard et tout à la nécessité. Un an plus tôt, en 2005, des émeutes avaient mis les banlieues françaises à feu et à sac, sous le regard à la fois fasciné et goguenard des caméras du monde entier. Les « fils et les filles de la République », comme les avait alors appelés Chirac en omettant le terme de « français », avaient, trois ans plus tôt, célébré place de la République à Paris, au milieu des cris de joie et des drapeaux algériens ou palestiniens, la réélection triomphale du président sortant face à Jean-Marie Le Pen, sous l'œil effaré de Bernadette, née Chodron de Courcel. En 1998, le même Chirac n'avait pas été le dernier à glorifier l'équipe « black, blanc, beur » qui avait donné à la France sa première victoire de l'histoire de la Coupe du monde de football.

La stratégie se voulait subtile et ne s'embarrassait pas de rectitude historique : les pères et grands-pères des « enfants de l'immigration » étaient ces héros qui avaient libéré la France au bout de leurs fusils ; et à peine après avoir déposé leurs armes, ils prenaient leurs truelles et reconstruisaient le pays ; ce n'étaient plus des hommes, mais des demi-dieux. On était dans l'*Illiade* et l'*Odyssée*. Tant pis si les guerriers n'avaient été ni seuls ni décisifs ; tant pis si les pieds-noirs (français !) avaient été au moins aussi nombreux dans l'armée d'Afrique que leurs frères d'armes maghrébins et africains ; tant pis si, au contraire des propos d'historiens contemporains inspirés par l'idéologie « décoloniale », de Gaulle n'avait pas « blanchi » après guerre les contingents de l'armée d'Afrique... il avait un tout autre problème, bien plus cruel pour lui à l'époque : cette armée d'Afrique, dirigée par le maréchal Juin en Italie, par de Lattre de Tassigny en Provence, était la création de Vichy ; c'était Weygand qui l'avait façonnée après la débâcle de 1940, à l'abri de regards allemands en Algérie, et avec la bénédiction tacite du maréchal. De Gaulle s'empressait de la « gaulliser », en intercalant des effectifs FFI au sein des troupes vichystes ; et qu'importe si la reconstruction du pays avait été accomplie par les Français et les Italiens lorsque les Maghrébins débarquèrent dans les usines automobiles au cours des années 1960 ; quand la légende est plus belle que la vérité, imprimons la légende. La falsification historique avait les meilleures intentions du monde : redonner une dignité à ces enfants d'immigrés, humiliés et méprisés et discriminés par le racisme ordinaire des beaufs français et faciliter ainsi leur intégration.

Le metteur en scène, Rachid Bouchareb, jouait son rôle avec un entrain qui faisait plaisir à voir : « C'est nous qui avons libéré Marseille, Toulon, Monte Cassino, la Corse... Les premières balles, c'est nous qui les avons prises, c'est nous qui étions en première ligne. »

Tout était historiquement faux, mais politiquement vrai. « Nous marchons sur les empreintes de nos ancêtres... C'est l'histoire de ma famille. Je suis un enfant de la France. Je fais partie de son histoire. » C'est l'histoire de France qui aurait dû faire partie de lui. C'est Napoléon qui aurait dû être son grand-père, et Jeanne d'Arc son aïeule. C'est ainsi qu'étaient devenus français des générations d'immigrés depuis un siècle. En mettant ses pas dans ceux de ses ancêtres, Rachid Bouchareb ne s'appropriait pas l'histoire de France pour devenir français ; il imposait son histoire aux Français. Il n'avait pas une attitude d'immigré mais de colonisateur, à l'instar des pieds-noirs qui disaient – non sans raison d'ailleurs – que leurs ancêtres avaient fait l'Algérie. Ses parrains politiques, économiques, médiatiques, culturels ont dévoyé l'idée d'assimilation. En croyant favoriser « l'intégration » dans la « mère patrie » des derniers arrivés, ils créaient au contraire chez eux un surcroît d'arrogance et de mépris pour ces « Gaulois » qu'ils avaient à la fois libérés des nazis et enrichis de leur labeur. Ils avaient forgé une nouvelle aristocratie qui, à l'image de l'ancienne, prenait des poses de sauveur et de protecteur, de vainqueur, et exigeait des privilèges comme récompense des exploits de ses ancêtres. Ceux-ci avaient payé l'impôt du sang, leurs descendants méritaient de bénéficier de l'hommage dû à leur rang : discrimination positive, allocations, subventions, quasi-immunité judiciaire, respect à leur Dieu. La piétaille française des « Gaulois », qui bientôt deviendrait « les babtous fragiles » émasculés et féminisés, ne pouvait que se soumettre. On se croyait revenu dans les livres d'histoire d'Augustin Thierry qui expliquaient au XIXe siècle que les aristocrates étaient les descendants des Francs qui, à la chute de l'Empire romain, avaient vaincu et asservi les Gaulois, devenus au fil des siècles le tiers état. Augustin Thierry appelait cela « la guerre des races ». Deux siècles plus tard, les rappeurs chantaient eux aussi une nouvelle guerre des races.

Et Dray créa Ségo

12 octobre 2006

Rendez-vous avec Julien Dray dans un restaurant italien de la rue du Dragon. Il jubile. Il parle autant qu'il mange. Il est intarissable sur « Ségo ». Comment il l'a faite, fabriquée, imposée. Comment il va rouler dans la farine les éléphants du parti, les Fabius, les DSK, les Rocard, Jospin même. Il a son air finaud, avec son regard par en dessous, qu'il arbore quand il est fier de lui. Celui qu'il avait lorsque je l'ai rencontré pour la première fois, au début des années 1990, et qu'il me contait avec moult détails et sourires en coin comment il avait forgé SOS Racisme, puis manigancé la révolte des étudiants contre la loi Devaquet, à la fin de 1986, uniquement pour empêcher l'adoption du Code de nationalité qui devait, entre autres, supprimer le droit du sol. Je n'ai jamais pu me départir d'une certaine affection pour « Juju », même si ses idées me hérissent le poil. Sans doute le creuset commun de nos familles d'Algérie, même si la sienne est demeurée plusieurs années après l'indépendance par affinités politiques avec le FLN. J'apprécie surtout son talent pour les arabesques politiques, son art du billard à dix bandes, qui a convaincu le maître Mitterrand lui-même. « Ségo », il en est sûr, est son chef-d'œuvre. Comment, dans un Parti socialiste coupé en deux, depuis le référendum européen de 2005, entre libéraux et antilibéraux, entre mondialistes et protectionnistes, il a balayé les vieilles divisions idéologiques et les références historiques en imposant le « souffle nouveau » de Ségolène Royal. Elle ne vend rien d'autre que sa « féminité ». Et ça marche ! Juju en rit à gorge déployée ; il sait ce que les dignitaires du parti pensent de celle qu'ils surnomment *in petto* « Bécassine », « la Cruche » ou encore : « Travail, Famille, Poitou » ; mais il connaît depuis le temps lointain de l'agitprop des années 1980, l'efficacité médiatique d'une égérie féminine à la tête d'un mouvement. Les hiérarques socialistes, ayant renoncé au social et aux ouvriers, ont adopté le féminisme comme ultime étendard progressiste ; ils ne peuvent taxer une femme d'incompétence sous peine d'être accusés de ringardise réactionnaire. Ils sont coincés. Ils devront se soumettre et ne pourront se démettre. Ils boiront le calice féministe jusqu'à la lie.

De Barrès à Zola et de Zola à Barrès
14 novembre 2006

Rue Surcouf. Une des cantines de François Bayrou depuis le temps où il était secrétaire général de l'UDF, à la fin des années 1980. Je le connais depuis cette époque. Comme des adolescents attardés que nous sommes, lui et moi, nous refaisons l'histoire de France, et nous échangeons nos lectures. Nous avons chacun fait un chemin idéologique inverse. Il est un paysan enraciné que Paris a transformé en bobo urbain européiste et multiculturaliste. Je suis un juif d'Algérie grandi en banlieue parisienne que l'héritage familial et les lectures ont transformé en Français de la terre et des morts.

Il est passé de Barrès à Zola, et moi de Zola à Barrès. À l'intersection de nos deux itinéraires, il y a encore moyen de se parler. Bayrou me raconte avec force détails les débuts de sa campagne présidentielle. Il me livre des précisions tactiques, entre vanité et puérilité. Il l'ignore, mais c'est son point commun avec ce « Sarkozy, l'Américain », qu'il déteste pourtant. Bayrou a toujours aimé prendre la pose du stratège, émule de Mitterrand et de Talleyrand, arrivant en retard à tous ses rendez-vous comme le premier, cherchant toujours la formule qui tue comme le second, même s'il se révèle souvent un Machiavel de cour d'école. Cette fois-ci, son plan est digne d'éloges : il a commencé à la fin de l'été en vitupérant contre les médias, devant une Claire Chazal, qui n'a pas l'habitude ni le courage de répliquer ; puis, Bayrou tourne dans la France profonde en évoquant le cher et vieux pays, la République, la laïcité, la solidarité, les services publics et l'égalité à la française. Dans la salle, les profs, nombreux, ont les larmes aux yeux ; ils ont l'impression, le temps d'un discours, de redevenir les hussards noirs de la IIIe République sous la férule exaltante de Jules Ferry. Je lui fais remarquer, non sans malice, que son programme économique est, lui, classiquement libéral, qu'il veut réduire les déficits budgétaires, que son ami l'Italien Romano Prodi avait, lorsqu'il était président de la Commission de Bruxelles, éradiqué l'usage du français au profit de l'anglais et défendait les stricts équilibres budgétaires et le libre-échange mondialisé. François balaie mes arguments dans un grand rire, comme s'il me disait : « Pas vu, pas pris. »

Cette campagne présidentielle 2007 s'annonce comme une magnifique opération d'enfumage : Royal emprunte les mots de Chevènement ; Sarkozy, ceux de Séguin et Pasqua ; Bayrou ceux de Chevènement et Séguin, jouant au rebelle du système : un « Le Pen pour les élites ». Ils se réfèrent tous trois aux hérauts du « non » aux référendums sur l'Europe de 1992 et de 2005, alors qu'ils ont tous trois voté oui. Des candidats qui parlent comme Séguin et Chevènement, votent non à l'Europe, mais gouverneront demain avec les partisans du oui.

Quel que soit le vainqueur, les électeurs seront cocus !

2007

« On n'attire pas les mouches
avec du vinaigre »
8 janvier 2007

Son sourire reste accroché un long moment. Il est content de son bon mot. Il observe un instant sur mon visage l'effet produit. Le rôle de cynique qui rit et se joue de tout est sans doute un de ceux qu'il préfère tenir.

J'ai retrouvé Alain Minc chez Marius et Jeannette, un chic restaurant de poisson avenue Georges-V. Sa conversation est aussi élégante et racée que les mets dans l'assiette. On parle de tout, de Dieu, du judaïsme, de la France. Et de Sarkozy. Leur amitié balladurienne est de notoriété publique. Ses idées libérales et cosmopolites aussi. Il n'a pas encore amendé sa célèbre formule sur la « mondialisation heureuse ». Son dédain pour le patriotisme, le souverainisme, ce que l'on n'appelle pas encore le populisme, lui tient au corps et à l'esprit comme une seconde nature. Je marque un point décisif en me moquant des discours du candidat Sarkozy qui, sous la plume d'Henri Guaino, multiplie avec lyrisme les références à de Gaulle, Malraux, Jaurès, à la grandeur de la nation, à l'unité du peuple français. Ainsi Sarkozy aurait renié Minc ? Il aurait rejoint la cohorte des « sous-doués » du nationalisme ? J'insiste, je brocarde, je plastronne. Il me laisse venir, me laisse triompher. Et soudain, d'un coup, d'un seul, il me porte l'estocade : « Oh, vous savez, tout cela, ce ne sont que des mots pour gagner la présidentielle. On n'attire pas les mouches avec du vinaigre Le seul point important : Sarko a annoncé qu'un mini-traité institutionnel sur l'Europe sera adopté par le Parlement après son élection. On y mettra tout ce que le référendum de 2005 a rejeté et le tour sera joué. »

La phrase, tirée à bout portant, m'a étendu au sol comme un oiseau mort. Mon bar en croûte de sel ne passe plus ; je me tais, le regard absent. Vaincu.

Minc n'en finit pas de sourire. Le sourire du vainqueur.

La France coupable

17 février 2007

La Légion d'honneur était dans la tombe et regardait Maurice Papon. La Légion d'honneur que lui avait remise le général de Gaulle lui-même. La Légion d'honneur qu'il arborait encore à la fin de sa vie. La Légion d'honneur qui lui avait coûté une ultime condamnation deux ans avant sa mort. La Légion d'honneur qui lui avait été retirée avec toutes ses décorations. Une Légion d'honneur comme un ultime défi. Une ultime polémique, un ultime pied de nez, un ultime plaidoyer d'innocence.

Maurice Papon avait survécu dix ans à son procès. Un procès historique et pour l'histoire. Un procès inique et épique. Un procès qui n'aurait jamais dû avoir lieu. Maurice Papon fut la victime de combats qui le dépassaient. Il prit deux balles perdues qui ne lui étaient pas destinées.

La première est tirée dans l'entre-deux-tours de l'élection présidentielle de mai 1981. *Le Canard enchaîné* publie un article de Nicolas Brimo intitulé « Quand un ministre de Giscard faisait déporter les juifs ». Le journal exhume deux documents de février 1943 et de mars 1944, signés du secrétaire général de la préfecture de Gironde, Maurice

Papon, dans le cadre de la déportation des juifs étrangers de Bordeaux vers l'Allemagne. Ces papiers avaient été découverts par un jeune universitaire, Michel Bergès, qui les avait confiés à un ami dont le père avait été déporté, Michel Slitinsky, qui les avait lui-même donnés au journaliste du *Canard enchaîné*. Des années plus tard, Bergès et Slitinsky comprendront qu'ils n'avaient été que les jouets d'une opération politicienne, montée par le *Canard* et les socialistes. Dans son remarquable livre sur le procès Papon, Éric Conan évaluera le basculement de Giscard vers Mitterrand à deux cent mille « voix juives ».

Une autre note de novembre 1942, signée du même Papon, ne sera rendue publique que lors du procès en 1997. Elle attestera que le secrétaire général de la préfecture de Gironde était intervenu auprès des autorités allemandes à propos de la sœur de Michel Slitinsky, arrêtée le 19 octobre 1942 à tort puisqu'elle était née (comme son frère Michel) sur le sol français. Alice Slitinsky fut relâchée le 5 décembre 1942 : la distinction de Vichy entre juifs étrangers et juifs français avait parfois quelque utilité.

Mais c'est justement à la lutte contre cette thèse unanime de l'historiographie française de l'après-guerre que l'historien Robert Paxton avait consacré son œuvre ; et Serge Klarsfeld voué sa vie. Pendant longtemps, Papon fut considéré par eux comme du menu fretin. L'Amérique est fort loin de la Gironde, pour un Paxton qui s'intéresse surtout aux archives allemandes ; et Klarsfeld a jeté ses filets sur un poisson bien plus gros, René Bousquet, considérant le rôle de Papon comme « quasi anecdotique ». Mais à la surprise générale, l'ancien négociateur français de la rafle du Vél' d'Hiv est assassiné en 1993, par un déséquilibré, dira-t-on. Pour tous ceux qui veulent à tout prix instruire le procès de Vichy, et, au-delà, celui de la haute fonction publique sous Pétain, Papon n'est pas le meilleur, mais le seul.

La bataille juridique sera acharnée et interminable entre l'inculpation pour crimes contre l'humanité en 1983 et le procès de 1997. Dans sa bataille de tranchées, la défense de l'ancien ministre bénéficiera du soutien inattendu et discret de la présidence de la République. François Mitterrand n'est plus alors le candidat prêt à tout, mais le chef d'un État qui refuse, avec ses dernières forces de moribond, la criminalisation de la France, repoussant, bien au-delà du cas Papon, avec une véhémence furibonde, le *mea culpa* qu'exigent Serge Klarsfeld et ce que Mitterrand n'hésite pas d'appeler « le lobby juif ».

Mitterrand quitte l'Élysée sans avoir cédé. Mais son successeur, Jacques Chirac, quelques semaines seulement après son élection, le 16 juillet 1995, s'empresse de reconnaître la « responsabilité de l'État français » et de la France dans la rafle du Vél' d'Hiv de juillet 1942 et les déportations de juifs.

Le procès Papon est dès lors inéluctable. Les Klarsfeld père et fils ne s'y trompèrent pas qui se contentèrent de diffuser en boucle sur les marches du tribunal le texte du discours du président de la République, ou de manifester avec ce même discours accroché à leur cou. Serge Klarsfeld explique alors sans se lasser qu'il entend « placer le procès Papon sous l'égide du président Chirac ».

Tout est dit et écrit. Papon ne peut pas ne pas être condamné. À la limite, le procès est devenu lui aussi « quasiment anecdotique » ; mais pas sans intérêt. Les témoignages en faveur du prévenu ne manquent pas de lustre : Pierre Messmer, Raymond Barre, Olivier Guichard, Maurice Druon. Gaullistes et résistants, la brochette est impressionnante. Leurs propos aussi. Guichard fait remarquer avec sa finesse sarcastique habituelle que « tous les Premiers ministres du général de Gaulle et de Pompidou avaient d'abord été des fonctionnaires de Vichy ». Maurice Druon, auteur avec son oncle Joseph Kessel du *Chant des partisans*, est plus accusateur : « Dire des fonctionnaires de Vichy qu'on peut les assimiler à Himmler, Heydrich ou Barbie, cela me semble injuste […]. J'ai fait de la résistance, il m'est arrivé d'avoir été aidé par un fonctionnaire de Vichy qui portait la francisque : qui prenait alors le plus de risques de lui ou de moi ? » Il pointe la contradiction majeure de tous ceux qui, au nom de la lutte contre l'antisémitisme, rétablissent des distinctions et des séparations, et même une hiérarchie des victimes, entre les juifs et les autres :

> Nous avons fait en sorte que soient compris dans un même héroïsme tous ceux qui avaient pâti de la guerre et de l'Occupation : otages, résistants, déportés, juifs. Enfermés dans un même souvenir d'héroïsme et de sacrifice. Et voilà qu'aujourd'hui, on voudrait faire une catégorie particulière des juifs ! [...] Il y a une sorte de paradoxe à voir aujourd'hui les fils de victimes devenir les alliés objectifs des fils de bourreaux[1]...

Pierre Messmer va encore plus loin en conclusion de son intervention :

> Alors que la mort m'a épargné pendant la guerre, et alors qu'aujourd'hui, la mort s'approche de moi, sans rien oublier, car nous ne devons rien oublier, le temps me semble venu, cinquante-cinq ou cinquante-six ans après les événements, où les Français pourraient cesser de se haïr et commencer à se pardonner. Mais je voudrais aussi dire, quel que soit le respect que nous devons à toutes les victimes de la guerre, et particulièrement aux victimes innocentes, ces femmes, ces enfants, ces vieillards, que je respecte plus encore celles qui sont mortes debout et les armes à la main, car c'est à eux que nous devons notre libération[2].

Des paroles qui font hurler sur les bancs du public ; et seront censurées par tous les journaux.

Ce procès ne doit pas être détourné de la ligne qu'on lui a fixée. C'est un procès pédagogique, dit-on dans les médias. C'est avant tout un procès idéologique. Ce n'est pas un complot, mais une coalition. Il y a ceux qui, à la suite des Klarsfeld, et des associations juives, veulent imposer l'idée – en dépit de la démonstration limpide du grand historien Jean-Pierre Azéma venu témoigner – que la politique d'apartheid de Vichy à l'égard des israélites a préparé et facilité la politique d'extermination allemande. Ceux, militants, historiens d'extrême gauche, pour qui Pétain, de Gaulle, et même la République, sont mis dans le même sac d'un

---
1. Extraits du procès cité dans Éric Conan, *Le Procès Papon*, Gallimard, 1998.
2. *Ibid.*

pouvoir bourgeois et totalitaire, raciste et liberticide, antijuif et antiarabe et qui évoqueront la répression de la manifestation interdite du FLN du 17 octobre 1961, sous le fallacieux prétexte que l'accusé était alors préfet de police. Enfin ceux, partisans de la construction européenne, qui estiment qu'afin de fraterniser avec nos voisins d'outre-Rhin, il faut en finir avec la culpabilité allemande et pour cela l'endosser et la partager avec eux dans une posture christique.

Comme souvent, avec son intelligence acérée, mêlée à une sensibilité douloureuse, Philippe Séguin a deviné cette étonnante conjonction :

> Le procès de Maurice Papon n'est qu'un prétexte, écrit-il dans *Le Figaro*. Il y a bien un autre procès dans le procès. Que dis-je, il y en a deux... Le premier procès, c'est celui du gaullisme. Et du général de Gaulle. Le général de Gaulle, coupable de n'avoir pas révoqué en masse les hauts fonctionnaires de Vichy. Le général de Gaulle, donc complice de Vichy... Quant au second procès, c'est, en toute simplicité, celui de la France. La France coupable en bloc, solidairement, des crimes de Vichy ; et complice, à travers Vichy, de toutes les abominations ennemies. La boucle est bouclée, et la réussite du projet nazi – qui était avant tout de compromettre, de transférer les responsabilités sur le pays vaincu – une réussite complète... C'est décidément un révisionnisme d'un nouveau genre qui se développe : celui qui nie que le général de Gaulle, la Résistance, les Français libres, l'armée de la Libération aient jamais existé...

Pendant son intervention à la barre, Maurice Druon dénonce lui aussi la même manipulation :

> Ce procès va profiter à l'Allemagne. Et seulement à l'Allemagne. [...] Il n'y a qu'une seule chose qui puisse empêcher l'Allemagne d'être reprise par ses démons impérialistes, c'est le souvenir des démons nazis. Si l'on se met à condamner un Français symbolique, il leur sera facile de dire : « Nous sommes tous pareils, les Français sont aussi moches que nous. » Il y aura donc une dissolution de la responsabilité et de la culpabilité allemande ![1]

---
1. *Ibid.*

Les gaullistes, patriotes sincères et conséquents, sont les seuls à voir le traquenard tendu à la France par tous ses ennemis intérieurs ; mais ils sont coincés par la condamnation de Vichy qui a légitimé en 1944 le général de Gaulle comme la seule incarnation de la France au détriment du maréchal. Si Vichy était un régime infamant, pourquoi avoir gardé ses fonctionnaires ? Un avocat des victimes répondra à cette question : « Ils ont gardé Papon parce qu'ils voulaient à tout prix que cela marche pour éviter l'administration américaine ! Pour que la France soit tout de suite administrée par les Français ! »

Ce fut clamé sur le ton du reproche. Ce « ils » voué aux gémonies, c'est de Gaulle ! De Gaulle coupable d'avoir voulu restaurer au plus vite la souveraineté nationale ! Coupable d'avoir été un patriote sourcilleux et d'avoir fait passer ce patriotisme sourcilleux avant le juste châtiment des complices français de la « Shoah ».

Même émoi lorsqu'on lit aux jurés une lettre envoyée par Jacques Chaban-Delmas, ancien Premier ministre et surtout ancien résistant émérite :

« Étienne Campet, l'un des plus redoutables résistants de Bordeaux et des alentours [m'a dit que] sans Papon, la Résistance ne serait pas arrivée dans cet état à la Libération[1]. »

« Puisque Papon aidait la Résistance, il doit être absous », disent les uns ; « Et la souffrance juive, vous n'en avez cure ? », plaident les autres.

Ce procès est l'aboutissement – on n'ose écrire l'apothéose – d'un changement de paradigme entamé dans les années 1970. Peu à peu, le héros a été supplanté par la victime ; la guerre des nations et des empires par l'extermination des juifs ; le patriotisme par le cosmopolitisme ; la raison d'État par le sentimentalisme ; la France par l'Europe. Et, accessoirement, l'histoire par la propagande. Le savoir par l'ignorance. Quand Papon rappela que l'article 3 de la convention d'armistice signée par la France avec son vainqueur prévoyait que la police française pouvait

---

1. *Ibid.*

être réquisitionnée à tout moment par les autorités allemandes, le public de l'audience tomba des nues.

À travers la figure revêche et antipathique de Maurice Papon, notre époque réglait ses comptes avec les hommes de l'ancien temps. Le présent réglait ses comptes avec le passé. La France d'aujourd'hui avec la France d'hier. En droit, l'accusé aurait dû être acquitté. Tous les avocats des parties civiles en tremblaient d'avance. Tous se souvenaient des réquisitions de non-lieu rédigées en 1995 par l'avocat général Defos du Rau, qui avaient été amendées par le procureur général Henri Desclaux, pour autoriser le renvoi devant les assises. Mais l'acquittement était interdit. Le droit n'avait rien à voir dans cette affaire. On trouva donc un subterfuge. La cour ne lui imputa pas l'accusation capitale de complicité d'assassinat (à la grande satisfaction de son avocat Jean-Marc Varaut) – Papon était acquitté pour toutes les charges de « complicité d'assassinat » et de « tentatives de complicité d'assassinat » –, mais on le condamna quand même à dix ans de prison pour « complicité d'arrestation et de séquestration ». Les esprits les plus subtils s'interrogèrent : si le procès Papon était celui de Vichy, le régime du maréchal Pétain ne serait donc responsable que de complicité d'arrestation et de séquestration ? C'était bien peu pour un régime aussi criminel. Le grand public n'y vit pas malice. Papon était coupable, Vichy était coupable, la France était coupable. Les hommes d'avant étaient coupables. Le passé était coupable. Les Klarsfeld tenaient leur condamnation symbolique. Les Allemands aussi ; ils n'étaient désormais plus seuls à porter leur croix.

L'amour est dans la campagne
14 avril 2007

Les journalistes qui suivaient la campagne de Sarkozy étaient partagés en deux camps : les garçons qui se moquaient et les filles qui compatissaient. Les unes disaient « Cécilia a un amant », les autres « Sarko est cocu ».

Les histoires de fesses ont toujours distrait toutes les campagnes présidentielles. Celles-ci sont habituellement le cadre de grands élans et de menus plaisirs. Les candidats sont en transe lorsqu'ils fendent la foule des meetings ou descendent de la tribune sous les acclamations ; les femmes sont attirées comme des aimants par ces « bêtes politiques ». Mais, pour une fois, pour la première fois dans l'histoire de la Ve République, ce ne sont pas les gambades d'un candidat qui occupent les conversations, mais celles de son épouse. En 1974, Mitterrand disait goguenard : « Des trois principaux candidats [Giscard, Chaban et lui], le seul qui dorme chez sa femme, c'est Chaban. » En 2007, c'est Cécilia qui ne dort plus chez son candidat de mari, mais chez son amant.

Cette situation ne m'étonne qu'à moitié. Je me souviens de ces innombrables déjeuners avec Sarkozy, au cours desquels celui-ci s'interrompait sans cesse pour téléphoner en répétant comme une litanie : « Oui, chérie, je suis avec Zemmour, on est à tel restaurant... Oui, chérie, on est à l'entrée... Oui, on a fini bientôt. »

Ce petit jeu m'exaspérait. Sarkozy adorait mettre en scène son amour comme un adolescent fier de la beauté de sa conquête. Au-delà de sa vanité puérile, il était amoureux. Il pouvait se vanter « entre hommes » de ses diverses conquêtes d'un soir ; mais il aimait sa femme, il aimait l'amour, il s'aimait en train d'aimer Cécilia.

Je ris encore d'une conférence de presse au siège du RPR où il lui fit une réflexion déplaisante parce qu'elle avait osé converser avec moi pendant son intervention. Je me souviens qu'il m'injuriait lorsque j'évoquais devant lui les thèses de Stendhal sur les contradictions entre désir et amour. « Ton Stendhal est un con et toi aussi ! » Nicolas Sarkozy était resté à cinquante ans un adolescent amoureux de l'amour. Il était ridicule mais touchant.

Pendant cette même campagne présidentielle, sa rivale Ségolène était, par un curieux parallélisme, dans la même situation. Elle avait découvert la liaison de François Hollande avec la journaliste Valérie Trierweiler, et s'était séparée du père de ses enfants. Mais cette information croustillante pour les uns, désolante pour les autres, ne franchissait pas le mur de la discrétion journalistique. La gent médiatique applique à la gauche et la droite la vieille règle de Pascal : « vérité en deçà des Pyrénées, erreur au-delà ».

J'entends encore le rire méprisant de son grand rival, Dominique de Villepin : « On ne peut pas confier la France à quelqu'un qui n'est même pas capable de garder sa femme. »

Quelque temps plus tard, l'épouse de Dominique de Villepin demandait le divorce.

Et le quinquennat tua le Premier ministre
25-29 août 2007

Ils sont morts à quelques jours d'intervalle. L'un le 25 août, l'autre le 29. Ils avaient été tous deux Premiers ministres, l'un de Valéry Giscard d'Estaing, l'autre de Georges Pompidou. J'avais connu Raymond Barre lorsqu'il fut candidat à la présidentielle en 1988 ; lors de nos nombreux entretiens toujours courtois, il me confiait son admiration pour Mitterrand et son mépris pour Chirac ; de son échec de 1988, il avait tiré une philosophie désabusée : pour devenir président de la République, « il faut y songer nuit et jour ; ne penser qu'à ça » : « Moi, disait-il, j'aime trop la vie ! » La vie, pour Raymond Barre, c'était l'opéra, les westerns, et la bonne chère. J'avais croisé Pierre Messmer (ainsi que Michel Debré ou Maurice Couve de Murville) lorsque je suivais les réunions du RPR. Ces hommes étaient le plus souvent à la tribune, encadrant Chirac comme autant d'hiératiques statues du commandeur ; mais Don Juan Chirac finira par échapper à leur surveillance pour brader tout ce qu'ils avaient de plus sacré. Ils s'en doutaient, n'avaient jamais eu confiance en lui mais avaient fait comme si. Au-delà de leurs différences évidentes et nombreuses, de caractère, d'idéologie et de politique, Barre et Messmer avaient en commun d'avoir été Premiers ministres au temps du septennat. Ils avaient « duré et enduré », selon la formule célèbre du général de Gaulle, souvent citée par Raymond Barre. En vérité, ils étaient surtout là pour endurer tandis que le président durait... sept ans. Avec le quinquennat, les institutions avaient été déséquilibrées : le président ne durait plus ; il devenait le vrai Premier ministre vers qui tout remontait ; mais Matignon conservait la haute main sur l'administration. C'était le drame qui se nouait dans les premiers mois du quinquennat Sarkozy. Selon le bon mot de Jean-Louis Borloo, « Sarkozy est le seul homme politique qui s'est fait élire président de la République pour devenir Premier ministre ». Mais le Premier ministre-président Sarkozy donnait des impulsions politiques que le Premier ministre en titre François Fillon tardait à imposer à l'administration qu'il dirigeait d'une main molle. En tous cas, c'était ce que disaient les sarkozystes pour dédouaner leur patron.

Quelque temps plus tard, aux premiers jours de septembre, je déjeunais avec Philippe Séguin à la Cour des comptes. Le soleil d'automne avait traversé le jardin des Tuileries pour éclairer la rue Cambon d'une lumière douce ; Philippe Séguin était dans un de ces bons jours, quand sa conversation se montrait enjouée et brillante. Seul moment d'irritation lorsqu'il me confia, l'air horrifié : « Sarkozy me harcèle pour que je rentre dans son gouvernement. Mais je ne serai jamais ministre de Fillon ! »

Le grand remplacement muséal

12 octobre 2007

Ce fut un échec cinglant. Une claque. Un rejet, une insulte, une marque de mépris. Des salles vides. Un désert. À part la visite obligatoire des gamins des écoles, dix mille entrées par an ! Plus un musée, mais une chambre d'hôtes. Même le journal *Le Monde* fut obligé de le reconnaître. En 2010, une de ses journalistes écrivit : « Lancée en grande pompe en 2007, la Cité nationale de l'histoire de l'immigration est désespérément déserte. » Désespérément.

C'est ce qu'ont pensé aussi les représentants de l'État, de droite comme de gauche, qui ont attendu plusieurs années pour l'inaugurer. Comme s'ils espéraient qu'il se remplisse enfin. Ils ont même changé le nom : la Cité nationale de l'immigration est devenue le musée national de l'Histoire de l'immigration. Sans plus de succès.

C'était pourtant une coproduction de la droite et de la gauche. Une idée de la gauche mise en œuvre par la droite. Un projet lancé par le Premier ministre socialiste Lionel Jospin, repris dans le programme électoral de son adversaire à la présidentielle, Jacques Chirac. Une idée géniale, forcément géniale d'un historien de l'immigration, Gérard Noiriel, ancien militant marxiste recyclé par les réseaux universitaires du parrain de la sociologie, Pierre Bourdieu, qui avait troqué la défense des ouvriers pour celle des immigrés. Il exigeait un « Ellis Island français », c'est-à-dire un musée de l'Immigration sur le modèle de celui édifié à New York, à l'endroit où débarquaient les immigrants venus d'Europe au XIXe siècle. Ce rêve américain est commun à toutes les élites françaises depuis les années 1980, qu'elles soient universitaires, administratives, intellectuelles, médiatiques ou politiques. Peu importe que ce fantasme américain soit erroné en ce qui concerne l'histoire même des États-Unis, où la croissance démographique des familles des *Pilgrim Fathers* du XVIIe siècle est bien plus décisive qu'on ne le dit. Peu importe que l'histoire de la France n'ait rien à voir avec celle d'une nation d'immigration. Et peu importe enfin – surtout ? – que le mythe glorieux d'Ellis Island et de la nation d'immigration ait pour contrepoint funeste le génocide des Indiens, des habitants d'origine de ces territoires massacrés et spoliés. Qui seront les Indiens dans la France, glorieuse terre d'immigration du XXIe siècle ?

La question n'est pas souvent posée, et la réponse n'est jamais donnée ; mais elle hante sans doute l'inconscient de ces millions français qui ne mettront jamais les pieds dans ce musée national de l'Immigration.

Les élites n'en ont cure. Les élites parlent aux élites. Une fois lancée, la machine bureaucratique tourne toute seule à plein régime. Génie de l'État français. Génie bienfaisant qui, de la monarchie à la République en passant par l'Empire, a protégé les Français et fait de la France la puissance hégémonique en Europe et dans le monde. Génie malfaisant de l'État français quand il se retourne contre les populations au service d'un projet humaniste et universaliste de remplacement des populations autochtones.

Consultation, rapport, mission, loi. Déclarations. Communication. Comme le conte le remarquable et anonyme *Histoire de l'islamisation française. 1979-2019* (L'Artilleur), chacun y va de sa déclaration de (bonne) intention. Le chiraquien Jacques Toubon, qui vantait naguère l'assimilation des populations immigrées dans la grande tradition républicaine, est devenu un adepte forcené de ce « droit à la différence » qu'il dénonçait alors : « Nous allons favoriser la recherche sur les cultures d'origine, qui pourra alimenter les programmes scolaires, les médias. Cette connaissance des cultures sera la meilleure lutte contre les préjugés. » Membre de la « mission de préfiguration », l'historienne de gauche Marie-Claude Blanc-Chaléard explique en 2006 dans la revue scientifique *Vingtième siècle* qu'il faut « faire émerger la diversité cachée derrière le mythe de la nation unitaire » afin d'en finir « avec une conception de la nation qui, derrière l'unité basée sur l'égalité de tous, refuse et exclut l'étranger, s'empressant d'en effacer la trace dès qu'il devient français »

Ancien publicitaire giscardien devenu Premier ministre de Chirac en 2002, Jean-Pierre Raffarin croit avoir trouvé le symbole qui marquera les esprits en affectant à ce futur musée de l'Immigration les locaux désaffectés du palais de la Porte-Dorée, près du bois de Vincennes, qui avait été édifié pour la Grande Exposition coloniale de 1931. Pour les malentendants et malcomprenants, Jacques Toubon traduit la colossale finesse de la dernière raffarinade : « Lieu de glorification de la mission civilisatrice de la France, il deviendra l'institution culturelle qui portera à la conscience de tous les Français l'apport décisif des immigrés européens et coloniaux à la construction du pays. »

Quand François Hollande, devenu président de la République, se décida enfin – sept ans après son ouverture ! – à inaugurer ce cher musée, il ne put s'empêcher de rajouter une couche supplémentaire de lieux communs immigrationnistes. Et de chanter « la reconnaissance de la France à l'égard des immigrés qui l'ont construite... Il n'y aurait pas eu les Trente Glorieuses... Il n'y aurait pas eu de redressement après la Première Guerre mondiale... Il n'y aurait pas eu de révolution industrielle... L'histoire de l'immigration, c'est l'histoire de la République... La France est le résultat de cultures venues d'ailleurs... Les immigrés ont fait l'histoire de France ».

Nos gouvernants croient toujours que les Français ne les comprennent pas et que leurs réticences ou leurs révoltes viennent d'un « déficit de communication ». Ils se trompent. Les Français les comprennent bien ; et même trop bien. Ils ont fort bien saisi que ce musée serait dédié à la gloire des immigrés africains et maghrébins et constituerait une charge de plus pour dénoncer, accabler la France, terre hostile, terre xénophobe, terre raciste. Ils ont si bien compris qu'ils ont décidé de renvoyer à l'envoyeur cette nouvelle gifle que les élites leur assènent en pleine figure. Comme le reconnaissait, dépitée, la journaliste du *Monde,* dans son article de 2010 : « C'est la France entière qui ne veut pas voir au musée ce qu'elle ne veut pas voir dans la vie. »

La France entière qui en a assez qu'on lui serine qu'elle doit tout aux immigrés quand ce sont les immigrés qui doivent tout à la France. La France entière qui aurait préféré qu'on valorise ce qu'elle a fait, ce qu'elle a construit, ce qu'elle a édifié, ce qu'elle a inventé. La civilisation originale, subtile, charmante, que le peuple de France a lentement édifiée. Il existait un musée pour cela. Il s'appelait le musée national des Arts et Traditions populaires. Il avait été installé en 1937 dans une aile du musée de l'Homme, au Trocadéro. C'était une grande idée de la gauche quand elle s'intéressait encore au peuple français, à ses ouvriers et à ses classes populaires, dont Jean Gabin incarnait l'archétype gouailleur et séducteur dans les films de l'entre-deux-guerres. C'était une création du Front populaire. C'était « un musée du peuple pour le peuple ». Devenu ministre de la Culture en 1958, Malraux le transféra dans le Jardin d'Acclimatation.

Enthousiaste, le grand anthropologue Claude Lévi-Strauss le bénissait : « Il est bon qu'il y ait des musées nationaux centrés sur l'histoire du pays lui-même et pas sur celle du monde. » On y retrouvait les costumes, les arts, les créations des diverses régions françaises. Ce fut la grande époque des arts populaires avant qu'ils ne soient remisés dans le placard méprisant et méprisable du folklore franchouillard des Bécassine.

À partir des années 1980, le « Louvre du peuple français » est passé de mode parce que le peuple français est passé de mode. On lui coupe ses budgets, on le juge trop national, trop populaire, trop catholique même. Un rapport administratif, le rapport Guibal en 1992, lui propose de nouvelles missions : « Poser les conditions d'une réflexion permanente sur le métissage culturel, sur l'acculturation, sur les multiples intérêts de la rencontre des cultures. »

Ce jargon multiculturaliste est un arrêt de mort. Le musée du Peuple français ferme ses portes en septembre 2005. Le bâtiment dans le Jardin d'Acclimatation sera donné par l'État à la Ville de Paris qui le concédera à LVMH pour « un musée de l'Artisanat et du Luxe ». Après l'ouverture en 2007 du musée de l'Histoire de l'immigration, on inaugurait en juin 2013, sur le port de Marseille, un musée des Civilisations de l'Europe et de la Méditerranée. Dans la France des musées aussi, l'heure est au grand remplacement.

2008

Du chiffre au nombre
17 février 2008

C'est la fête à Pristina. Flonflons, youyous, *Allah Akbar*. Le Kosovo a déclaré son indépendance de manière unilatérale. Belgrade ne reconnaît pas la sécession de son ancienne province, mais les fêtards n'en ont cure. Leur « indépendance » est placée sous la protection de « l'hyperpuissance » américaine. Le contrôle de leurs frontières est assuré par la KFOR, composée essentiellement de soldats de l'Oncle Sam. Le Kosovo est un protectorat international depuis 1999, longtemps sous la férule bonhomme du « *French doctor* », Bernard Kouchner, après qu'il fut arraché à Belgrade, noyée sous les bombes de l'OTAN.

C'est jour de deuil à Belgrade et dans les enclaves serbes du nouveau « pays ». Le Kosovo est dans le roman national serbe le « berceau » de leur nation. Les Serbes se sont construits historiquement – c'est leur point commun avec les Croates – comme les sentinelles de la chrétienté face à la pointe avancée de l'islam en Europe.

La présence musulmane en Europe de l'Est est le produit des avancées coloniales de l'Empire ottoman après la prise de Constantinople en 1453. Selon les historiens, le processus d'islamisation du Kosovo a débuté au XVIIIe siècle.

Les premiers musulmans s'installent dans un univers chrétien d'églises orthodoxes qui datent du XIVe siècle et de villages à la toponymie traditionnelle slave. Mais les Albanais prétendent que les Slaves ne sont arrivés qu'au VIIe siècle alors que les Albanais seraient, eux, les descendants des Illyriens qui étaient déjà sur place. Éternelle question des origines que nos historiens contemporains, pétris de doxa antiraciste, repoussent avec des cris d'orfraie de bigotes découvrant « la chose » : « Il ne peut y avoir de remplacement de population par une autre car cela supposerait, sur un temps long, un moment zéro de pureté de la race dans un pays donné », affirment nos nouveaux sophistes. On sait depuis Renan que toute grande nation est un mélange de races ; mais on sait aussi – quand on ne fait pas semblant de l'ignorer – que l'unité d'une nation repose sur un ensemble d'éléments en commun, une histoire, des mœurs, une culture, et la volonté de les perpétuer.

On sait enfin que les lois de la démographie s'imposent toujours en histoire.

Le Kosovo en donne, s'il en était besoin, une preuve éclatante.

Dès le début du XXe siècle, les musulmans sont devenus majoritaires au Kosovo ; à la mort de Tito, dans les années 1970, les Serbes orthodoxes ne représentent plus que 13 % de la population. Ils ne sont plus désormais que 5 %, expulsés de la capitale, Pristina, confinés dans des enclaves, citoyens de seconde zone ostracisés, quand ils ne sont pas persécutés, martyrisés, chassés, sur la terre de leurs ancêtres. Le nettoyage ethnique s'accompagne bien sûr d'un grand remplacement religieux et culturel, églises médiévales brûlées par des foules musulmanes extatiques, mosquées rutilantes de dorures construites à leur place, financées par les nababs d'Arabie Saoudite ou du Qatar : inexorable et cruelle réalité d'un grand remplacement qui n'existe pas !

Quand on les pousse dans leurs retranchements, nos sophistes distinguent entre l'est de l'Europe, où la nation a émergé avant l'État, et l'ouest de l'Europe, et surtout de la France, où c'est l'État qui a fondé la nation, d'abord les quarante rois qui ont fait la France, puis la République, et qui ont accouché d'un peuple de citoyens. Distinguo pour le coup un brin manichéen, qui mériterait d'être nuancé, mais qui n'est pas faux sur l'essentiel. Et c'est justement là où la France se retrouve en grand danger. Depuis une quarantaine d'années, la communauté de citoyens se désagrège sous les coups portés d'une société des individus qui ne veulent connaître que leurs droits, et aucun devoir, et ne voient l'État que comme un distributeur de services et de lois pour satisfaire leurs moindres caprices. Des individus sans racines et sans histoire, qui se rêvent « citoyens du monde » détachés de tout ancrage national. Ils ne connaissent ni territoire ni peuple. Ils se côtoient sans se fondre dans un ensemble unifié et cohérent. Ils appellent « république » cette société des individus qui n'a plus rien à voir avec la République des citoyens. C'est dans ce vide abyssal que sont venues se loger des diasporas islamiques, de plus en plus nombreuses, liées par les notions archaïques de famille, de clan, de religion, et qui importent ces archaïsmes au sein d'une postmodernité aveugle qui ne veut voir en eux que des individus isolés. Les plus habiles représentants de ces diasporas ont bien compris l'usage qu'ils pouvaient faire de ce libéralisme pour dynamiter les restes de l'État-nation et de la République, s'émanciper de sa tutelle devenue débile, et imposer à sa place, dans des enclaves étrangères, la loi archaïque d'Allah.

La Seine-Saint-Denis est l'emblème de ce grand remplacement qui n'existe pas. À l'instar du Kosovo, ce département est le cœur historique de la France, avec la basilique Saint-Denis, où reposent les tombeaux de nos rois. On recense aujourd'hui dans ce département que deux tiers des naissances viennent d'au moins un parent né à l'étranger et que plus de 60 % des jeunes de moins de dix-huit ans sont d'origine étrangère. Dans la liste des dix prénoms les plus donnés aux enfants, tous sont musulmans (Mohamed) ou affiliés (Ryan, Inès). Un rapport parlementaire avait signalé en mai 2018 que « l'État ignore le nombre d'habitants » qui résident en Seine-Saint-Denis, que le nombre d'étrangers clandestins, alimenté par l'aéroport Charles-de-Gaulle, tout proche, y est inconnu : « 150 000, 250 000, voire 400 000, soit entre 8 % et 20 % de la population du département. »

En Seine-Saint-Denis, 40 % de la population a moins de vingt-neuf ans, et 26,1 % de ces jeunes sont au chômage, chiffre qui monte à 40 % dans de nombreuses cités. Au Kosovo, le chômage frappe 60 % de la population active et 60 % des Kosovars ont moins de vingt-cinq ans.

Le même rapport parlementaire de 2018 avait parlé d'une « République défaillante », pointant les manques de policiers, enseignants, médecins, magistrats. Les députés auraient été mieux inspirés de parler de « République dépassée » et de « France submergée ». Comme disait un jour Jean-Pierre Chevènement, « il y a en Seine-Saint-Denis, cent trente-cinq nationalités, mais une a quasiment disparu ». La française, bien sûr. Si les services publics ne sont pas à la hauteur des besoins, c'est que le département s'emplit d'une population toujours plus nombreuse et toujours plus exotique ; et que la violence que cette submersion démographique produit dépasse sans cesse les prévisions et les moyens d'un État déjà surendetté. Les policiers, les magistrats, les infirmiers, les médecins, les agents des postes ou des bureaux d'aide sociale, les hôpitaux, les tribunaux, les HLM sont submergés par le nombre, les exigences de ces populations démunies qui prennent la France pour une terre de cocagne, et l'agressivité de beaucoup à l'égard de leurs femmes, de leurs voisins, des fonctionnaires, qu'ils ont importée des sociétés d'où ils viennent. L'État pourra déverser sans cesse plus d'agents dans le département, ils ne seront jamais assez pour répondre aux besoins créés par la vague migratoire incessante. L'État en Seine-Saint-Denis, ou le mythe de Sisyphe. Les fonctionnaires ne veulent pas y aller et n'y restent pas. « Dans le département, la durée de séjour des agents de l'Intérieur est de 2,7 années contre 7 ans dans l'Essonne », constatait la Place Beauvau à la fin de 2019. Le Premier ministre, Édouard Philippe, annonçait alors qu'une prime de 10 000 euros serait versée aux agents de l'État demeurant au moins cinq ans en Seine-Saint-Denis. Encore 35 millions d'euros annuels jetés dans le tonneau des Danaïdes migratoire ! En son temps, la Serbie avait de même encouragé financièrement les fonctionnaires serbes à se rendre au Kosovo. En vain...

Beaucoup des résidents du département, parmi les plus pauvres de France, vivent des subsides des aides sociales et de trafics divers, drogue, recel d'objets volés, prostitution : « Des systèmes d'inspiration mafieuse tendent à s'installer et imposer leur diktat », avouent nos députés dans le même rapport de 2018. Les autres permettent par leur présence aux habitants de la métropole parisienne de pérenniser à prix raisonnable leur style de vie individualiste et connecté : ils sont livreurs de pizzas, sushis et autres, chauffeurs Uber, aux fourneaux dans les arrière-salles des restaurants, nounous d'enfants ou gardes de personnes (très) âgées ; ils reconstituent une domesticité d'un nouveau style pour une aristocratie urbaine du XXIe siècle, les vainqueurs de la mondialisation. En échange, ceux-ci assurent, au niveau médiatique et politique, la protection de leurs domestiques venus du monde entier contre la fureur d'une classe moyenne française, chassée des banlieues par les nouveaux arrivants, qui finance par ses impôts et taxes la logistique sociale nécessaire pour assurer le niveau de vie des seigneurs des métropoles.

Le paysage urbain de la Seine-Saint-Denis est dévasté, les petits commerces traditionnels des villages français ont disparu pour laisser place aux grandes surfaces à l'extérieur des villes, et aux commerces estampillés hallal (boucheries, mais aussi librairies ou encore kebabs), sans oublier les agences de la Western Union, qui transfèrent le produit des allocations sociales françaises ou des divers trafics vers les familles restées au bled. La plupart des cafés sont réservés aux hommes par une loi non écrite mais appliquée avec rigueur, les femmes voilées, de plus en plus nombreuses, y compris celles vêtues du niqab les couvrant de la tête aux pieds, prohibés par la loi du 11 octobre 2010, interdisant la dissimulation du visage dans l'espace public que personne n'ose faire respecter, les hommes se rendent à la mosquée en djellaba. Cette colonisation religieuse entraîne une colonisation visuelle qui entraîne une colonisation des âmes. C'est le but. Dans son excellent livre *Quatre-vingt-treize*, Gilles Kepel analyse la stratégie des Frères musulmans et salafistes qui ont fait de la Seine-Saint-Denis l'épicentre de leur offensive d'islamisation de la France[1]. De même, les universités installées en Seine-Saint-Denis sont encore plus qu'ailleurs, en raison de la forte concentration d'étudiants issus de l'immigration maghrébine et africaine, les étendards du mouvement décolonial et indigéniste qui dénonce sans se lasser et à tout propos le « patriarcat blanc ».

Ces enclaves étrangères vivent sous le règne d'Allah et des caïds de la drogue qui assurent l'ordre et la vie de tous les jours. Après le massacre du Bataclan, en novembre 2015, un commando du Raid, pourchassant un des djihadistes jusque dans son repaire de Saint-Denis, eut la surprise de subir, pendant leur siège, les insultes, voire les coups, de badauds et de voisins solidaires des djihadistes fuyards.

Peu à peu, la Seine-Saint-Denis impose ses règles, les codes, qui la distinguent du reste du pays : ce département est celui de France où il y a le plus d'automobilistes non assurés ; il est aussi (avec le Nord et les Bouches-du-Rhône, autres départements à énorme immigration maghrébine et africaine) dans le trio de tête des voitures volées.

Pourtant, sous la pression des pouvoirs publics, et des municipalités, qui les couvrent de subventions et d'allègements fiscaux, de nombreuses entreprises ont installé en Seine-Saint-Denis leur siège social, à proximité de ce Stade de France qui vibre aux exploits des footballeurs champions du monde. Mais les salariés viennent pour la plupart du reste de la région parisienne, non en raison de pratiques discriminatoires de ces sociétés, mais parce que beaucoup de jeunes du département cumulent niveau scolaire affligeant, comportement asocial, incapacité de se soumettre aux disciplines collectives, langage

---

1. Gilles Kepel, *Quatre-vingt-treize*, Gallimard, 2012.

et manières propres, loin des codes de la civilité française. Cette situation paradoxale et explosive – un département riche avec des habitants pauvres – n'a pas empêché le président Emmanuel Macron de comparer la Seine-Saint-Denis à la « Californie sans la mer » ! Plus lucide, et en même temps bien plus lâche, son prédécesseur François Hollande avait confié à des journalistes, quelques années plus tôt : « Tout cela finira par une partition. »

Il songeait bien sûr à la Seine-Saint-Denis, mais pas seulement. Contrairement à la Serbie, il n'y a pas un Kosovo en France, mais des dizaines, des centaines, en banlieue parisienne, dans toutes les métropoles du pays, dans le Nord-Est désindustrialisé, dans le Sud-Est touristique, et même, depuis peu, dans les grandes villes de l'Ouest, Nantes et Rennes qui, sous la férule de maires socialistes, ont inondé leurs cités de migrants, provoquant une éruption de violences, de vols, de viols en série.

Dans les rues de Pristina, aujourd'hui, trône la statue de l'ancien président américain dans l'avenue Bill-Clinton. Aux maîtres de l'empire, leurs humbles sujets reconnaissants ! L'Albanie n'a jamais renoncé à annexer le Kosovo, province albanaise par la population, à défaut de l'être par l'histoire.

Le Kosovo est l'avenir de la Seine-Saint-Denis ; la Seine-Saint-Denis est l'avenir de la France.

Quand la rumeur tue

25 février 2008

Dominique Baudis transpirait toujours beaucoup. Je l'avais constaté alors qu'il enlevait sa veste lors d'un raout des « rénovateurs » en 1989, ces jeunes quadragénaires de droite, tous maires des grandes villes, qui tentèrent – en vain, d'ailleurs – de secouer le joug de Chirac et Giscard sur la droite française. En France, les féodaux doivent s'incliner devant Paris.

Quelques temps plus tard, il transpirait encore beaucoup au JT de vingt heures sur TF1. Il réfutait des accusations odieuses sur sa participation à des soirées sadomasochistes, où des prostituées, mais aussi des enfants, auraient servi de chair à plaisir. Cette « affaire Alègre » avait été révélée par le journal *Le Monde* et empoisonnait la vie de l'ancien maire de Toulouse depuis des semaines ; mais les téléspectateurs qui n'avaient pas vu ces chemises inondées de taches de sudation lors de ses meetings politiques, prirent l'abondante sueur qui perlait ce soir-là de son front pour une preuve irréfutable de culpabilité.

Les années ont passé. En un bel après-midi d'une douceur déjà printanière, je marche en compagnie de Baudis dans les rues de Toulouse. Il m'explique qu'il a renoncé à reprendre son fauteuil au Capitole ; qu'il soutiendra son jeune cadet, Jean-Luc Moudenc ; qu'il vise un poste de sénateur. Il fait semblant de s'intéresser à ces tours et détours politiciens ; je fais semblant de m'y intéresser. On n'en a cure. Je ne l'ai jamais trouvé chaleureux ni sympathique ; un séducteur professionnel un peu fat, c'est ainsi que je le voyais. Cette fois, c'est un fantôme qui me parle. Un zombie hanté par la rumeur persistante, par ces regards d'incrédulité, de méfiance, de mépris, de dégoût, de compassion, d'apitoiement, qu'il croise sans cesse.

Edwy Plenel, militant trotskiste dans sa jeunesse, était alors directeur de la rédaction du *Monde* ; il avait choisi de « faire monter en une » cette rocambolesque affaire Alègre, et de croire sur parole les témoignages de prostituées mythomanes. Il avait mis en œuvre les méthodes que l'extrême gauche médiatico-judiciaire avait expérimentées lors de l'affaire Bruay-en-Artois, en 1972, qui avait de la même façon vu la presse d'extrême gauche désigner coupable de viol et de meurtre un notable, uniquement parce qu'il était notaire, uniquement parce qu'il était bourgeois.

Le sénateur Dominique Baudis mourut la veille de ses 67 ans d'un cancer du cerveau. Le charme des jardins du Luxembourg n'avait pas réussi à apaiser le feu qui le brûlait.

Blasphème d'un nain éditorial

3 avril 2008

Les voies de l'édition sont impénétrables. Il y a des livres profilés pour être des best-sellers qui n'intéressent personne ; il y a des livres édités pour un public savant et confidentiel qui défrayent la chronique. *Aristote au Mont-Saint-Michel. Les racines grecques de l'Europe chrétienne*, appartenait d'évidence à la seconde catégorie. Son auteur, Sylvain Gouguenheim, est un géant du monde intellectuel, professeur d'histoire médiévale à Normale sup Lyon, grand connaisseur des croisades et spécialiste mondial de l'ordre teutonique ; mais un nain dans l'ordre éditorial et médiatique. La collection « L'Univers historique » des éditions du Seuil était prestigieuse dans le landernau universitaire, mais inconnue du grand public.

Et puis, tout s'est emballé. Des articles élogieux dans *Le Monde des livres* et *Le Figaro littéraire*, une pétition, deux pétitions, trois pétitions, des invectives, des insultes, des menaces. Un embrasement médiatique et idéologique dont la France a le secret. C'est l'excellent chroniqueur Roger-Pol Droit qui mit le feu aux poudres en faisant l'éloge du livre. Sous le titre « Et si l'Europe ne devait pas ses savoirs à l'islam ? », il livrait la substantifique moelle de l'ouvrage : « Contrairement à ce qu'on répète crescendo depuis les années 1960, la culture européenne, dans son histoire et son développement, ne devrait pas grand-chose à l'islam. En tout cas, rien d'essentiel. Précis, argumenté, ce livre qui remet l'histoire à l'heure est aussi fort courageux[1]. »

Le Monde des livres est devenu, depuis sa reprise en main par Josyane Savigneau dans les années 1980, le temple du politiquement correct féministe et antiraciste, qu'on nomme désormais la « culture woke » ; mais les plus anciens

---

1. Roger-Pol Droit, « Sylvain Gouguenheim : et si l'Europe ne devait pas ses savoirs à l'islam », *Le Monde*, 3 avril 2008.

chroniqueurs qui ont connu la liberté du *Monde* d'avant ne parviennent pas à se défaire de leurs réflexes d'indépendance. Roger-Pol Droit est de cette catégorie. Son enthousiasme pour le livre de Gouguenheim va faire réagir les grands prêtres de la foi bien-pensante comme un sacrilège dans une église. Le 29 avril, une pétition dans *Télérama* rassemble deux cents signataires qui reprochent au livre de servir « d'argumentaire à des groupes xénophobes et islamophobes qui s'expriment ouvertement sur Internet » et demandent une « enquête approfondie » à la direction de Normale sup[1]. On exige la tête de notre universitaire sur l'air des lampions. Sa tête et son poste. Le 30 avril, cinquante-six historiens publient dans *Libération* une tribune intitulée « Oui, l'Occident chrétien est redevable au monde islamique ».

Certains pétitionnaires n'avaient pas lu le livre – ils l'ont même avoué ! –, mais ils avaient d'instinct deviné l'ampleur du blasphème. Gouguenheim ne se contentait pas de préciser que la plupart des œuvres de l'Antiquité grecque furent traduites en arabe par des chrétiens, des juifs ou des sabéens sous l'autorité des conquérants arabes ; il ajoutait que cet héritage grec avait été transmis à l'Occident par des clercs chrétiens qui fuyaient l'Empire byzantin envahi par les Ottomans. Enfin, et c'était sans doute le plus important, il démontrait que les textes traduits avaient été filtrés par la puissance occupante selon qu'ils menaçaient ou non les préceptes de l'islam. Plutôt l'arithmétique que la philosophie ; plutôt la médecine que la littérature. L'auteur expliquait avec finesse qu'au-delà des contraintes d'une religion qui refusait la moindre discussion du message divin, la langue arabe elle-même, aux vertus poétiques indéniables, ne se prêtait guère, dans sa structure, aux disciplines de la pensée grecque. Ni la *Métaphysique* ni la *Politique* d'Aristote, trop subversives, n'avaient été traduites en arabe. Averroès, Avicenne, ces grandes figures qui avaient plongé avec délectation dans l'héritage d'Aristote, et dont on fait aujourd'hui les hérauts

---

1. « Pétition de l'École normale supérieure Lettres et sciences humaines », *Télérama*, 28 avril 2008.

de cet islam des Lumières mythique partout célébré en Occident, avaient été très vite marginalisés et persécutés par l'ordre islamique de leur temps, celui des oulémas et des récitants du Coran.

Gouguenheim concluait ainsi sur le profit qu'avaient tiré les musulmans du message d'Aristote d'un lapidaire : « Ils n'en ont à peu près rien fait. »

Cette phrase seule en faisait un ennemi à abattre, un chien d'islamophobe à faire taire par tous les moyens. Ses collègues universitaires étaient prêts à tout pour réduire l'insolent au silence. Il avait commis le crime suprême : élaborer des hypothèses et thèses « dictées par la peur et l'esprit de repli[1] ».

Pourtant, Gouguenheim n'avait rien inventé. Tout – ou presque – ce qu'écrit l'universitaire en cette année 2008 est déjà dans Renan. Grand spécialiste des civilisations musulmanes et juives, l'auteur de *Qu'est-ce qu'une nation ?* disait déjà, lors de sa célèbre conférence de 1883 à la Sorbonne, « L'islamisme et la science » :

> Ce beau mouvement d'étude est tout entier l'œuvre de chrétiens, de juifs, de harraniens, d'ismaéliens, de musulmans intérieurement révoltés contre leur propre religion. Il n'a recueilli des musulmans orthodoxes que des malédictions... Ceux qui cultivaient ces études étaient appelés *zendiks* (mécréants) : on les frappait dans les rues, on brûlait leurs maisons, et souvent l'autorité, pour complaire à la rue, les faisait mettre à mort... L'islamisme, en réalité, a toujours persécuté la science et la philosophie. Il a fini par les étouffer... L'islam a été libéral quand il a été faible, et violent quand il a été fort. Faire honneur à l'islam d'Avicenne, d'Avenzoar, d'Averroès, c'est comme si on faisait honneur au catholicisme de Galilée. À partir de 1200, la réaction théologique l'emporte tout à fait. La philosophie est abolie dans le monde musulman.

---

1. Gabriel Martinez-Gros et Julien Loiseau cités par Rémi Gallard, « *Aristote au Mont-Saint-Michel ?* », *NonFiction*, 27 mai 2008.

Tout Gouguenheim est déjà dans Renan. Les chercheurs qui vilipendent leur collègue le savent mieux que personne ; c'est même pour cette raison qu'ils demandent sa tête.

Non parce que c'est faux, mais parce que cela ne se dit pas, ne se pense pas. On n'est plus dans la science, mais dans la religion ; plus dans le savoir, mais dans le dogme. « Pourquoi avoir légitimé dans cette collection de référence une thèse qui nourrit – même si Gouguenheim s'en défend – le choc des civilisations ? » interroge benoîtement *Télérama*[1]. La vérité n'est plus le sujet de la recherche mais le respect du dogme. La peur de l'erreur est moins grave que la peur des propos « islamophobes ».

L'université française est à son tour touchée par le syndrome américain du « politiquement correct » : islam, femmes, homosexuels, esclavage, colonisation, genre, races, etc., tous ces thèmes sont revisités non à l'aune de la rigueur scientifique mais de la rectitude idéologique. Les historiens du passé sont diabolisés en raison même de leur ignorance des codes du présent. L'histoire – et toutes les autres sciences humaines – ne doivent pas être plus justes que celles de leurs devanciers, mais respectueuses des exigences idéologiques d'aujourd'hui. Nos ancêtres étaient peu soucieux de préserver les susceptibilités des femmes, des homosexuels, des musulmans, et de toutes les autres minorités activistes.

Ils doivent donc être délégitimés, éliminés, supprimés, effacés. Ce que les Américains appellent la *cancel culture*.

Avec les études de genre, les études décoloniales, etc., l'université française imite la recherche communiste qui estimait avec Lyssenko que la génétique occidentale née des travaux de Mendel était bourgeoise, et que les vaches soviétiques donnaient plus de lait que les vaches américaines parce qu'elles étaient traites dans des étables communistes.

C'est de nouveau la propagande à la place de la science, l'idéologie à la place du savoir.

---

1. Thierry Leclère, « Polémique autour d'un essai sur les racines de l'Europe », *Télérama*, 27 avril 2008.

Sylvain Gouguenheim sauva sa tête. Le grand historien médiéviste Jacques Le Goff calma les ardeurs des porteurs de piques : « Son livre est intéressant quoique discutable[1]. »

Depuis lors, Jacques Le Goff est mort et avec lui, et bien d'autres, la dernière génération de grands historiens et chercheurs qui mettaient la vérité avant l'idéologie dominante.

Le rêve de Mélenchon

7 avril 2008

Jean-Luc Mélenchon a son air de conspirateur qui m'amuse beaucoup. L'air du trotskiste amateur de coups qu'il est demeuré depuis sa jeunesse. Il a appris que j'avais deux amis à l'Élysée en la personne d'Henri Guaino et de Patrick Buisson. Ce sont justement les deux personnages qu'il souhaite rencontrer. Il me prie de jouer les intermédiaires. Je devine, à quelques réflexions elliptiques, qu'il rêve de reconstituer la grande alliance gaullo-communiste, héritée de la guerre, qui domina la vie politique dans les années 1960, et qui empêcha la gauche d'accéder au pouvoir pendant vingt ans. Il a depuis peu quitté le Parti socialiste pour fonder une nouvelle formation, bien décidé à avoir la peau des « sociaux-traîtres » qui ont vendu leur âme sociale sur l'autel de l'Europe libérale.

Ce jour-là, je conduis Mélenchon au restaurant de l'Institut du monde arabe, où nous retrouvons Henri Guaino qui nous y attend. Puis, je me retire en souriant.

---

[1]. Cité dans Paul-François Paoli, « L'historien à abattre », *Le Figaro*, 8 juillet 2008.

Salauds de retardataires !
29 septembre 2008

On ne devrait pas toujours se plaindre des promesses non tenues. Il y en a auxquelles on est heureux d'avoir échappé. Dans le programme présidentiel de Nicolas Sarkozy, celle-ci ne tenait pas la vedette. Un petit paragraphe anodin et technique qui ne suscitait ni les passions ni les controverses : « Les ménages français sont aujourd'hui les moins endettés d'Europe... Je propose que ceux qui ont des rémunérations modestes puissent garantir leur emprunt par la valeur de leur logement. Il faut réformer le crédit hypothécaire. Si le recours à l'hypothèque était plus facile, les banques se focaliseraient moins sur la capacité personnelle de remboursement de l'emprunteur et plus sur la valeur du bien hypothéqué. »
Ce n'est qu'après, plus d'un an après, en ce tragique 29 septembre 2008, jour d'un krach boursier qui par son ampleur rappela aussitôt celui d'octobre 1929, qu'on comprit la catastrophe évitée. Les lenteurs de la bureaucratie française ont parfois du bon. Lorsque la crise américaine des *subprimes* éclata, on n'avait encore rien fait ; et le président Sarkozy montrait une telle détermination à éteindre l'incendie qui s'était allumé outre-Atlantique et qui menaçait d'embraser la forêt bancaire européenne, qu'on n'osa lui reprocher d'avoir failli y mettre le feu par inadvertance.

Personne à l'époque n'y avait vu malice. La droite le félicitait d'imiter le libéralisme américain qui, au contraire des banques françaises, ne s'encombrait pas de précautions en tout genre. La gauche était obligée de reconnaître l'aspect social de la mesure et, à l'instar du fameux slogan « Travailler plus pour gagner plus », s'agaçait en silence d'un candidat de droite dont le « parolier », Henri Guaino, parsemait déjà les discours électoraux de citations de Jean Jaurès et de Léon Blum.

Les auteurs du programme avaient eu l'habileté de réconcilier « Sarko l'Américain » avec la fibre sociale du gaullisme. Les *subprimes* étaient un moyen ingénieux, inspiré de l'administration démocrate sous Clinton, de favoriser l'accession des plus pauvres à la propriété en ajoutant aux critères habituels de l'obtention des prêts la valeur du bien acquis. Les libéraux les plus dogmatiques jubilaient : ils démontraient avec éclat que le marché aide les pauvres à sortir de leur état quand la réglementation étatique les y enferme. On connaît la suite : les démocrates américains et leurs émules européens avaient seulement oublié que, parfois, les hausses, même des prix de l'immobilier, se changent en baisses. Et lorsque les bulles éclatent, les pauvres sont les premiers à payer le prix fort...

Nicolas Sarkozy et son équipe n'avaient pas été séduits par hasard. Le candidat était depuis toujours fasciné par le modèle américain, ce qui agaçait au sein d'un mouvement gaulliste qui avait hérité du Général l'animosité sourde de la vieille France pour la jeune Amérique. Sarko, lui, aimait l'énergie, la vitalité, l'émulation, la dureté même de ce système darwinien, et pestait contre le « modèle français » avec sa cohorte de règles et son carcan réglementaire étouffant. Sa famille, venue de Hongrie, était restée en France faute d'avoir pu traverser l'Atlantique, répétaient en boucle les chiraquiens qui le haïssaient. Lorsqu'il sera élu président de la République, son propre père aura cette réflexion ahurissante : « Il n'a quand même pas été élu président des États-Unis ! »

Mais Sarkozy ne faisait que reprendre la vieille habitude des élites françaises qui n'ont de cesse, depuis l'après-guerre, de chercher ailleurs ce qu'ils désespèrent de trouver chez eux : modèle suédois, modèle allemand, modèle anglais, modèle japonais, modèle singapourien, modèle danois. Tous les pays ont vocation à devenir un exemple pour ce minable peuple français qui ne peut jamais prétendre à ce rôle envié. Il y a dans ce regard des élites françaises un mépris incandescent pour le peuple qu'elles sont chargées de diriger. Une vieille habitude que Chateaubriand avait déjà épinglée : « Le suprême bon ton était d'être américain à la ville, anglais à la cour, prussien à l'armée ; d'être tout, excepté français[1]. »

Comme si nos élites ne pardonnaient pas à la France de ne plus être hégémonique en Europe depuis les défaites de Napoléon. Comme si elles ne lui pardonnaient pas non plus, et ce depuis la montée en puissance au XVIIIe siècle de l'Angleterre et de la Prusse, d'avoir repoussé les charmes du protestantisme pour conserver l'archaïque catholicisme de ses pères.

On retrouve ce reproche dans Guizot ou dans Renan, jusqu'au président Macron, qui opposera « les Gaulois réfractaires » aux « luthériens qui s'adaptent ». Jusqu'au mot de « réforme » qui revient dans chacune des phrases de nos dirigeants depuis plusieurs décennies, et ne peut pas ne pas évoquer inconsciemment ce que Louis XIV appelait la « religion prétendument réformée ».
La France est en retard en tout et tout le temps. On se demande ce que fait la France depuis des siècles ! La France est en retard sur l'Allemagne dans le développement des petites et moyennes entreprises. La France est en retard sur la Norvège (ou la Suède ou l'Inde) pour la présence des femmes dans la vie politique. La France est en retard sur les Pays-Bas pour la visibilité des homosexuels dans les médias. La France est en retard sur la Chine pour le développement des éoliennes. La France est en retard sur les États-Unis pour la remise en cause par le cinéma de ses crimes de guerre. La France est en retard, toujours en retard, ontologiquement en retard.

Après la crise des *subprimes*, le « retard » français connut pourtant son heure de gloire. On lui sut gré de ne pas avoir ruiné des millions de propriétaires comme aux États-Unis. On lui sut gré de ne pas faire dépendre la croissance

---

1. « *Mémoires d'outre-tombe* » de Chateaubriand.

économique de ses seules exportations comme en Allemagne. On lui sut gré de maintenir, par la lourdeur même de son système de redistribution, un minimum de consommation au contraire de l'Angleterre. Sarkozy le libéral devint Sarkozy le colbertiste. Sarkozy l'Américain devint Sarkozy le Français. On glorifia l'État, les investissements publics, et même « le modèle social français » hérité de la Libération. On dénonça la cupidité, le désordre du capitalisme ; on vanta la régulation de l'État, et la réduction des inégalités, toutes choses qu'on reprochait jusqu'alors au modèle français.

Et puis, le temps passa. Et puis, la croissance économique repartit. Et puis, on oublia que le retard français avait été bien utile. Et puis, on recommença à dénoncer le retard français. Les élites françaises, qu'elles soient politiques, économiques, médiatiques, ne sont pas seules en cause.

Il y a dans le capitalisme mondialisé d'aujourd'hui, qui repose sur la financiarisation et le développement technologique, une tendance lourde qui le différencie de son prédécesseur des premières révolutions industrielles. La rentabilité des entreprises n'est plus appréciée par rapport au passé, mais par rapport à un avenir hypothétique, qu'on imagine exponentiel et radieux, radieux parce qu'exponentiel. On juge les projets des fameuses start-up non en fonction de ce qu'elles ont déjà réalisé, mais de ce qu'elles promettent. Dans ce millénarisme d'un nouveau genre, le passé n'est plus un état à améliorer peu à peu, mais un obstacle à éliminer.

Alors, tout se mêle et tout s'agrège pour faire de la France, de sa longue histoire, de sa tradition étatique, colbertiste, de sa terre qui ne ment pas et de son manteau blanc d'églises, de ses luttes révolutionnaires et de son obsession égalitaire, de son héritage culturel brillant et intimidant, un repoussoir absolu, un antimodèle, l'incarnation honnie de ce passé à détruire. Une cible idéale. Un verrou à faire sauter. Une trace à effacer.

Au début du *Gorgias* de Platon, Socrate, invité à venir écouter le discours du grand rhéteur, arrive ostensiblement en retard. Non par grossièreté ou hostilité, mais pour montrer qu'il ne veut pas se soumettre à une parole impérieuse. Socrate souhaite échanger, dialoguer, à égalité, pour bien distinguer le bon du mauvais, l'utile du nuisible. Son retard est preuve de liberté et source d'un réel progrès. Ceux qui ont le pouvoir et ceux qui font l'opinion dans la France d'aujourd'hui, auraient sans hésiter condamné Socrate à mort, pour la seconde fois.

2009

Le messie président
20 janvier 2009

Les Français ont un nouveau président. Il est élégant, distingué, racé. Un corps de félin et une allure de patricien. Il est fêté à longueur de colonnes et d'émissions, célébré comme les rois dans l'ancienne France, un « divin enfant » annonciateur de temps messianiques. La cohorte des artistes, journalistes, politiques, experts, les rois mages de notre époque, est dithyrambique. J'ai toujours l'impression, en écoutant mes interlocuteurs sur les plateaux télévisés, qu'ils vont tomber en pâmoison, après m'avoir annoncé la série de miracles que le nouvel élu doit accomplir. Sa venue annonce des temps nouveaux, où le loup et l'agneau se côtoieront en paix. Les rares réserves que j'ose émettre sont balayées par des voix courroucées, comme un sacrilège. Je me dis que la rationalité est la chose la moins partagée par ceux-là mêmes – les prétendues élites – qui devraient être le moins soumises à leurs passions.

Il s'appelle Barack Obama. Il est intelligent, beau, de gauche, mais sa plus grande qualité s'avère sans conteste d'être noir. En vérité, il est métis, mais sa part blanche est occultée, voire méprisée. Étonnant renversement historique. Dans les romans de William Faulkner, qui se déroulaient dans le Sud traditionnel des États-Unis, la moindre goutte de sang noir était traquée comme une tare. Désormais, c'est la goutte de sang blanc qui est jugée tache à nettoyer. Bien sûr, le chœur des commentaires célèbre l'audacieuse modernité américaine et condamne « le retard » français. Tous ces gens ignorent que le Guyanais Gaston Monnerville fut président du Sénat pendant de longues années et qu'il serait devenu président de la République par intérim si le général de Gaulle était mort en fonctions ; que Félix Houphouët-Boigny, futur président de la Côte d'Ivoire, fut ministre du général de Gaulle ; que Léopold Sédar Senghor, longtemps président du Sénégal, fut condisciple de Georges Pompidou ; que les soldats noirs de l'US Army débarqués en 1917 n'en revenaient pas de s'asseoir à des terrasses de cafés parisiens, de converser et même marivauder avec des femmes blanches ; et que les généraux américains firent pression sur les autorités françaises pour contenir cette promiscuité indécente...

Rama Yade, alors ministre des gouvernements de Nicolas Sarkozy, se sent pousser des ailes. Elle se voit déjà à l'Élysée ! Lors de sa nomination, sa collègue Roselyne Bachelot a eu ce mot d'humour qui résume l'esprit de l'époque et du président de la République, qui la présente partout avec une emphase grotesque comme la Condoleezza Rice (alors secrétaire d'État américaine) française : « Heureusement qu'elle n'est pas lesbienne et handicapée, elle serait Premier ministre ! »

Cette passion française m'étonne à moitié. Régis Debray a brillamment analysé dans ses livres le rêve français et européen de devenir des citoyens de l'Empire américain comme on l'était jadis de l'Empire romain. Ce n'est pas la première fois que les Français s'entichent d'un président américain. Dans les années 1960, tout le monde se souvient du sémillant John Fitzgerald Kennedy et de sa ravissante épouse Jackie. Il incarnait alors lui aussi la modernité et la jeunesse quand nos élites progressistes souffraient tant sous le joug du vieux (dictateur nationaliste surnommé Duce et Caudillo !) général de Gaulle.

À part les historiens, tout le monde a oublié en revanche la passion que suscita la venue du président Wilson lors du congrès de Versailles en 1919. Les foules l'accueillaient avec enthousiasme et la presse socialiste glorifiait « Wilson la paix » pour mieux stigmatiser « Clemenceau la guerre ». La gauche française a le talent unique, le don très sûr, non seulement de préférer les chefs d'État américains à leurs homologues hexagonaux, mais surtout d'ériger des statues aux plus francophobes d'entre eux (et depuis quelques mois, elle se pâme devant Joe Biden). Wilson a protégé les intérêts de l'Allemagne vaincue contre les exigences de Clemenceau et contint avec véhémence et une rare efficacité les prétentions hégémoniques de la France en Europe. Kennedy a sapé les efforts du général de Gaulle et du chancelier Adenauer pour forger une force indépendante au cœur du continent européen ; son célèbre « *Ich bin ein Berliner* », tant vanté depuis soixante ans, signifiait en fait un martial rappel impérial : « l'Amérique est le seul protecteur de l'Allemagne. » Obama achèvera ce travail américain séculaire en consacrant Angela Merkel patronne de l'Europe et seule interlocutrice du président des États-Unis.

Mais que vaut l'intérêt de la France face à la joie inouïe d'avoir un président noir...

Les illusions perdues de Sarko

17 mars 2009

C'est le retour du fils prodigue. On fait cuire le veau gras et on tire le meilleur vin. La famille est au complet et fête sa réunification. Tout à sa joie d'être célébré, au sein de la « famille occidentale » enfin réunie autour de lui, le petit Nicolas tire la langue à l'ancêtre dont le portrait a été décroché afin qu'il ne voie pas cette apostasie.

Il faut toujours se méfier des héritiers ; ils ont moins de scrupules que des étrangers à bazarder les meubles de famille. Le socialiste François Mitterrand, adversaire farouche du général de Gaulle pendant son vivant, avait poursuivi, dans ses grands principes, la politique étrangère de son prestigieux prédécesseur. Au point que son conseiller, Hubert Védrine, devenu ensuite ministre des Affaires étrangères, avait forgé l'expression « gaullo-mitterrandisme », sans choquer grand monde, sauf quelques gardiens du temple gaulliste. Quoi qu'il en soit, Mitterrand n'aurait jamais osé réintégrer la France dans le commandement intégré de l'OTAN, que le général de Gaulle avait quitté avec fracas un jour de l'an 1966. Ce que Mitterrand n'avait jamais pensé, ce que Chirac avait esquissé, mais en mettant des conditions qu'il savait inacceptables par les États-Unis, Sarkozy l'a fait. Sans hésitations ni conditions. Il a mis ses pensées en accord avec ses arrière-pensées. Les gaullistes qui s'en méfiaient n'avaient donc pas tort : « Sarko l'Américain » a fermé sans états d'âme quarante ans de parenthèse gaullienne. Ses arguments sont faibles, mais il n'en a cure. Il veut « peser » dans la future réforme de l'Alliance, qui n'aura jamais lieu. Il se dit convaincu que son geste va rassurer les partenaires de la France sur les intentions loyales de notre pays et favoriser les progrès de la « défense européenne », ce monstre du loch Ness des élites françaises qui n'intéresse qu'elles, tandis que dans tout le reste du continent, la défense européenne prend les couleurs rassurantes de l'US Army. À l'Assemblée nationale, le Premier ministre François Fillon explique laborieusement que ce retour ne changera rien à la politique de la France, toujours alliée, mais pas alignée. Et le chœur, à droite comme à gauche, de répondre avec bon sens : si ça ne change rien, pourquoi le faire ? Les socialistes ont délégué leurs plus prestigieux orateurs, Jospin et Fabius, pour dénoncer la rupture d'un consensus national. Le fils de l'ancien président Giscard d'Estaing affirme que son père est lui aussi hostile à cette décision. Mais le sort est joué d'avance : le gouvernement engage sa responsabilité, ce qui interdit aux députés de la majorité de voter selon leur conscience. Les armes constitutionnelles forgées par Michel Debré sont retournées contre l'œuvre du fondateur de la Ve République.

Les seuls satisfaits sont les officiers français qui vont améliorer leur anglais et leur salaire. La France ne siégeait plus, depuis 1966, au comité des plans de défense (DPC) ni au groupe des plans nucléaires (NPG). Heureusement, elle n'intègre pas ce dernier comité : l'arme nucléaire restera donc de la seule responsabilité du président de la République française ! L'essentiel est sauf. Mais neuf cents officiers français (au lieu de cent dix) seront ravis de pouvoir de nouveau faire joujou avec les concepts (Conops) et les plans d'opération (Oplan) forgés au cœur de l'Alliance. Ils se sentaient humiliés, lors des interventions de l'Alliance en Afghanistan ou dans les Balkans, de devoir quémander à des collègues belges ou allemands des documents qui les intéressaient.

Le général de Gaulle aurait sans doute pesté contre cette mentalité de domestique. « Il est vrai que parfois, les militaires, s'exagérant l'impuissance relative de l'intelligence, négligent de s'en servir. » Je ne peux m'empêcher de sourire à chaque fois que je me remémore cette formule assassine. L'ennui est qu'il aurait pu étendre cette sentence célèbre à son lointain successeur. La France rentrait dans une OTAN qui avait été redéfinie en 1999 pour permettre de nouvelles missions qualifiées de « non-article 5 » dans le jargon des spécialistes, à savoir des interventions au-delà de l'Atlantique Nord, sans qu'un des États membres soit agressé, pour des opérations de « maintien de la paix » selon les canons de l'ONU. Les armées de l'OTAN avaient ainsi été transformées en police internationale chargée de pacifier la planète. On se souvient que de Gaulle avait fustigé l'intervention américaine au Vietnam et refusé que la France fût impliquée dans ce conflit au nom de ses engagements otaniens.

Car l'essentiel n'avait pas changé : les Américains demeuraient les seuls patrons. Ils décidaient de tout et tous seuls. Sarkozy pouvait s'illusionner sur la France qui « reprenait toute sa place » dans l'Alliance, sa place n'était qu'un strapontin équivalent à ceux de tous les autres. La France devenait une Espagne ou une Pologne comme les autres. On comprend que le reste de l'Europe lui fit fête. L'OTAN était le bras armé de ce que de Gaulle appelait « le protectorat américain ». Il était légitime lorsque l'URSS menaçait.

Il n'était plus que le produit d'une « servitude volontaire » à partir du moment où l'Union soviétique et le pacte de Varsovie avaient disparu. L'état-major américain considérait les troupes alliées au mieux comme supplétifs, au pis comme des importuns, et ne rêvait que de s'en débarrasser. En Afghanistan, ils les ont parquées en oubliant de leur donner des consignes. Vingt ans plus tard, ils quitteront le pays sans les prévenir. Ce sont les politiques, et surtout la Maison-Blanche, qui préservent l'OTAN comme un outil bien utile d'asservissement des prétendus « alliés » ; et c'est surtout l'industrie américaine qui soigne ses clients potentiels, contraints d'acheter du matériel *made in USA* au nom de « l'interopérabilité » de l'Alliance.

C'est le piège majeur tendu à Sarkozy et à la France. On peut fort bien ne pas accompagner les États-Unis dans toutes leurs interventions militaires, comme l'a montré la courageuse lucidité de Jacques Chirac et de Gerhard Schröder en 2003, à la veille de la seconde guerre d'Irak. En revanche, on ne peut plus faire la guerre sans les Américains, car les armées de l'OTAN ont besoin des drones, fournis par la bienfaisante industrie américaine, les yeux et les oreilles technologiques indispensables désormais aux avions et aux chars. On le constatera bientôt en Libye, lors de l'intervention franco-britannique de 2011, qui renversa le dictateur Kadhafi, comme les Américains avaient renversé l'Irakien Saddam Hussein, ou au Mali, lorsque l'expédition Serval, puis Barkhane, arrêtera les djihadistes de Daech qui fondaient sur ce pays immense en 2013. On le verra *a contrario* en Syrie, lorsque François Hollande dut renoncer à une intervention (alors que les Rafale français étaient prêts au décollage) parce que le président américain Obama l'avait interrompue *in extremis*. De même, en 2019, lorsque le successeur d'Obama, Donald Trump, décidera d'abandonner les Kurdes à leur sort, les troupes d'élite françaises devront se carapater au plus vite.

C'est bien pour cette raison que le général de Gaulle avait façonné une industrie nationale d'armement qui devait servir de base arrière à notre machine de guerre, nucléaire et conventionnelle. C'est tout un appareil militaro-industriel qui garantissait la fameuse « indépendance » de la France. En retournant dans l'alliance intégrée, la France fragilise tout l'édifice, car elle doit aligner ses productions sur les standards américains. Les dirigeants français ont renoncé à produire seuls des armes ; ils habillent d'une chimérique « Europe de la défense » des prosaïques considérations budgétaires. Mais l'alliance des égaux, dans l'industrie civile comme militaire, est un leurre pour les gogos et les naïfs ; si on n'est pas le patron, on est le subordonné ; et on perd la compétence technique de ce qu'on ne fabrique pas seul. Sarkozy a dit tout haut ce que toute la classe politique pensait tout bas : les nouvelles générations de dirigeants français ont renoncé à l'indépendance gaullienne ; ils préfèrent être sur un strapontin pour « en être », « peser », plutôt que de rester à part. Ainsi ont-ils forgé l'euro pour être à la table de la Bundesbank allemande ; de même reviennent-ils dans l'OTAN pour être à la table de l'état-major américain. Plutôt être le second à Rome que le premier dans son village.

Pour les Américains, ce retour du fils prodigue français est la cerise sur un gâteau devenu pantagruélique avec l'arrivée, quelques années plus tôt, des anciens pays soumis à l'Union soviétique. Ils ont mis un siècle à accomplir le rêve du président Wilson qui, lors de son grand discours de 1916, avait programmé l'Amérique comme l'Empire d'Occident du XXe siècle.

Le dernier pays d'Europe à résister à cet impérialisme est la Russie de Vladimir Poutine ; même lui, pourtant, avait songé un instant à intégrer l'OTAN ; avant qu'il ne comprît que les Américains ne partageaient pas « leur leadership ». Dix ans après la décision du président Sarkozy, son successeur Emmanuel Macron payera la note. Après s'être lui aussi bercé d'illusions sur l'amitié franco-américaine, le couple franco-allemand et la défense européenne, il saisira que l'Américain voulait seulement éradiquer l'ultime concurrence de son complexe militaro-industriel, et que la chancelière allemande Angela Merkel n'envisageait pas que l'Allemagne pût échapper à son protecteur-libérateur américain. Les Allemands avaient, depuis 1945, renoncé à redevenir une puissance indépendante. On était en 2019 comme en 1963, lorsque le Parlement allemand vota un préambule au traité de réconciliation franco-allemand, signé entre de Gaulle et Adenauer, rappelant que l'Alliance atlantique avait la prééminence absolue pour la défense de l'Allemagne. Un texte écrit en coulisse par le français Jean Monnet, « père de l'Europe » et fils de l'Amérique. À l'époque, de Gaulle, furieux, avait songé qu'il avait peut-être commis une erreur stratégique en croyant qu'il pourrait détacher l'Allemagne, mieux que l'Angleterre et son fameux « partenariat privilégié », de la soumission à l'Amérique. Mais avait-il le choix ?

Près de soixante ans plus tard, rien n'a bougé. La France a bradé son indépendance stratégique et industrielle pour rien. Sarkozy a fait l'histoire même s'il ne savait pas l'histoire qu'il faisait.

La nostalgie du grand con
23 mars 2009

En levant la tête vers sa haute stature, un brin voûtée comme tous les gens de sa taille à force de se pencher vers les nains que nous sommes, je ne peux m'empêcher de songer à Jacques Chirac qui l'avait surnommé le « grand con ». À l'époque, Michel Noir n'était pas le seul dans le collimateur du président du RPR : il y avait aussi Alain Carignon, le « petit con », et Philippe Séguin, « le gros con ». Mais Michel Noir était la cible de choix car celui que les sondages de popularité plébiscitaient. C'était il y a vingt ans. C'était il y a mille ans. Michel Noir venait de conquérir la ville de Lyon aux municipales de 1989. Il se voyait investir Paris à partir de son réduit lyonnais. Il n'était pas tout seul, mais on ne voyait que lui : l'avantage de la taille que nous connaissons tous depuis les photos de classe.

On n'est pas sérieux quand on a quarante ans. Vingt ans après, ils en rient encore. Noir comme les autres. Il se souvient du coup de fil de Pierre Méhaignerie, alors président du parti centriste : « Je t'envoie François. » Il découvrit ainsi François Bayrou, qui confondait ses coups tordus de sous-préfecture avec des stratégies machiavéliennes dignes de Mazarin. Noir se souvient aussi avec nostalgie de son grand discours à la tribune des journées parlementaires du RPR, à Nice. Sa déclaration de guerre à la chiraquie. Il l'ignorait, mais il avait alors signé sa mort politique.

Les souvenirs sont flous, les images tremblantes, les dates imprécises. Printemps 1989. Après les municipales et avant les européennes. Ils étaient douze députés, six RPR – Philippe Séguin, Michel Noir, Alain Carignon, Étienne Pinte, Michel Barnier et François Fillon – et six UDF – Charles Millon, Dominique Baudis, François Bayrou, François d'Aubert, Philippe de Villiers et Bernard Bosson. Ils ne travaillaient pas pour l'histoire mais pour l'immédiat. Noir se souvient surtout de ces hordes de journalistes qui les entouraient comme des vedettes de cinéma. De ces courses-poursuites, de ces rendez-vous secrets, de ces journaux de vingt heures regardés ensemble. La politique à la Lady Diana. La presse les suivait, les poursuivait, les confessait, les exaltait, les glorifiait. Elle les appelait les « rénovateurs ». Ou les « douze salopards ». On était au cinéma. L'épisode des rénovateurs, ce fut d'abord ce narcissisme médiatique débridé. Et quoi d'autre ? L'analyse politique est simple. Après la présidentielle de 1988, la droite se retourne contre ses chefs, qui l'ont menée par deux fois à la défaite : Jacques Chirac, Valéry Giscard d'Estaing, Raymond Barre. Leurs divisions, leurs haines recuites, leurs coups tordus. À l'époque, on dit « la machine à perdre ». Pour l'arrêter, clament les rénovateurs, un seul remède : le parti unique de la droite, avec courants, comme au PS. L'analyse idéologique est encore plus facile : il n'y en a pas. Le vide idéologique des rénovateurs est leur marque de fabrique. Le signe d'une époque. Un commencement. Cette vacuité intersidérale explique sans doute l'engouement des médias, qui se convertissaient au même moment à la modernité libérale avec enthousiasme, en appelant cela « la fin des idéologies ». Bientôt, on dira « la mondialisation ». Alain Minc ajoutera l'adjectif « heureuse ». Cette même année, le mur de Berlin tombe.

L'année d'après, le consensus de Washington est conclu. Le philosophe américain Fukuyama annonce « la fin de l'histoire ». Avec Michel Rocard à Matignon, François Mitterrand a rendu les armes au libéralisme d'inspiration thatchéro-reaganienne ; soumission qu'il essaie d'habiller comme il peut des oripeaux de l'Europe et de l'antiracisme. À droite, Chirac, battu une deuxième fois, achève, sous l'autorité balladurienne, la conversion du vieux mouvement gaulliste aux idées défendues par l'ennemi juré giscardien : Europe, marché, décentralisation. Pour avoir le marché, la droite va bientôt abandonner la nation pour l'Europe, comme la gauche avait, pour avoir l'Europe, accepté le marché. L'électorat populaire, issu du PCF et du RPR, écœuré, migre en masse au FN. Tout le paysage politique « gouvernemental » est au centre. Tout le monde pense la même chose, c'est-à-dire, comme le soutiendra plus tard Bayrou, que « personne ne pense plus rien ». L'analyse géographique est peut-être la plus utile : Noir de Lyon, Carignon de Grenoble, Villiers de Vendée, Baudis de Toulouse, etc., maires fringants, bien élus et réélus, héritiers notables de provinces qui ont longtemps ferraillé contre Paris, s'enivrent de leurs « fiefs conquis » et se lancent à l'assaut des partis politiques à Paris. Le jacobinisme, voilà l'ennemi. Leur « base » arrière finance leurs « folies » parisiennes comme les libertins du XVIIIe siècle. À l'époque, pas de financement public des partis ; les fruits de la décentralisation n'ont pas encore donné leurs pépins judiciaires. « Si j'avais su comment tout cela était financé », songera plus tard Bayrou. La clé générationnelle est la plus simple à tourner. Ils étaient jeunes, c'est ce que les télévisions vendaient. Et Chirac et Giscard étaient vieux. Vingt ans après, la plupart des ténors rénovateurs sont rangés des voitures. Cette génération, née juste après guerre, a échoué, prise en sandwich entre les vieux, Chirac, Giscard, et le jeune Sarkozy. Aujourd'hui encore, Noir est convaincu que ses ennuis judiciaires ont leur source chez les conseillers juridiques de Chirac. Il est encore persuadé que Séguin, jaloux de sa popularité, « a trahi. Il appelait Chirac tous les jours ».

Noir ne veut pas comprendre qu'entre lui et Séguin, il y avait une ligne de fracture fondamentale qui s'appelait l'Europe. Trois ans plus tard, Séguin et Villiers (ainsi que Fillon) feraient campagne pour le « non » au référendum sur le traité de Maastricht ; lui et les autres pour le oui. La politique prendrait alors sa revanche sur le médiatique.

Michel Noir a le regard triste, derrière ses lunettes qu'il n'ôte plus désormais, quand il se remémore cette folle aventure. Sa belle chevelure d'antan est intacte mais est devenue grise. Il est intarissable au sujet de la start-up informatique qu'il a fondée en 2000, spécialisée dans les produits innovants pour la mémoire. Je dois subir, stoïque et cachant mal mon indifférence, une avalanche de chiffres et de termes anglais, et je comprends que Scientific Brain Training (SBT) atteint des records de chiffres d'affaires, qu'il en exporte plus de 60 %, et que son entreprise est cotée en bourse depuis 2006.

Noir a réussi sa « reconversion ». Il en est fier, comme de tout ce qu'il fait, au moment où il le fait. C'est un gage de bonheur. Il se gausse avec un dédain vengeur de ces politiques, ces anciens frères d'armes, qui ne savent pas faire autre chose. On évoque en riant De Funès dans *La Folie des grandeurs* : « Qu'est-ce que je vais faire ? Je ne sais rien faire : je suis ministre ! » Noir s'est libéré depuis longtemps de la tutelle de son gendre, l'envahissant et importun Pierre Botton, qui avait la prétention de « gérer son cerveau » et le projetait déjà à l'Élysée. On le sait depuis la IIIe République, c'est toujours un drame d'avoir un gendre !

Plus personne n'ose l'appeler « grand con ». On sent que ça lui manque.

L'adieu aux tropiques

30 octobre 2009

La disparition de Claude Lévi-Strauss ne pouvait passer inaperçue. Les grands médias évoquent tous le grand intellectuel, « le géant de la pensée », le « père » du structuralisme, l'ethnologue, le Brésil, *Tristes Tropiques*. Les « papiers » sont prêts depuis de longues années. Parfois, les auteurs de ces nécrologies sont morts avant même l'objet de leur « viande froide ». On n'a pas idée de mourir à cent ans ! Je songe à la célèbre anecdote du vieux Fontenelle (encore un centenaire !) confiant à une de ses amies qui s'étonnait de ne pas mourir à son âge avancé : « Chut ! taisez-vous ! Le bon Dieu nous a oubliés. »

On sent toutefois les médias gênés aux entournures. Les éloges sont convenus et glacés. On ne lui dispute aucunement sa grande intelligence et son immense influence intellectuelle ; mais l'émotion est absente. Il est mort trop tard. Cela est arrivé aux plus grands. Si Louis XIV avait quitté Versailles à l'aube des années 1680, il n'y aurait aucune tache sur le soleil éclatant, ni la révocation de l'édit de Nantes, ni les défaites militaires de la guerre de Succession d'Espagne ; si Napoléon avait été tué lors de la bataille de Wagram en 1809, il laissait son Empire et sa postérité au faîte de sa gloire, avant la guérilla espagnole, la retraite de Russie ou Waterloo.

Si Lévi-Strauss avait eu la « chance » de disparaître au cœur de ces années 1960 où sa gloire était à son apogée, le ton eût été tout autre. Nos médias auraient alors exalté, au-delà du structuralisme et de l'ethnologie, le pape de l'antiracisme. Son opuscule *Race et Histoire*, rédigé après guerre pour l'Unesco, était devenu le bréviaire indispensable à tout honnête homme occidental qui se devait de repousser « les heures les plus sombres de notre histoire ». Son ouvrage était enseigné dans les écoles et sa lecture recommandée comme référence scientifique suprême. Par la grâce de sa démonstration implacable, raciste était devenu synonyme d'imbécile. Il faisait peur avant guerre ; il faisait rire désormais.

Et voilà que l'Unesco lui offre en 1971 une nouvelle tribune. Mais il y a maldonne. Ses hôtes attendent seulement qu'il répète ce qu'il a dit vingt ans plus tôt. Lévi-Strauss ne l'entend pas de cette oreille. Sa pensée a évolué sous l'influence des dernières découvertes de la génétique. Son texte, sous le titre *Race et Culture*, fait grand scandale au sein de l'organisation internationale. On réduit son temps de parole pour qu'il soit contraint de couper dans la lecture de son texte incongru. En vain. Après la conférence, l'orateur croise dans les couloirs de nombreux membres offusqués de cette remise en cause du catéchisme qu'ils ont eu tant de mal à assimiler. Lévi-Strauss le raconte avec un humour grinçant dans un recueil de textes qu'il publiera dans les années 1980, sous le titre *Le Regard éloigné*. Mais la querelle va bien au-delà des petites susceptibilités de fonctionnaire à la « deudeume » dans *Belle du Seigneur* d'Albert Cohen. Au fil des ans, le racisme avait changé de sens. Plus personne n'avait l'idée de mesurer les crânes ou d'étalonner les yeux et les cheveux ; mais on traitait désormais de « racistes » tous ceux qui défendaient leur mode de vie et n'avaient pas envie de se voir imposer, sur leur sol, des codes culturels différents. Au grand désespoir de ses émules énamourés qui s'attendaient à ce qu'il donne à cette « avancée » sa bénédiction de savant mondialement reconnu, Claude Lévi-Strauss « s'insurgeait contre cet abus de langage[1] ».

On comprend l'effroi des augustes délégués de l'Unesco quand on lit ce passage de sa conférence :

> Il n'est nullement coupable de placer une manière de vivre et de penser au-dessus de toutes les autres, et d'éprouver peu d'attirance envers tels ou tels dont le genre de vie, respectable en lui-même, s'éloigne par trop de celui auquel on est traditionnellement attaché... Si comme je l'écrivais dans *Race et Histoire*, il existe entre les sociétés humaines un certain optimum de diversité au-delà duquel elles ne sauraient aller, mais en dessous duquel elles ne peuvent pas non plus descendre sans danger, on doit reconnaître que cette diversité résulte pour une grande part du désir de chaque culture de s'opposer à celles qui l'environnent, de se distinguer d'elles, en un mot d'être soi ; elles ne s'ignorent pas, s'empruntent à l'occasion, mais, pour ne pas périr, il faut que, sous d'autres rapports, persiste entre elles une certaine imperméabilité.

Le progressisme antiraciste des années 1980 ne pardonnerait pas l'offense. Surtout que Claude Lévi-Strauss persiste

---

1. Claude Lévi-Strauss, *Le Regard éloigné*, Plon, 1983.

et signe. Lors d'un entretien avec le président Mitterrand, à l'Élysée, il lui décrit les dangers d'une immigration trop nombreuse et trop hétérogène si elle dépasse un certain « seuil de tolérance ». Cette expression plaît au président qui la reprend, provoquant un tohu-bohu médiatique et politique, choquant les belles âmes de gauche et scandalisant les hiérarques du Parti socialiste. Mitterrand se le tient pour dit. Pas Lévi-Strauss. Qui ose enfoncer le clou dans *Le Magazine littéraire* : « J'ai commencé à réfléchir à un moment où notre culture agressait d'autres cultures dont je me suis fait le défenseur et le témoin. Maintenant, j'ai l'impression que le mouvement s'est inversé et que notre culture est sur la défensive par rapport à des menaces extérieures parmi lesquelles figure probablement l'explosion islamique. Du coup, je me sens fermement et ethnologiquement défenseur de ma culture. »

Lévi-Strauss n'avait jamais caché le jugement sévère qu'il portait sur l'islam. Je me souvenais que dans *Tristes Tropiques* déjà, il estimait que l'islam, religion virile et belliqueuse, au contraire du christianisme, féminin et pacifique, ne supportait pas « l'autre », qu'il soit l'étranger, l'infidèle ou la femme. Lévi-Strauss disait que l'islam « néantisait l'autre ». La formule m'avait marqué car je n'imaginais pas que le substantif « néant » pût donner un verbe.

Je songeais en relisant cette formule qu'il serait aujourd'hui traîné devant les tribunaux pour « incitation à la haine et à la discrimination ». Il l'avait échappé belle. Il le savait.

En 2002, recevant Didier Eribon du *Nouvel Observateur*, il lui avait confié :

> J'ai dit dans *Tristes Tropiques* ce que je pensais de l'islam. Bien que dans une langue plus châtiée, ce n'était pas tellement éloigné de ce pour quoi on fait aujourd'hui un procès à Houellebecq. Un tel procès aurait été inconcevable il y a un demi-siècle ; ça ne serait venu à l'esprit de personne. On a le droit de critiquer la religion. On a le droit de dire ce qu'on pense. [...] Nous sommes contaminés par l'intolérance islamique.

Lévi-Strauss, attaché à la compréhension des sociétés les plus éloignées de nos sociétés modernes, avait profité de cette liberté d'expression pour exprimer très tôt sa méfiance et son inquiétude concernant l'islam et son « appétit destructeur de toutes les traditions antérieures ». La réticence à l'égard de l'islam dans ces passages de *Tristes Tropiques*, paru en 1955, est si forte que *Le Monde* était contraint, dans sa nécrologie, de noter que « certaines pages [...], peu remarquées à l'époque, vaudraient sûrement à leur auteur de virulentes protestations si elles paraissaient aujourd'hui ».

Ce n'était pas la première fois que Lévi-Strauss choquait les progressistes. Des années plus tôt, lors de la guerre des Six Jours de juin 1967, tous les Français de confession juive, même les plus assimilés à l'instar de Raymond Aron, avaient, à l'heure d'un danger que l'on croyait mortel, réveillé une fibre de patriotisme juif ; des jeunes gens avaient manifesté dans les rues de Paris, avec à la main le drapeau bleu et blanc de l'État d'Israël, ce qui avait suscité l'ire du général de Gaulle et expliquait peut-être en partie – en tout cas c'était la thèse de Raymond Aron – sa fameuse formule sur « le peuple d'élite, sûr de lui et dominateur ». Claude Lévi-Strauss, à la fureur de ses coreligionnaires, eut la même réaction que le général de Gaulle. La tradition assimilationniste française avait trouvé là son plus implacable et brillant avocat. Une tradition inscrite, il est vrai, dans la chair et les gènes de ce juif alsacien, dont le grand-père, Isaac Strauss, fut chef d'orchestre à la cour de Louis-Philippe puis de Napoléon III. L'assimilation est un mode d'intégration qui réclame le contrôle cérébral de ses réflexes les plus archaïques ; un détachement rationnel que la suprême intelligence de Lévi-Strauss poussa fort loin lorsqu'il déclara que si Hitler avait mené à bien son projet d'extermination des juifs, le monde n'aurait pas cessé de tourner et l'humanité de vivre, comme elle a digéré les disparitions d'autres peuples, en particulier les Indiens d'Amérique.

Autant de réflexions et d'analyses iconoclastes qui seraient aujourd'hui qualifiées de « provocations », de « dérapages », qui mériteraient « un signalement au parquet » et la découverte des charmes austères de la dix-septième chambre du tribunal de Paris. Cette judiciarisation du débat intellectuel en France, qu'il a observée à la fin de sa vie, n'a sans doute pas surpris notre savant qui aimait à citer cette formule d'un historien du droit anglais du XIXe siècle, Henry Sumner Maine, sur les Lumières du XVIIIe siècle : « Les philosophes français se montrèrent si impatients d'échapper à ce qu'ils tenaient pour la superstition des prêtres qu'ils se sont jetés la tête la première dans la superstition des juristes. »

Le prestige immense de Lévi-Strauss le protégea bien entendu de ses avanies. Mais avec son « camp », cette gauche qui l'avait porté aux nues pendant des décennies, le courant ne passait plus. Lévi-Strauss avait commis un péché impardonnable aux yeux de nos progressistes. Lévi-Strauss considérait que l'explosion démographique menait l'humanité à la catastrophe ; qu'une terre de sept, huit, dix milliards d'hommes n'était pas vivable ; que les foules humaines devenaient trop denses, les distances physiques entre différentes cultures trop rapprochées pour permettre à chacune d'entre elles de vivre harmonieusement et librement. Il avait vu les tribus amérindiennes dépérir sous la pression des hommes blancs, trop nombreux et trop intrusifs et trop agressifs. Il devinait que les peuples européens allaient subir ce sort funeste face à l'invasion des peuples du Sud. Il avait parcouru le même chemin intellectuel que le célèbre auteur du *Camp des Saints*, Jean Raspail. Celui-ci venait de la droite maurrassienne et Lévi-Strauss de la gauche socialiste ; mais leur dilection commune pour les peuples que l'on disait désormais « premiers », pour ne plus dire « primitifs », leur avait fait comprendre le danger mortel qui guettait la civilisation européenne.

Regrets éternels
10 novembre 2009

Déjeuner Chez Francis avec Patrick Buisson. Il passe une grande partie du repas à se moquer d'Henri Guaino, sa susceptibilité maladive de « petit chose », sa vanité, son socialisme impénitent, son républicanisme obsédant, ses références incessantes à Jaurès et au Front populaire, quand lui en pince pour les « quarante rois qui ont fait la France » et le catholicisme social. Il ne lui pardonne pas d'avoir convaincu le président Sarkozy de rendre hommage à Guy Môquet, le résistant communiste, alors que lui poussait le nom d'Honoré d'Estiennes d'Orves, le grand résistant monarchiste. Quand je converse avec Henri Guaino, je subis le même bombardement de sarcasmes dans l'autre sens. Je m'évertue à apaiser leur susceptibilité réciproque ; je les exhorte à se liguer contre le « système » qui soumet toujours plus Sarkozy au « politiquement correct ». Ils ne seront pas trop de deux. Je crois être le seul qui puisse se targuer d'être l'ami des deux hommes. Tout au long du quinquennat, je m'efforcerai de recoller la vaisselle cassée. En vain. Plus tard, après que François Hollande eut investi l'Élysée, je les croisais à un raout du magazine *Valeurs actuelles*. Nous trinquâmes joyeusement nos verres de champagne à notre amitié indéfectible et à nos convictions patriotiques intactes. Henri et Patrick reconnurent, penauds, que leurs querelles avaient été dérisoires, et qu'elles avaient favorisé la montée en puissance de leurs – de nos – adversaires servis par l'influence irrésistible de Carla. Il était bien tard, et les bulles de champagne ne nous consolèrent pas.

2010

Le petit chose de Tunis
7 janvier 2010

Je crois avoir mal entendu. Je prie le chauffeur de taxi de monter le son de la radio. Abasourdi. Deux larmes coulent sur mes joues que j'essuie d'un geste machinal. Je me dis qu'on ne peut pas mourir à soixante-six ans au XXIe siècle. On est stupide quand on est malheureux. Je songe alors qu'il était trop gros, trop anxieux, trop désespéré ; qu'il buvait trop aussi. Le whisky n'est pas seulement la boisson de Churchill qui se serait écrié : « *no sport* » en faisant le V de la victoire ! Ai-je le droit de prétendre que je perds un ami ? Il n'y a pas d'amitié qui vaille entre un politique et un journaliste. Je connais la pertinente sentence. Mais avec Philippe Séguin, je n'étais pas un journaliste ; et était-il un politique ? Je ne lui soutirais pas « d'infos », dont je m'étais toujours moqué ; il ne me fournissait pas « d'éléments de langage », qu'il avait toujours méprisés. Je me souvenais soudain d'un déjeuner en compagnie de Gilles Bresson, pendant lequel il avait dû apaiser un échange qui tournait à l'aigre : le journaliste de *Libération* faisait son métier et cherchait à extorquer des « infos », ce qui polluait, à mes yeux, la conversation de sujets sans intérêt. Depuis lors, j'exigeai des tête-à-tête qu'il m'accordait volontiers. C'est au cours de nos échanges innombrables et passionnés qu'il m'avait convaincu des dangers de la monnaie unique ; c'est au cours de nos conversations fiévreuses que je n'avais pas réussi à le convaincre des dangers de l'immigration de masse. Je l'avais admiré lors de sa longue intervention nocturne à l'Assemblée nationale, contre le traité de Maastricht, qui demeurera, pour moi, le dernier grand discours de l'histoire pourtant brillante de la République française, avant que l'Union européenne ne décide la fermeture de ses portes. Je l'avais dérouté par mes prises de position de plus en plus déterminées, de plus en plus hostiles à l'islamisation du pays.

Il incarnait un « souverainisme » qui voulait demeurer universaliste ; il refusait d'admettre que son combat de 1992 était dépassé, que le front avait bougé ; et que la défense de la souveraineté enfoncée malgré son admirable résistance, c'était la digue de l'identité qui était contournée telle une vulgaire ligne Maginot. Il n'était pas à mes yeux sévères plus lucide que le général Gamelin en 1939. Après la France libre corsetée tel Gulliver par les nains de Bruxelles, c'était la France, « pays de race blanche, de religion chrétienne et de culture gréco-romaine », qui était menacée d'invasion et d'extinction. C'était cette France du général de Gaulle que Philippe Séguin refusait de défendre. Mais Séguin ne reconnaissait pas ce de Gaulle-là. C'était le de Gaulle qu'il préférait ignorer, le de Gaulle qui n'aimait pas les gens du Sud, qui méprisait les pieds-noirs, qui rejetait les « bougnouls » et avait préféré laisser massacrer les harkis plutôt que d'accueillir des Arabes sur le sol français.

Séguin était un gaulliste, mais un gaulliste de gauche, c'est-à-dire de la catégorie des « poissons volants qui ne sont pas majorité de l'espèce », selon le mot célèbre de Jean Gabin dans le film *Le Président*. Il admirait le général de l'appel du 18 Juin, de la Ve République et de la participation ; mais il n'avait pas compris, ne voulait pas comprendre, que le général était aussi l'homme qui donne l'indépendance à l'Algérie pour que son village ne devienne pas « Colombey-les-Deux-Mosquées ». Il croyait à l'intégration des immigrés venus du Maghreb, alors que le général de Gaulle pensait qu'entre « les Arabes et les Français, c'était comme l'huile et le vinaigre, si vous les mélangez, après un certain temps, ils se séparent ».

Séguin était né en Tunisie, mes parents en Algérie. Cet enracinement dans la France coloniale d'outre-mer nous rapprochait ; nous avions goûté dans notre enfance les mêmes madeleines qui, chez nous, avaient toutes un goût d'huile d'olive, et nous avions dans l'oreille les mêmes gens qui parlent fort et agitent leurs mains. Mais nos différences, pour moins évidentes qu'elles fussent au regard des gens du Nord, fondaient en partie nos réactions opposées. Dans le Maghreb, la Tunisie est le pays de la douceur de vivre, de la tolérance, de la paix ; en Algérie, les tempéraments y sont rudes et âpres, on se bat pour l'honneur, jusqu'à la mort. Les chroniques populaires de la région disent que le Tunisien est une femme, l'Algérien, un guerrier, le Marocain, un berger.

Je reprochais à Séguin sa faiblesse, il me reprochait ma dureté. Je lui reprochais son optimisme, il me reprochait mon pessimisme. Ce désaccord n'empêchait ni l'affection ni la confiance. Mais notre opposition idéologique – je dirais presque existentielle – avait fini par altérer l'admiration que je lui vouais. Il me revenait en mémoire son débat manqué face au président Mitterrand lors du référendum sur Maastricht : un excès de respect de la fonction l'avait conduit aux confins de la servilité devant le souverain élyséen. Est-ce là que le destin de la France avait basculé, avec les quelques dizaines de milliers de voix que le non avait perdues à cause de lui ? On m'avait raconté qu'il avait insisté pour emporter dans son bureau la table du débat ; comme une relique de sa crucifixion. Roger Karoutchi, qui fut longtemps son collaborateur, m'avait décrit, mi-rigolard mi-amer, son attitude en 1990 lors de la grande bataille qui secoua le RPR. Pour la première fois, deux listes s'opposaient devant les militants, celle conduite par Alain Juppé, Édouard Balladur et Nicolas Sarkozy ; l'autre par Philippe Séguin et Charles Pasqua. Ces deux derniers avaient compris les premiers que le virage opéré par le mouvement gaulliste vers les thèses libérales, européistes, et pour tout dire centristes, allait provoquer une fuite de l'électorat populaire qui avait, vaille que vaille, suivi le mouvement gaulliste depuis les origines. La presse unanime dénonçait l'alliance de la carpe et du lapin, alors que ces deux hommes, fidèles à la ligne gaulliste de toujours, étaient en train de forger – avant tout le monde – l'axe « populiste » qui deviendrait plus tard irrésistible dans tout l'Occident.

Jacques Chirac avait promis des élections libres au sein du mouvement. Mais il avait aussi annoncé qu'il quitterait la présidence du RPR si la liste Pasqua-Séguin obtenait plus du tiers des voix. Le croisant un jour dans les couloirs des locaux du parti, Juppé avait lancé à Karoutchi : « Vous ferez 28 %. » La campagne avait à peine commencé. Le secrétaire général du RPR utilisait ainsi les bonnes vieilles méthodes de « bourrage informatique des urnes » naguère mises au point par Charles Pasqua contre... Pasqua lui-même. Karoutchi se précipitait, outré, dans le bureau de son patron. Séguin, le rassurait d'un air ample de majesté : « T'inquiète, je vais régler ça avec Chirac. » Deux heures plus tard, il sortait du bureau du président du RPR avec un grand sourire de satisfaction : « C'est bon, on aura 32 % des voix ! »

En 1997, c'est Séguin, à peine élu président du RPR, à la suite de la déconfiture de la dissolution de l'Assemblée nationale, qui renonçait à faire adopter le nouveau nom du Rassemblement, alors même qu'il avait obtenu une majorité – certes, étroite – auprès des militants. Et le même, l'année d'après, faisait la chasse aux élus régionaux du RPR tentés de saisir la main que leur tendaient leurs collègues du Front national afin de battre la gauche.
De faiblesse en faiblesse, d'apostasie en apostasie (le discours d'Aix-la-Chapelle où il sembla renier son engagement anti-maastrichtien pour lever le veto qu'aurait apposé le chancelier allemand Helmut Kohl sur sa nomination à Matignon !), d'échec en échec (les municipales à Paris en 2001 où il fit une non-campagne digne d'*Alice au pays des Merveilles* !), Philippe Séguin passa à côté de son destin.

Je suis aujourd'hui encore convaincu que si son manque de caractère ne l'a pas aidé, si son tempérament morbide et dépressif l'a plongé dans une apathie coupable, et a permis au prédateur Chirac de fondre sur la proie qui s'offrait en sacrifice, c'est son erreur de diagnostic sur l'identité nationale qui lui a fermé la route du pouvoir suprême qui seule convenait à ses talents. Ce fut un drame pour lui, mais surtout pour la France.

Il acheva sa carrière politique en président de la Cour de comptes où il imposa un « contrôle politique » à l'exécutif, jusqu'à l'Élysée. Le colbertiste de gauche légitimait le pouvoir des magistrats sur le pouvoir élu du peuple !

Je venais régulièrement le visiter dans son palais de la rue Cambon. Dès qu'il m'appelait, j'accourais. Nos déjeuners étaient interminables. Vers seize heures, il me fallait rompre, alors qu'il me retenait encore, pour aller travailler. Il aimait à me faire visiter sa bibliothèque. Il avait fait relier les nombreux ouvrages qu'il possédait. Il me montrait avec un sourire complice que mes propres livres, même les premiers, n'avaient pas été oubliés. On riait aux éclats, on se moquait de la médiocrité des ministres de Sarkozy, on ressassait sans se lasser chaque minute, chaque action, chaque haut fait du match France-Allemagne de la Coupe du monde de 1982. On disait : « Après le but de Giresse, on aurait dû fermer la maison. » On disait : « Avec l'arbitrage d'aujourd'hui, Schumacher serait expulsé. » On disait : « On aurait dû gagner la Coupe du monde. » On disait : « L'équipe de Platini fut la plus belle de l'histoire du foot français. »

On était heureux.

Entre routine et fous rires
10 janvier 2010

Déjà ma quatrième saison d'« On n'est pas couché ». L'extraordinaire est devenu routine. Les audiences énormes sont toujours au rendez-vous ; le sourire avenant de Catherine Barma et de Laurent Ruquier en atteste. Les invités politiques se pressent sur le plateau. Leurs conseillers en communication ont les yeux qui brillent à la vue de nos courbes d'audience, comme Casanova devant celles de ses belles amantes. Ce 10 janvier, nous recevons Lionel Jospin. Son bilan de Premier ministre est au cœur de notre conversation. Et son échec final à la présidentielle de 2002. Pendant une heure, un échange tendu comme un arc, où chaque mot est pesé, où chaque mot est discuté, décortiqué, retourné. Épuisant mais fécond et satisfaisant pour l'esprit. Les jours qui suivent, je « refais le match » sans cesse, me reprochant telle réplique manquante, tel argument mal asséné.

Ces échanges inauguraux avec les politiques constituent le sommet attendu de l'émission. J'ai réussi à sortir de l'interview classique avec questions prévisibles du journaliste et éléments de langage de l'invité. C'est un véritable débat que nous proposons au téléspectateur, en dépit de l'incompréhension persistante de Ruquier qui s'échine à m'interrompre de sa formule rituelle : « Mais quelle est votre question ? » Justement, il n'y a pas de question et c'est ce qui nous réjouit, à Naulleau et moi. Nous appartenons tous deux à une génération qui a découvert la politique à la télévision. Les conférences de presse du général de Gaulle et de Georges Pompidou, les débats Mitterrand-Giscard et les « Cartes sur table », d'Elkabbach et Duhamel, avec en invité vedette le si talentueux Georges Marchais. Ma seule frustration était précisément de voir les deux éminents journalistes refuser l'affrontement direct, le choc idée contre idée, argument contre argument, alors même que la force de Marchais, en bon marxiste habitué au « d'où tu parles ? » était de démasquer l'arrière-plan idéologique et sociologique de leurs questions prétendument neutres et objectives. Il m'arrivait de revivre dans mes rêves d'adolescent ces discussions acharnées au cours desquelles je parvenais – chimère mi-journaliste, mi-politique – à tenir la dragée haute à Marchais lui-même...

La semaine suivante, c'est Valérie Pécresse qui s'y colle. Son livre est d'une rare vacuité, avec des formules toutes faites de communicant. Je l'invite à nous désigner son « nègre » pour qu'on en discute avec lui. Elle s'offusque, et nous rétorque qu'elle a pris trois semaines pendant ses vacances pour le rédiger. Naulleau lui assène qu'elle aurait dû prendre plus de temps. Et moi, rigolard, de lui répliquer : « N'en rajoute pas. Elle a déjà privé ses enfants de leur mère pendant leurs vacances pour rien ! »

On en rit encore après que l'émission est terminée. J'ai – enfin – compris que ces boutades tournent en boucle sur Internet. De bonnes âmes m'ont expliqué cette mécanique toute nouvelle. En une semaine, l'ambiance n'est plus la même. C'est l'invité qui souffre, et moi qui m'amuse. Naulleau me résume la situation d'une de ces formules lapidaires dont il a le secret : « Tu vois, c'est simple ; avec les vieux politiques, c'est toi qui as peur ; avec les jeunes, c'est eux. »

Bouffonnerie prophétique

27 février 2010

J'ai toujours trouvé la cérémonie des César grotesque. Ces artistes français qui singent les Américains, alors même que l'État a mis en place à leur profit – artistique mais aussi financier ! – un système colbertiste et protectionniste pour les protéger de la voracité d'Hollywood qui a éradiqué tous les autres cinémas européens, me paraît une marque d'ingratitude et de servilité. Cette litanie de congratulations et d'autopromotion, embrassades et grandes tirades, larmes et alarmes, remerciements et bons sentiments, m'a souvent fait bâiller d'ennui. Pourtant, cette année, la consécration du film *Un Prophète* de Jacques Audiard me réjouit. Jacques est le fils de Michel. Bon sang ne saurait mentir. Il aime les personnages cyniques et dissimulateurs comme il l'avait prouvé avec ce faux résistant d'*Un héros très discret*. Son film conte cette fois l'ascension d'un petit voyou, Malik, entré en prison pour des broutilles, et qui, au contact de la pègre corse qui en fait son homme de main, en sortira caïd d'une nouvelle mafia arabo-musulmane. L'histoire est à la fois le récit d'une initiation, d'une formation et d'une succession. Quand Malik entre en prison, le parrain est corse : Niels Arestrup règne, cheveux blancs et barbichette, accent guttural, tête marmoréenne d'empereur romain, des colères froides, un regard glaçant. Quand il sort, Malik est devenu parrain à la place du parrain, calife à la place du calife ; la pègre musulmane a supplanté son homologue corse par le nombre et la violence. Audiard aurait pu mettre en ouverture de son film la phrase d'Engels que j'aime tant : « À partir d'un certain nombre, la quantité devient une qualité. » *Un Prophète* est le film d'un grand remplacement.

Mais personne ne semble le voir. Personne ne veut le voir. À écouter les commentaires lors de cette soirée des César, ou à lire les articles dans la presse, il n'est question que du talent du metteur en scène, ou des acteurs, de son souci du détail, de l'exactitude de la documentation, de l'âpreté des dialogues rares et coupants, de l'amoralisme d'Audiard qui suit son héros sans tendresse, la caméra fiévreuse, les portes métalliques, les bruits étouffés, les regards qui tuent, les mots qui achèvent, de ce style à la fois épuré et efficace qui n'appartient – éloge suprême – qu'aux maîtres du cinéma américain. Chacun va répétant que la prison est criminogène, une école du crime, on y entre petit voyou, on en sort grand criminel. On vous avait prévenus, plastronnent les belles âmes. Et la phrase de Victor Hugo est resservie à foison : « Une école qui ouvre, une prison qui ferme. »

J'ai l'impression gênante d'être le seul à dire ce que je vois et à voir ce que je vois. Cette lente et inexorable submersion démographique où peu à peu les voyous corses, qui tenaient le haut du pavé depuis des décennies, doivent plier le genou devant la force du nombre. Jadis, les utopistes élisaient des îles désertes ou des pays imaginaires pour incarner leurs prophéties. Désormais, la prison est le lieu idéal de la fable moraliste. On peut y montrer une guerre de clans, d'ethnies, de races, de civilisations, sans être traité d'infâme raciste. On peut constater que les Arabo-musulmans constituent désormais une énorme majorité dans les prisons françaises sans déclencher les cris d'orfraie des belles âmes indignées.

Quelques jours avant la cérémonie des César, j'avais eu l'outrecuidance d'asséner que « la plupart des trafiquants de drogue étaient arabes ou noirs ». Je justifiais ainsi la fameuse pratique des « contrôles au faciès » tant décriée. J'étais l'invité d'une émission de Thierry Ardisson (décidément !) où j'étais censé présenter mon dernier livre, *Mélancolie française*, une réflexion désenchantée sur l'histoire de France. Une jeune femme noire, Rokhaya Diallo, au regard buté et mauvais, et au verbe coupant comme un silex, m'interrompait sans cesse. La première fois que je l'avais croisée sur un plateau télévisé, elle m'avait asséné qu'elle n'était pas de « race noire ». Elle avait la vindicte de la victime qui a soif de devenir bourreau et les manières délurées d'une militante rompue aux codes médiatiques et formée dans les meilleures écoles d'agitprop d'outre-Atlantique, financées par Soros ou ses pairs. Quelques heures plus tard, alors que ma formule était diffusée à l'antenne sous le bandeau volontairement racoleur « Zemmour dérape », je recevais sur mon portable un appel inquiet de Catherine Barma qui me morigénait comme une maman gronde son gosse qui a commis une bêtise : « Tu es fou... Tu t'es fait piéger par Thierry qui voulait tuer l'émission ; il est jaloux de notre succès. Tu comprends, c'est lui avant qui avait cette case... Tu veux vraiment quitter l'émission ?... Je me fous que ce soit la vérité ? Ça ne se dit pas ! »

Pendant que je recevais la fessée de Maman Catherine, mon téléphone était agité de convulsions inédites ; les innombrables messages m'avertissaient du tsunami médiatique que j'avais innocemment déclenché. Je ne tarderai pas à vérifier la prédiction de Barma, mais pas à l'endroit où elle l'attendait : je recevais, dans les jours qui suivirent, une lettre recommandée qui me notifiait mon renvoi du *Figaro*. C'est ma femme qui m'a téléphoné pour me prévenir. J'étais alors chez mon avocat, Olivier Pardo, en compagnie d'Alain Jacubowicz qui, au nom de la LICRA, avait annoncé qu'il déposait plainte contre mes propos ; mais bien installé dans les fauteuils de son confrère, il me proposa un débat sur BFM pour vider l'abcès et renoncer à son action judiciaire. Je m'isolais alors dans une autre pièce et passais deux appels : l'un à Alexis Brézet, qui était alors directeur de la rédaction du *Figaro magazine*, l'autre à Patrick Buisson. Celui-ci dictait chaque soir au nom de l'Élysée la ligne du journal à un Mougeotte servile et obséquieux ; celui-là était de cette race d'amis de trente ans qui ne trahit jamais. La guerre était déclarée : j'avais bien choisi mes alliés.

L'aveu

3 mai 2010

On ôte les micros accrochés à nos vestes et on se passe de fraîches lingettes sur nos visages pour nettoyer les restes de maquillage. C'est la fin de l'émission « Ce soir ou jamais ». À la demande de Frédéric Taddeï, j'y ai défendu mon *Mélancolie française*. Un de mes contradicteurs s'approche de moi, afin de poursuivre la conversation. Le ton est moins guindé, et le tutoiement s'immisce peu à peu. Il s'appelle Pascal Blanchard. Au cours du débat, on l'a présenté comme historien, spécialiste de la période coloniale. Notre affrontement a été rude à l'antenne, et personne ne renonce à ses idées une fois les lumières éteintes. Avant de me quitter, Blanchard se penche vers moi, et me lance en aparté, d'un air triomphant : « Tu pourras dire ce que tu veux. On s'en fout, on gagnera, on tient les programmes scolaires. »

Crème de sang

18 novembre 2010

Je ne les ai pas vus. Je marche d'un pas vif, tête baissée, dans la pénombre du jour naissant. Il n'est pas encore sept heures du matin et je m'empresse dans l'avenue Montaigne pour me rendre dans les locaux de RTL rue Bayard, où j'enregistre chaque matin, depuis le début de l'année, une chronique quotidienne. J'ai entraperçu une grappe d'individus au coin de la rue, à proximité des poubelles, mais je n'y ai guère prêté attention. Soudain, au signal de l'un d'entre eux qui m'a échappé, ils se jettent sur moi en me bombardant d'une crème poisseuse. J'ai à peine le temps de parer les coups, et de courir pour échapper à mes poursuivants qui me hurlent des insultes. Je leur renvoie une bordée d'injures, dans un réflexe stupide que je ne vais pas tarder à regretter. L'un d'entre eux, hilare, me filme avec son smartphone. La crème ruisselle sur mon manteau et s'accroche à mes cheveux. Je viens de faire connaissance avec ces grands rédempteurs de l'humanité : les entarteurs. Leur commando est d'époque : mélange de violence et de dérision. Ils pourraient tuer, mais ne blessent que l'ego. Leur victime est transformée en coupable ; et les agresseurs qu'ils sont se muent en vengeurs masqués. On a peur d'eux et on a honte d'avoir eu peur. On est froissé dans sa vanité et on craint le ridicule d'une colère qui paraîtra démesurée. La tête qu'ils mettent au bout d'une pique ne baigne pas dans son sang mais dans la crème : ils sont les sans-culottes de la société du spectacle. Leur Terreur est parodique, mais leur férocité vengeresse n'est pas mimée.

2011

Accusé, couchez-vous !

13 janvier 2011

    Les innombrables photographes se marchaient les uns sur les autres au risque de tomber. Ils hurlaient des ordres contradictoires, chacun exigeant que je fixe son objectif. J'allais d'un pas leste, longeant sans les voir les épais murs de pierre du tribunal de Paris, suivi comme mon ombre par mon avocat et mon épouse. Les cameramans ne perdaient pas une miette de mon entrée dans la salle d'audience. Les images tourneraient en boucle sur les chaînes d'information, avec mon pas nerveux et ma cravate rouge de travers.

    Le président du tribunal est une femme ; le procureur également. La plupart des avocats de mes accusateurs aussi. Sous leur robe noire en guise d'uniforme prestigieux d'une autre époque, elles portent des vêtements de médiocre qualité à l'étoffe fatiguée, sont coiffées à la hâte, maquillées sans soin ; tout dans leur silhouette, dans leurs attitudes, leur absence d'élégance, dégage un je-ne-sais-quoi de négligé, de laisser-aller, de manque de goût. On voit au premier coup d'œil que ces métiers – effet ou cause de la féminisation – ont dégringolé les barreaux de l'échelle sociale. Il flotte une complicité entre elles, proximité de sexe et de classe. Je découvrirai tout au long des deux jours de procès avec une surprise mâtinée d'agacement que le procureur et les avocates de la partie civile sont à tu et à toi ; entre chaque interruption de séance, elles n'hésiteront pas à échanger confidences et plaisanteries, comme si elles prenaient entre copines un chocolat chez Angelina.

Les débats se révèlent interminables. La présidente du tribunal m'interroge longuement. Elle décortique sans fin mes propos, le contexte des émissions, le pourquoi, le comment. On devine, bien qu'elle s'en défende, qu'elle est outrée par mes dires. Comment ai-je pu prétendre que « la plupart des délinquants sont arabes et noirs » ? Comment, dans une autre émission, sur une autre chaîne, un autre jour, ai-je pu ainsi défendre les « discriminations » et le droit pour tout employeur d'embaucher ou de ne pas embaucher qui il voulait ? Oui, comment ai-je pu proférer de telles incongruités ? De telles horreurs ? Les avocats de la partie adverse me posent des questions insidieuses, perfides. Un ancien bâtonnier, assis parmi ses confrères de l'accusation, se permet même de m'interpeller, d'une voix de stentor. Je réplique du tac au tac. Aussitôt, la présidente intervient sur un ton comminatoire : « Vous n'êtes pas à la télévision. »

On sent bien pourtant qu'ils en rêvent tous, de la télévision. C'est même la raison fondamentale pour laquelle je me retrouve dans ce prétoire. Le lendemain, le procureur m'assènera avec une emphase grotesque : « Vous êtes le journaliste le plus célèbre de France. Vous devez donc encore plus faire attention à ce que vous dites. »

L'éloge est d'autant plus outré qu'il doit légitimer un réquisitoire implacable. La télévision a été ma rampe de lancement vers la notoriété ; elle doit donc être la raison de ma descente aux enfers judiciaires. La morale sera sauve. Chacun – magistrats, avocats, témoins – s'efforce de briller devant une caméra imaginaire. Chacun fait son numéro comme s'il était filmé. Sur les conseils de mon avocat, j'ai présenté de nombreux témoins aux noms prestigieux : écrivain comme Denis Tillinac, politique comme Claude Goasguen ou criminologue comme Xavier Raufer ; ils sont venus en amis sincères et en défenseurs valeureux de la liberté d'expression. Mais leurs propos pourtant convaincants n'impriment pas sur des magistrats dont tout indique que leur religion est faite avant le début du procès. Le seul témoin qui ébranle le train-train des débats brille par son absence : Jean-Pierre Chevènement. Dans sa lettre, il raconte tout uniment qu'en tant que ministre de l'Intérieur, il recevait chaque soir la liste des actes délictueux commis sur le territoire national et qu'il était contraint de reconnaître que les patronymes des auteurs avaient pour la plupart une sonorité maghrébine ou africaine. Au fur et à mesure que le propos de la missive de l'ancien ministre est révélé, on voit les visages des parties civiles s'empourprer de fureur. Comment a-t-il osé ? Comment un homme de gauche a-t-il pu leur faire ça ? Comment un des leurs a-t-il pu avouer la vérité ?

Mais tout cela n'est que théâtre. Tout cela n'est que jeux de rôle. Je comprends assez vite que l'affaire est réglée d'avance. Je ne peux pas ne pas être condamné. Je le serai quelques semaines plus tard. La justice aime faire semblant de prendre ses décisions après mûre réflexion, même quand c'est une passion vengeresse qui la mue. Mon avocat me conseillera de faire appel. Je m'y refuserai. Je ne souhaite pas donner aux juges la légitimité de planter leur glaive dans une querelle d'ordre idéologique et politique. J'en fais une affaire de principe. J'ai tort. Cette histoire de légitimité se retournera contre moi. La justice ne me demandera pas mon avis et mes adversaires ne cesseront plus jamais d'exciper de ma condamnation pour tenter de délégitimer ma parole et pour exiger qu'on me fasse taire.

Je n'avais rien compris. Je suis le jouet d'une alliance entre les juges et les associations antiracistes. Celles-ci attaquent tout propos qui leur déplaît devant les juges qui s'empressent de recevoir leurs plaintes pour étendre leur champ de compétences. Les politiques ont multiplié les lois antiracistes et antidiscriminatoires pour flatter leur profil progressiste et humaniste. Les juges sont ravis ou contraints (cela arrive aussi plus qu'on ne croit) de puiser dans cet attirail législatif pour condamner tous ceux que les associations ne parviennent pas à faire taire par la seule force de leurs arguments. Tous ces gens connaissent par cœur la fameuse formule attribuée à

Voltaire, qu'ils citent sans vergogne, comme un hommage du vice à la vertu : « Je ne suis pas d'accord avec ce que vous dites, mais je me battrai pour que vous puissiez l'exprimer. » Parfois, je comprends mieux le sourire fielleux de Voltaire.

Un mauvais moment à passer
2 mars 2011

Le rendez-vous avait été pris il y a plusieurs mois, bien avant le procès. Mais tout le monde, amis et ennemis, considère que c'est ma réponse aux juges et à mes accusateurs. Hervé Novelli est un vieux copain que je connais depuis mes débuts de journaliste politique au milieu des années 1980. C'est un lieutenant d'Alain Madelin, aussi loyal que lucide sur les limites de son « patron ». Il est mon libéral préféré, je suis son colbertiste toléré. C'est lui qui organise ce colloque sous les auspices de l'UMP, dirigée alors par Jean-François Copé. Les deux hommes trônent à la tribune et Copé m'accueille avec des mots chaleureux ; mais je vois bien qu'il est agacé par l'effervescence des photographes qui se ruent sur ma personne armés de leurs appareils, et du public en rangs serrés dans la petite salle Victor-Hugo de l'Assemblée nationale, au 101 de la rue de l'Université, qui m'acclame debout. Le narcissisme incoercible de Copé ne supporte pas de ne pas être au centre de tous les regards. Au bout d'un long moment, il interrompt à mon plus grand soulagement les flashs qui ne cessent de m'aveugler. Mon discours n'est pas très long. Je l'ai soigneusement écrit mais je sens bien que la lecture mot à mot ne révèle pas chez moi des talents cachés de grand tribun. Pourtant, le public applaudit plusieurs de mes tirades, surtout quand je vise les associations antiracistes ou les juges de gauche. J'incite la majorité parlementaire de droite, alors au pouvoir, à détruire la machine législative qui, depuis la loi Pleven de 1972, au nom de la sainte lutte contre les discriminations, n'a cessé de réduire la liberté de pensée et d'expression. « Qui veut faire l'ange fait la bête », disait avec raison le grand Pascal. Je conclus en me retournant vers l'estrade :

Quant à vous, que vous dire ? Il me semble que vous êtes la majorité parlementaire pour encore une année. Votre chemin me semble donc tout tracé. Vous avez déjà supprimé la Halde. Il ne faut pas vous arrêter en si bon chemin. Il vous faut désormais débrancher un à un, à la manière de la mise à mort de l'ordinateur HAL, dans le vieux film de Kubrick *2001, l'Odyssée de l'espace,* tous les fils qui donnent vie au monstre. Supprimer l'action pénale pour les associations antiracistes – pendant que vous y êtes, si pouviez supprimer leurs subventions, cela ferait du bien au budget de l'État et à la liberté –, supprimer l'incitation à la haine raciale et à la discrimination, concept flou qui n'a pas la rigueur juridique de la vieille diffamation. Supprimer les lois mémorielles, ce qui vous a déjà été réclamé par les grands historiens de ce pays. Supprimer toutes les lois sur les discriminations qui prennent les problèmes de l'intégration à l'envers, et donnent à la société française « la fièvre cafteuse », selon une autre expression du prolixe Murray. Bref, effacez quarante ans de miasmes égalitaristes et communautaristes et revenez à la belle République, de Jules Ferry à de Gaulle, qui a si bien garanti la liberté dans notre beau pays de France !

Je vois Copé applaudir du bout des doigts en murmurant à l'oreille de Novelli. Je n'ignore pas qu'ils n'en feront rien, mais l'enthousiasme des militants les contraint à faire semblant d'approuver mes propos iconoclastes. Copé prend son mal en patience. Dans quelques minutes, j'en aurai fini. Ce n'est qu'un mauvais moment à passer.

Fin de partie

4 mars 2011

Il est aussi rondouillard qu'un sénateur radical de la IIIe République. Il en a le nom, le physique et le style. On l'imagine banqueter bedaine en avant au milieu des élus ruraux en 1900. Rémy Pflimlin m'a convié à ce rendez-vous dans son bureau pour me manifester son soutien. En tout cas, c'est ce qu'il m'affirme. Il est le président des chaînes du service public de télévision et entend bien défendre une certaine idée de la liberté d'expression. Il s'enivre de grands mots comme de grands crus. Je le laisse dire et le remercie avec courtoisie. Je penserai à ce court entretien deux mois plus tard lorsque, au cours de notre dîner annuel, assis en terrasse dans un restaurant qui donne sur l'élégante église de Saint-Germain-des-Prés, Laurent Ruquier nous annoncera qu'il souhaite arrêter notre collaboration à « On n'est pas couché ». Le regard furibond, Catherine Barma ne dit mot. On voit bien que cette décision lui a été imposée. Ruquier jubile et Naulleau fulmine. Je rumine. C'est moi qui suis visé. De nombreux acteurs et chanteurs boycottent désormais l'émission depuis mon procès. Ruquier n'attendait que cette occasion ; il rongeait son frein depuis des mois ; sa table est assaillie chaque soir par une cour de bobos de gauche et de militants gay, tout ce petit milieu parisien scandalisé de longue date par mes provocations, et dont Barma n'arrive plus à repousser les assauts avec comme seule arme les chiffres de l'audimat. Ruquier ne supportait plus surtout de nous devoir le succès de « son » émission. L'argent ne lui suffit plus non plus. Il veut aussi la reconnaissance. Il endosse avec un plaisir non dissimulé les habits de monsieur Perrichon, incarnation flamboyante de l'ingratitude humaine, qui refuse d'accorder la main de sa fille au jeune homme qui lui a sauvé la vie au cours d'une promenade en montagne, préférant offrir celle-ci au prétendant qui a eu l'habileté de lui faire croire qu'il serait tombé dans le ravin sans son geste salvateur. Ruquier a baissé le pouce et aucun empereur, pas même le misérable Pflimlin, ne peut sauver ma tête. *Morituri te salutant...*

« Vous n'êtes pas fins, vous les Allemands »
12 mars 2011

« Angela ne répond pas… Angela ne comprend rien… Angela n'est pas une rapide… Angela n'est pas très fine. J'ai dit à Angela que l'Allemagne n'est pas une terre sismique en bord de mer ! Angela fait un coup politique pour attirer les verts… Angela est prête à tout pour gagner les élections dans le Bade-Wurtemberg… Angela est une "arrondissementière"… Si on avait écouté Angela lors de la crise de 2008, toutes les banques européennes seraient au tapis et les gens se battraient devant les distributeurs de billets… »
Quand je découvre dans les journaux les propos provenant de l'Élysée et que je n'ignore pas qu'ils sortent de la bouche même du président ; quand je reçois les confidences de proches de proches de Nicolas Sarkozy ; et quand je converse avec des députés de la majorité, j'ai l'impression de me retrouver dans le film *Papy fait de la résistance*, quand le Français lance à l'officier allemand qui a du mal à comprendre ce qui se passe : « Vous n'êtes pas fins, vous les Allemands. »
Mais voilà, ces Allemands « pas fins » ont gagné la bataille de France en trois semaines et occupent le pays…
Entre Angela et Nicolas, c'est depuis le début une histoire cinématographique puisque à la veille de leur première entrevue après son élection à la tête de la République française, le mari de la chancelière, un physicien de renom, lui a montré des films de Louis de Funès. Pour l'habituer…
Nicolas Sarkozy a vécu comme un camouflet la décision unilatérale prise par la chancelière allemande, quelques jours après l'accident de la centrale nucléaire japonaise de Fukushima, de décréter un « moratoire » sur la production d'énergie nucléaire par les centrales allemandes. Et il n'a pas tort.
Le président français est furieux pour deux raisons essentielles : la chancelière allemande ne lui a pas demandé son avis ni ne l'a même averti de sa décision ; le nucléaire est la

spécialité de la France, sa marque de fabrique technologique et énergétique ; la remettre en cause, c'est un peu remettre en cause le génie français.

Angela Merkel ne le fait pas pour ça, mais malgré cela. Et n'en a cure. Ce qui se passe au Japon « change la situation, en Allemagne aussi », a déclaré la chancelière lors d'une conférence de presse. « Nous ne pouvons pas faire comme si de rien n'était, a-t-elle dit. Nous allons suspendre l'allongement de la durée de vie des centrales nucléaires allemandes récemment adopté. Il s'agit d'un moratoire, et ce moratoire est valable pour trois mois. »

Un moratoire qui vaut condamnation à mort.

Il est loin le temps où les chanceliers allemands ne prenaient pas une décision stratégique sans en parler au président français ; où, au sein des institutions européennes, c'était le représentant allemand qui s'opposait à une mesure que rejetait la France. Alors, dans le couple franco-allemand, « le jockey était français et le cheval allemand », comme disait le général de Gaulle, pour permettre « à la France de retrouver son rang qu'elle avait perdu en 1815 ». Le cheval allemand est devenu jockey, et le jockey français n'a même pas compris qu'on n'avait pas besoin de lui comme cheval.

Cette désinvolture allemande n'a pas commencé avec Angela Merkel. Son prédécesseur, le social-démocrate Gerhard Schröder, avait engagé, au début des années 2000, une réforme habile alliant hausse de la TVA et réduction des allocations chômage, une sorte de dévaluation interne dans le cadre pourtant contraint de la monnaie unique européenne. Dans le même temps, le gouvernement de Lionel Jospin, sous la houlette de l'impérieuse Martine Aubry, mettait en œuvre la semaine des trente-cinq heures qui était tout à l'inverse une sorte de réévaluation monétaire interne poussant les grands groupes mondialisés français à délocaliser vers des cieux plus cléments et aggravant encore les difficultés financières des PME survivantes de l'Hexagone.

Ces réformes Schröder accentuaient de nouveau l'avantage compétitif que les Allemands avaient déjà obtenu lors de la fixation des parités de chaque monnaie par rapport à l'euro ; elles consacraient l'hégémonie de l'industrie allemande sur ses deux rivales française et italienne et permettaient à Berlin d'accumuler des excédents commerciaux colossaux.

Vérité en deçà du Rhin, erreur au-delà. Les socialistes allemands ne sont pas les socialistes français. En 1981, le chancelier allemand Helmut Schmidt avait critiqué le plan de relance de la consommation décidé par François Mitterrand ; qui avait pourtant *in fine* profité à l'industrie allemande, ravie de servir de belles limousines germaniques à leurs clients français renfloués de monnaie sonnante et trébuchante par les déficits budgétaires de leur État.

Cette différence est une vieille histoire. On avait déjà pu l'observer à la veille de la guerre de 1914 : jusqu'au bout, Jean Jaurès avait cru que le SPD allemand, fort de ses cohortes de députés et de la puissance de ses organisations ouvrières, refuserait de voter les crédits de guerre et empêcherait ainsi l'empereur allemand Guillaume II d'attaquer la France. Il dut déchanter et, peu avant sa mort, il était revenu de ses illusions. C'est ainsi : si les socialistes français sont d'abord socialistes, les socialistes allemands sont d'abord allemands.

Dans les années 1970, Helmut Schmidt avait avoué au président Giscard d'Estaing qu'il enviait et admirait la politique nucléaire de la France, gage de son indépendance économique, politique et stratégique, qu'il aurait rêvé d'imiter, mais que ni les institutions, ni l'histoire, ni la population de son pays ne lui auraient permis. Cinquante ans plus tard, les Allemands ont enfin trouvé le moyen d'étouffer cet avantage français. Au nom du principe de « concurrence libre et non faussée », la Commission de Bruxelles a exigé d'EDF qu'elle vende – à bas prix – son énergie nucléaire à des groupes rivaux (créés de toutes pièces) pour leur permettre de fournir à leur tour l'électricité aux entreprises et aux particuliers. La décision d'Angela Merkel affaiblit encore un peu plus EDF qui exportait beaucoup d'énergie nucléaire en Allemagne. Alors, ceux-ci, en manque d'électricité, vont réactiver leurs vieilles centrales à charbon. Chacun sait que le charbon émet énormément de CO_2 (très mauvais pour le fameux réchauffement climatique) tandis que le nucléaire est une énergie « faiblement carbonnée ».

Mais Angela Merkel n'en fait qu'à sa tête. La première puissance exportatrice mondiale n'a plus besoin de la France pour être reconnue comme un « grand » du monde. On connaît le célèbre mot de Kissinger sur l'Allemagne « trop grande pour l'Europe, trop petite pour le monde ». Les Allemands ont retourné la stratégie du général de Gaulle à leur profit : l'Europe est le levier d'Archimède (à la fois grand marché de consommation et de production pour son industrie automobile) pour permettre à l'Allemagne de retrouver son rang perdu en 1945... Le « couple franco-allemand » est une expression française qui fait rire partout en Europe. Quand Nicolas Sarkozy exige des réformes dans la zone euro, c'est *nein*. Ce sera pareil pour ses successeurs. Angela Merkel est confortée dans son rôle de « patron » de l'Europe par le président américain Barack Obama, qui ne jure que par elle et méprise Sarkozy et les Français. Lors de la réunification allemande, en 1990, le président Bush avait ainsi défini le rôle des Allemands dans l'Occident de demain : « *leadership in the partnership* ». Patron de l'Europe pour le compte du « vrai » patron occidental, les États-Unis. Une sorte de *gauleiter* américain.

Un président ne devrait pas faire ça...

23 mars 2011

Rien n'a changé. Le bruit des graviers qu'on foule dans la cour d'honneur, l'élégante majesté de la façade XVIIIe, la discrétion des huissiers, les immenses portraits des présidents de la République de la Ve, de Gaulle, Pompidou, Giscard, Mitterrand... Je n'étais pas venu à l'Élysée depuis des années. J'y avais mes habitudes pendant le mandat de Jacques Chirac. Dominique de Villepin m'y recevait souvent entre deux coups de téléphone ; et j'étais parfois convié à la table présidentielle où je subissais plus qu'à mon tour l'ironie corrézienne du chef de l'État. Je n'avais pas eu cet honneur depuis que Nicolas Sarkozy avait été élu. Selon les nombreux amis que j'avais gardés dans la place, j'agaçais le président qui ne supportait pas mes critiques de sa politique. C'est Alain Carignon qui a organisé ce déjeuner. Nicolas Sarkozy ne l'a jamais abandonné, même lorsque l'ancien maire de Grenoble croupissait en prison. C'est un des aspects attachants de la personnalité de Sarkozy, même si sa vanité ne peut s'empêcher de tout gâcher en comparant son comportement à celui de François Mitterrand qui, lui non plus, ne lâchait jamais ses vieux compagnons de route. Carignon a aussi convié Denis Tillinac et Yann Moix, deux écrivains qui sont de joyeux convives.

Comme de coutume, Sarkozy monopolise la parole. Avant de passer à table, il n'a pu se retenir de nous décrire par le menu les derniers livres qu'il a lus et les derniers films qu'il a vus. Il se moque de Stendhal et de son minable Julien Sorel ; il manifeste son enthousiasme pour un cinéaste suédois inconnu. On sent la patte de Carla dans ses choix. Entre Stendhal, Flaubert ou Balzac, on a l'impression qu'il a été élu président de la République pour avoir enfin le temps de passer dignement les épreuves du bac français. Il en rajoute car il n'ignore pas que ses convives connaissent son inculture crasse. Après l'échec d'Édouard Balladur à la présidentielle de 1995, Denis Tillinac, chiraquien fidèle mais qui avait de l'affection pour le « petit Nicolas », lui avait donné ce judicieux conseil : « Profite de ta traversée du désert pour lire. » L'autre lui avait rétorqué du tac au tac : « Je n'ai pas le temps ! »

On se met à table. La discussion bifurque de la littérature à la politique internationale. Le président nous expose sa vision du monde, avec un monde occidental – rassemblé sous la houlette des États-Unis dont il ne discute nullement la prééminence – qui tend la main à la Russie de Poutine.

Nous abordons les révolutions qui secouent le monde arabe. Sarkozy nous explique à demi-mot qu'il a été troublé par la révolution tunisienne. Il ne l'avait pas vu venir et a tout fait pour sauver son ami Ben Ali. On ne l'y reprendra plus. Il ne veut plus être mis dans le camp des rétrogrades. Il se parera désormais de l'habit de lumière de la « France, patrie des droits de l'homme ». Il soutiendra le mouvement en Égypte, et même en Syrie. Il ne sera plus un ami des dictateurs. Son image en souffrirait trop.

J'ose alors lui rétorquer que les « printemps arabes » vont tourner à l'automne islamiste, que la démocratie porte l'islamisme comme les nuages portent la pluie ; qu'à chaque fois qu'on donne la parole aux peuples arabes, ils votent massivement pour les islamistes ; qu'il commet la même erreur fatale que Bush en Irak.

Quelques jours avant notre déjeuner, il vient de décider l'offensive militaire contre le colonel Kadhafi en Libye. Le hasard fait bien les choses. Ma comparaison avec Bush en Irak fait mouche. Sarkozy est piqué, mais il continue de sourire. Il est très fier de sa décision et il tient à nous le faire savoir. J'ose alors lui rétorquer que Kadhafi s'était amendé, qu'il avait renoncé à l'arme atomique et nous servait de verrou indispensable contre l'invasion migratoire venue d'Afrique noire et du Maghreb. Le ton monte et mes voisins ironisent sur mon « obsession » de l'immigration et de l'islam ; Sarkozy opine du chef avec satisfaction. Le rapport de forces est en ma défaveur. Le président ne s'offusque pas de mon audacieuse contestation et n'en est guère ébranlé. Il répète sa litanie, France pays des droits de l'homme, démocratie dans le monde arabe, Kadhafi s'apprêtait à massacrer son peuple. Je ne peux m'empêcher de clamer que « rien n'est sûr et que ce sont des affaires de Libyens entre eux. C'est leur problème », ma phrase est couverte par un concert de réprobations humanistes. Je me le tiens pour dit. Le déjeuner s'achève joyeusement. Quelques jours plus tard, un article du journal *Le Monde* racontera nos agapes par le menu et évoquera ma contestation de la parole présidentielle, en notant avec fiel que mon succès médiatique m'est monté à la tête. Je n'ai jamais su qui avait murmuré à l'oreille du journaliste.

Impuissance d'État

23 mai 2011

C'est la une du *Point* qui nous a réunis. « La droite Zemmour », a titré l'hebdomadaire. Je retrouve cette photo inquiétante – mi-SS, mi-agent secret – que j'avais eu la naïveté d'offrir des années auparavant à *Libération*. Claude Guéant est enrôlé par *Le Point* dans « [ma] droite » si menaçante. Quelques jours plus tard, je l'ai croisé à une réunion politique, et il m'a lancé, d'un air rigolard : « Puisqu'on est dans le même sac, autant mieux se connaître ! Venez déjeuner au ministère. »

La table de la Place Beauvau n'a plus de secrets pour moi. Je l'ai fréquentée avec assiduité sous ses prédécesseurs : Charles Pasqua, Jean-Louis Debré, Jean-Pierre Chevènement, Dominique de Villepin, Nicolas Sarkozy. Claude Guéant est moins impressionnant que Pasqua ou Chevènement, mais il est un hôte empressé et sympathique. La discussion court sur ses anciens patrons (Pasqua et Sarkozy) et sur la situation politique à la veille de la présidentielle de 2012. Quand je lui rappelle d'un ton de reproche que le nombre d'entrées légales a atteint sous son ministère les 200 000 étrangers par an quand, dix ans plus tôt, sous Jean-Pierre Chevènement, elles ne grimpaient qu'à 100 000, Guéant, d'un air gêné d'enfant impuissant derrière ses épaisses lunettes de bon élève, me confie : « Vous savez, avec tous les droits accordés aux étrangers, le ministre de l'Intérieur ne peut réduire les flux que de 10 %. »

« Ils voudront porter des Nike »

14 septembre 2011

J'ai mes habitudes dans ce restaurant situé à proximité de l'Assemblée nationale. Je ne suis pas le seul.

La Ferme Saint-Simon est une de ces cantines cossues du VIIe arrondissement où se retrouvent députés et journalistes pour échanger des informations, des potins, des idées aussi, parfois. Des idées, Jean-Christophe Cambadélis en a toujours à revendre. C'est ce que j'aime chez les anciens trotskistes, ils sont des manieurs invétérés et talentueux de concepts et d'idéologies. Depuis des années, nos déjeuners sont invariablement gros de controverses et de théories. Mais cette fois, « Camba » n'a pas le cœur à rire ni à échafauder la moindre construction intellectuelle. Il ne s'est toujours pas remis de la spectaculaire mésaventure américaine de Dominique Strauss-Kahn. Tout le monde sait ce qu'il faisait le 11 septembre 2001, au moment où les Twin Towers furent percutées par les avions détournés par Ben Laden. « Camba » sait exactement ce qu'il faisait la nuit du 14 mai 2011 où Nafissatou Diallo fut percutée par DSK. Il me narre tous les détails, sa surprise, son incrédulité, sa fureur, son désespoir. Pour une fois, il était sûr d'avoir choisi le bon cheval ; son copain Dominique arriverait à l'Élysée, et lui prendrait le parti. « Garder la vieille maison », comme avait dit Blum, le rêve de sa vie. Il ne parvient pas à pardonner. DSK lui avait promis qu'il s'était calmé. Qu'il n'était plus l'insatiable coureur de jupons de sa jeunesse. Qu'il ne « sautait plus sur tout ce qui bouge ». Qu'il avait compris « qu'on n'était plus dans la folle période des années 1970 où tout était permis ». Camba me fait figure d'une épouse trompée. Il ne pardonne pas « les mensonges de Dominique », me révèle que celui-ci avait pris du Viagra, qu'il avait passé la nuit avec deux filles ; mais qu'au matin, le cachet faisait encore son effet...

Cette ridicule affaire ancillaire nous ramenait à Karl Marx qui avait, lui, engrossé la bonne. Autre temps, autres mœurs. J'y vois la confirmation de cette « féminisation de la société » contre laquelle je m'étais élevé dans un de mes livres, quelques années plus tôt. Je m'enhardis à rappeler à Camba ma démonstration : dans une société traditionnelle, l'appétit sexuel des hommes va de pair avec le pouvoir ; les femmes sont le but et le butin de tout homme doué qui aspire à grimper dans la société. Les femmes le reconnaissent, l'élisent, le chérissent. Bonaparte inconnu est puceau et doit se faire déniaiser par une prostituée laideronne du Palais-Royal ; Napoléon, empereur d'Occident, accumule les maîtresses. Henri IV, dit-on, croyait jusqu'à quarante ans qu'il avait un os entre les jambes ; Louis XIV honorait sa maîtresse (et une chambrière éventuellement) dans la journée et n'oubliait jamais son épouse légitime le soir. Giscard, Mitterrand, Chirac furent des séducteurs impénitents. DSK, menottes derrière le dos entre deux *cops* new-yorkais, marchant tête baissée, c'est un renversement de mille ans de culture royale et patriarcale française. C'est une castration de tous les hommes français. Le séducteur est devenu un violeur, le conquérant un coupable. « L'homme à femmes » était loué pour sa force protectrice, il est enfermé et vitupéré pour sa violence intempérante. Don Juan est mort. Comme disait Philippe Muray, « on est passé de l'envie de pénis à l'envie de pénal ».

Camba ne conteste même pas ma démonstration. Il opine en maugréant. Il répète : « Il m'avait assuré, pourtant », comme si je n'étais pas là. Puis, reprenant doucement ses esprits, il analyse la situation politique, les conséquences de la défection de son champion, la chance inespérée de Hollande, qui stagnait à 3 % dans les sondages, et la déconvenue de Sarkozy qui, de l'Élysée, avait tout manigancé pour que Strauss-Kahn, investi par les primaires du PS à la fin de l'année, fût déféré devant le tribunal, mais en janvier seulement, à propos de l'affaire du Carlton de Lille et de ses deux prostituées. Un si beau travail défait en une nuit par une rencontre improbable avec une femme de ménage de New York. À vous dégoûter de la politique...

Alors, comme pour se consoler, pour se rasséréner, pour reprendre nos esprits, nous revenons à notre sempiternel débat qui anime nos déjeuners depuis des années : l'immigration. Notre jeu de rôle est au point : je suis le pessimiste, il est l'optimiste. Je lui répète que, depuis l'affaire des quatre jeunes filles voilées de Creil, en 1989, j'ai compris que l'installation d'une civilisation étrangère sur le sol de France nous conduirait à la guerre civile ; il balaie mes inquiétudes avec un sourire moqueur ; l'élu du XIXe arrondissement de Paris n'essaie pas de me vendre une intégration réussie, un amour de la France ou de la culture française, une assimilation lente mais continue sur le modèle admirable des immigrations venues d'Europe. Non, il n'ose rien de tout cela, qui trancherait trop avec le réel, avec la vérité. Il m'assène comme un leitmotiv, depuis des années, une seule phrase, un seul argument, qui, pour lui, clôt toute conversation : « Ils voudront porter des Nike. » En une phrase, il a tout dit : ils voudront consommer. L'islam, comme toutes les religions, sera vaincu par le « sens de l'histoire », par le capitalisme, le consumérisme, l'individualisme. Les filles sortiront les premières pour s'émanciper de la tutelle de leurs frères. Et ceux-ci abandonneront leurs privilèges ancestraux pour embrasser la frénésie de liberté et de consommation occidentale. Étonnant dans la bouche d'un homme de gauche que cette admiration sans bornes pour la force du capitalisme qui détruit tout, arase tout, avale tout. Encore et toujours Marx, ne cachant pas sa fascination devant la puissance révolutionnaire du capitalisme qui avait saccagé toutes les structures traditionnelles (monarchie, aristocratie, Église) pour laisser l'individu seul « dans les eaux glacées du calcul égoïste ». Camba avait raison. Ils portent tous des Nike. Sous la djellaba, dans une boutique hallal, entre deux femmes voilées.

« Entre ici, Steve Jobs »

5 octobre 2011

Il y a des jours comme ça où j'ai l'impression de vivre dans un autre pays, à une autre époque, sur une autre planète. La mort de Steve Jobs et les tombereaux d'éloges déversés sur le grand homme au pull-over noir me laissent pantois. J'ai grandi dans une France qui portait Jean Moulin au Panthéon, sous les trémolos de Malraux : « Entre ici, Jean Moulin. » Je me souviens aussi de tous les chefs d'État venus du monde entier dans la cathédrale Notre-Dame de Paris pour la mort du général de Gaulle. J'ai lu dans *Choses vues* de

Victor Hugo, la ferveur populaire pour le retour des cendres de Napoléon en décembre 1840, et j'ai appris dans les livres d'histoire que l'un des premiers gestes de la Révolution française fut de transporter au Panthéon les restes de Voltaire et Rousseau. Des grands écrivains, des grands soldats, des grands politiques : c'était la France que je croyais alors éternelle. Mais aujourd'hui, tout change. Les demi-dieux qu'on nous invite à vénérer sont des patrons américains. Des fleurs et des bougies devant ses boutiques et des éditorialistes de la presse de gauche en extase. Un patron en jeans qui a tout inventé dans son garage, c'est notre mythe de la caverne à nous. Et tant pis si le garage était juché sur le porte-avions de l'armée américaine ! Silicon Valley, Californie, « c'est une maison bleue adossée à la colline », on connaît la chanson. Apple n'était-il pas aussi le nom de la maison de disque des Beatles ? Un patron en jeans et en pull-over noir, c'est quand même autre chose qu'un patron en costume trois-pièces et montre à gousset ! C'est encore plus tyrannique, encore plus féroce avec ses employés, encore plus intraitable avec ses concurrents. Mais c'est une idole des progressistes.

Steve Jobs a eu le génie de créer des produits dont on n'avait pas besoin et dont on ne peut plus se passer. Il soignait le marketing plus encore que la fabrication. Il rendait obsolètes ses propres produits avec de nouveaux. L'esthétique était une éthique. C'était la théorie de l'offre faite homme. Steve Jobs fut le roi de cette « mondialisation » qui permit, en effaçant les frontières, de démultiplier les profits en faisant fabriquer ses plaquettes magiques par des myriades d'esclaves chinois industrieux et miséreux. Longtemps, les économistes nous ont expliqué que seuls les emplois subalternes étaient délocalisés et que « nous » – les Américains, les Occidentaux – nous gardions les emplois les plus qualifiés et les mieux rémunérés. La Chine a rapidement fait litière de ces théories qui ne se fondaient en vérité que sur l'arrogance méprisante de ses auteurs occidentaux.

Steve Jobs a eu la chance de mourir en pleine gloire, avant qu'on lui reproche d'avoir laissé derrière lui un champ de ruines. Entre ici, Steve Jobs...

Omar, l'intouchable

2 novembre 2011

Il est des films auxquels on ne peut échapper. La pression de la rumeur est trop forte. *Intouchables* a vite rejoint cette catégorie. Les millions d'entrées, le record de *La Grande Vadrouille* en ligne de mire, le parfum d'authenticité d'une histoire inspirée d'un fait réel, les critiques flatteuses portées sur les deux acteurs principaux. Même ceux qui, comme moi, ne se rendent plus guère au cinéma, ne pouvaient se dérober. Sortie en famille. Je m'esclaffai avec toute la salle aux bons mots tel le fameux « pas de bras, pas de chocolat ! ». Je suis plutôt bon public. J'aime rire et suis volontiers entraîné par l'hilarité générale. Le film prend le spectateur au culot. Et on se laisse faire. C'est drôle, enlevé, gentillet. On aime croire à ces contes modernes où les Noirs et les Blancs, les immigrés et les Français de souche, les pauvres et les riches, les beaux et les laids, les hommes et les femmes, tout le monde s'entraide et s'embrasse. Je garde pour moi mon inévitable référence aux « vertus chrétiennes devenues folles » chères à Chesterton. Mais mon mauvais esprit n'a pas manqué de repérer les quelques rares images de banlieue, filmées comme des enclaves étrangères et menaçantes. C'est surtout le propos général de l'œuvre qui me trouble : voilà un homme blanc, riche, mais petit et paralysé, grincheux, renfrogné ; et à son service, un homme noir, grand, beau, séduisant, alerte, drôle, bon, généreux, et dont on découvre *in fine* qu'il danse comme Fred Astaire et peint comme Picasso !

Omar Sy s'avérait l'acteur idoine. Son corps musclé et félin, son sourire béat, son regard vide, son goût pour la tchatche acquis au cours de sa jeunesse à Trappes, son antiracisme arrogant, son militantisme confessionnel, son exil à Los Angeles avec les trois premiers sous gagnés grâce au cinéma français, tout en faisait l'incarnation de « l'homme nouveau » que le film glorifiait.

La parabole était évidente : l'Europe riche, mais paralysée, physiquement et moralement, trouvera son salut si elle s'abandonne aux mains de l'Afrique. Le véritable sens du film est dans cette régénération de la race décadente par la race dynamique. La stérile par la prolifique, le bourgeois à la santé débile par l'énergie vitale du nouveau prolétaire, le passé par l'avenir. *Intouchables* exalte « l'homme nouveau » des temps modernes.

On se souvient que l'ouvrier stakhanoviste aux muscles épais était l'avenir du monde, comme le soldat allemand aux yeux clairs était la fierté de sa race.

On se souvient que l'impérialisme anglais, au temps glorieux de la reine Victoria, aimait aussi à mettre en scène la virilité conquérante de l'homme blanc qui portait sans faillir son fardeau. Le Blanc est devenu le fardeau de l'homme noir.

Sans foi ni loi

15 novembre 2011

Je n'ai guère l'habitude de traîner mes guêtres dans le quartier « branché » des Halles. Pierre Bellanger m'attend dans un restaurant qu'il a choisi, assis à une table du fond. Il est le patron de la radio Skyrock. Il m'a invité après m'avoir entendu proclamer que « le rap est une sous-culture d'analphabètes ». Le rap, c'est son truc. Son rayon de soleil, son canot de sauvetage qui a évité à sa radio la noyade. Je découvre un type sympathique, hâbleur, charmeur, amateur de jolies jeunes femmes. Il est né comme moi en 1958. Cela nous fait bien des souvenirs en commun. Il m'explique, avec un cynisme matois, pourquoi il faut donner à la nouvelle population des banlieues sa pitance musicale. Il n'a aucun scrupule ni aucune exigence culturelle. L'important est de vendre. Mon goût pour la langue française le fait sourire, dans un mélange de tendresse et de pitié. Il me jette comme une ultime tentative de conciliation : « Moi aussi, j'ai grandi avec Aznavour : "Emmenez-moi au pays des merveilles, il me semble que la misère serait moins pénible au soleil..." Mais c'est fini tout ça. »

Le lendemain, autre lieu, autre convive, autre ambiance. Un italien dans le IXe, rue de la Grange-Batelière, I Golosi. Je déjeune avec Renaud Camus. Il m'avoue, penaud, que c'est son jeune ami qui lui a fait découvrir mes « prestations » télévisuelles. Il est d'une distinction exemplaire, d'une humilité aristocratique et d'un humour ravageur. Nous établissons le même diagnostic sur ce qu'il a appelé d'une formule que je fais mienne « le grand remplacement ».

Ces deux déjeuners successifs m'ont laissé un goût amer dans la bouche : comme si en 1942, j'avais rencontré à la suite un collabo et un résistant.

2012

Frères ennemis

4 janvier 2012

« Ce sera le repas des trois religions du Livre. » Naulleau n'en démord pas. J'ai beau lui expliquer que cette expression est issue du seul récit islamique, que c'est un moyen habile pour la dernière Révélation d'englober les deux autres qui l'ont précédée historiquement ; que le christianisme est la religion de l'Incarnation, le judaïsme, la religion de la Loi, Naulleau ne veut rien entendre. Il est très français en ce qu'il privilégie l'émotion sur la raison. Il a eu cette idée qu'il juge « géniale », à l'issue de ma dernière joute télévisée avec Tariq Ramadan, encore plus houleuse que l'année précédente, qui nous a vu ferrailler, lui et moi, en laissant cette fois la factice courtoisie au vestiaire. J'ai agité mes bras et ma tête avec frénésie, et l'œil du théologien islamiste a lancé des flammes. Naulleau a alors sorti son uniforme de Casque bleu ; il se propose de poursuivre son opération de maintien de la paix en dehors des plateaux de télévision. Ramadan a aussitôt accepté avec complaisance ; je ne peux que céder de bonne grâce.

Nous nous retrouvons chez Diep, un restaurant asiatique sur deux étages, derrière les Champs-Élysées, où des femmes voilées venues avec leurs innombrables bambins ont leurs habitudes. À notre table, l'ambiance est décontractée ; chacun y met du sien. Ramadan est souriant et avenant. On évoque l'Égypte de sa famille, et l'Algérie de la mienne. Naulleau nous taquine en évoquant avec une ostentation gouailleuse ses origines exclusivement « franchouillardes ». Je lui rappelle, un peu raide, que ma famille n'est pas immigrée au sens strict, mais que la France m'a conquis comme celle de Louis XIV a conquis les Alsaciens et les Francs-Comtois, ou celle de Louis XV, les Lorrains et les Corses. Il noie ma cuistrerie sous un flot de bons mots qui me dérident. Très vite, la discussion reprend les chemins escarpés de l'islam. Personne ne fait de concession intellectuelle, mais la bonhomie de Naulleau déteint sur nous. On ne cède sur rien, mais les vapeurs de crevettes et les soles à la sauce caramel sont avalées sous les rires.

Je ne reverrai plus jamais Ramadan. J'ai échangé deux ou trois messages anodins, et puis plus rien. J'ai suivi depuis lors comme n'importe qui ses ennuis judiciaires. Je ne sais rien de cette histoire, mais je demeure convaincu qu'il est tombé dans un piège. Les jeunes femmes qui l'accusent expliquent qu'elles ne peuvent se détacher de lui, que son aura les fascine, que son intelligence les ensorcelle, qu'il en profite pour les manipuler à sa guise. C'est cette fameuse notion « d'emprise », dernière trouvaille des féministes pour criminaliser l'homme, bourreau éternel, sans se rendre compte, dans leur hargne vindicative, que leur définition de l'« emprise » et ses effets pervers ressemble comme une sœur à ce qu'on appelait jadis dans les romans et les chansons populaires les « affres de l'amour ».

J'ai eu un choc lorsque j'ai aperçu Ramadan sur mon écran de télévision, à sa sortie de prison, les cheveux blanchis, la mine défaite, la voix cassée d'un vieillard. Il répondait sur BFM TV aux questions d'un Jean-Jacques Bourdin qui, pour se faire pardonner son invitation du « monstre » auprès de la caste médiatique, en rajoutait dans l'ignominie, lui posant des questions d'une vulgarité indécente : « Pratiquez-vous la sodomie, Tariq Ramadan ? ». J'avoue que j'avais honte pour Bourdin, et que j'ai à cet instant pris en pitié sa victime.

Nombre de mes amis moquent ma compassion ; ils se sont réjouis de cette chute providentielle de l'homme qui avait sans doute le plus fait, dans les années 2000, pour la réislamisation de la jeunesse maghrébine de nos banlieues. Je n'ai jamais partagé cette joie mauvaise. Je considère Tariq Ramadan comme un adversaire idéologique, et même comme un ennemi de ma patrie puisque son projet est l'islamisation de la France. Mais je ne combats pas mes ennemis avec les armes de la guérilla judiciaire ou de troubles affaires de mœurs. Je goûte davantage l'allure de l'ancienne France, celle de Fontenoy, « Tirez les premiers, messieurs les Anglais », ou de la charge des cavaliers de Murat sur le sol enneigé d'Eylau. Chacun ses admirations, chacun ses mythes, qui nous permettent de nous tenir debout.

La guerre des trains a bien eu lieu
30 janvier 2012

J'ai connu Guillaume Pepy rue Saint-Guillaume, il y a plus de trente ans. Nous n'étions pas amis, même pas « copains », mais nous avions une amie commune. On s'est perdu de vue à son entrée à l'ENA. Je l'ai croisé lorsqu'il était au cabinet de Martine Aubry. On entretient une de ces relations dont Paris est friand, où la méfiance rugueuse d'*Homo sapiens* est dissimulée sous le raffinement hérité de la sociabilité de cour, où les désaccords politiques sont enrobés dans la ouate des marques de civilité et de cordialité, et où la divergence des modes de vie est contenue par la culture littéraire commune. Pepy m'a appelé après qu'il a entendu une de mes chroniques sur RTL concernant la SNCF. Il veut « rétablir certaines vérités ». Je me rends volontiers au siège de sa maison, dans un immeuble moderne et laid, situé derrière la gare Montparnasse. Son bureau est froid et sans charme, mais nos retrouvailles sont chaleureuses. Je le retrouve tel qu'il était dans notre jeunesse studieuse, avec ce strabisme dans l'œil qui attendrit ce que sa posture a de raide.

Il me bombarde de chiffres qu'il maîtrise avec *maestria* et, quand je capitule sous la mitraille, il me distrait en me contant son jeu de rôle avec les syndicats : « La grève était prévue pour durer quatre jours. Je leur avais dit qu'ils pouvaient exiger tant et que je céderais tant. » Il goûte sa posture de patron de gauche converti aux rigueurs de la gestion entrepreneuriale ; d'ancien socialiste qui lutte contre le laxisme syndical. Et puis, soudain, alors que je lui rappelle timidement les souffrances des banlieusards pris dans « l'enfer des transports », il me lâche tout à trac : « Tu sais, le dernier à avoir mis de l'argent dans le RER, c'est Pompidou. La gauche a tout mis sur le TGV pour permettre à la gauche caviar de descendre dans le Luberon. »

Il me regarde de son unique œil qui frise pour mieux observer l'effet produit. Je le sens joyeux de son aveu qui sonne comme une condamnation des siens et de lui-même. Comme soulagé par cette confession imprévue.

Perdre pour exister
13 mars 2012

La baie vitrée du restaurant donne sur une terrasse noyée sous la pluie. Bien à l'abri, mon esprit est un moment distrait par l'eau qui ruisselle sur les tables en fer. Pourtant, la conversation avec Gérard Longuet ne manque jamais d'intérêt. Il est de cette génération de politiques qui ont encore lu des livres. La dernière sans doute. Ces « baby-boomers » qui ont écrasé de manière hégémonique tous les secteurs économiques, médiatiques, culturels, etc., mais qui ont la particularité de n'avoir pas réussi à envoyer un de leurs représentants, de droite ou de gauche, à l'Élysée. On est passé directement de Chirac, né en 1932, à Sarkozy et Hollande, nés dans les années 1950.

Je ne m'appesantis pas sur cette question avec lui. Il a été de tous les combats perdus depuis trente ans par cette droite libérale et modérée, de Giscard en 1981, à Barre en 1988, et Balladur en 1995. Il en conserve une ironie grinçante, un cynisme revenu de tout, un désenchantement tranquille. Sur son visage taillé à la serpe, il incarne avec une froideur marmoréenne les désillusions de l'action politique. Après des décennies de défaites cuisantes et de victoires vaines, il sait que l'idéal doit céder au possible, et le possible au reniement.

Il a longtemps payé auprès de la gent journalistique ses engagements nationalistes de jeunesse ; et puis, à l'instar de ses adversaires trotskistes, il s'est rangé dans les partis « bourgeois ».

Pour mieux combattre son ennemi communiste, et sa courroie de transmission syndicale, et pour imposer enfin le règne du marché à un pays attaché à son colbertisme fondateur, il a cru habile de lâcher la patrie pour l'Europe. Il voit désormais avec une rare lucidité tous les travers de cette construction baroque pour une France qu'il n'a jamais cessé de chérir, mais refuse l'aventurisme souverainiste au nom des intérêts économiques.

Il est un sénateur cossu, un exemple inégalé de modération, comme un pied de nez à sa jeunesse rugueuse et violente, qu'il contemple dorénavant avec cette ironie grinçante qu'il jette sur tout et tous. Il s'est éloigné à petits pas discrets de la politique, sans qu'on sache très bien qui s'est éloigné de qui.

La terre et les morts

22 mars 2012

Ce n'est pas ce massacre des innocents qui me donne le plus à réfléchir ; ni la balle dans la tête d'une enfant tirée à bout portant parce que juive ; ni les meurtres de musulmans « apostats » parce que sous l'uniforme français ; ni même le choix de la date anniversaire des accords d'Évian pour son errance criminelle. Mohammed Merah a soigné la symbolique comme le parfait metteur en scène d'un film qui s'intitulerait *La Revanche de l'islam*.

C'est une banalité que de dire que la violence et la cruauté sont le propre de l'homme. Quand on lit le récit des massacres de Septembre par Michelet, ou les exécutions de masse par l'armée allemande sur le front de l'Est sous la plume de Malaparte dans *Kaputt*, on a compris qu'aucune race, ni aucun peuple, ni aucune civilisation, même la plus raffinée, n'échappe à cette malédiction de l'espèce humaine. Mohammed Merah tue au nom d'une « religion de paix et d'amour » comme on a tué au nom des droits de l'homme ou des lendemains qui chantent. Il y a massacre quand il y a décalage. Décalage de temporalité, décalage de férocité, décalage de civilisation. Quand les citoyens romains, amollis par les raffinements de la *Pax romana* et du christianisme, ne veulent plus se battre dans l'armée de l'Empire, les Barbares les remplacent et finiront par les spolier et les égorger. Hippolyte Taine, dans *Les Origines de la France contemporaine*, s'étonne de la passivité des aristocrates, arrêtés et guillotinés par des jacobins tyranniques et sanguinaires ; les descendants des anciens féodaux étaient devenus des courtisans maniant plus volontiers l'épigramme que l'épée.

Nous sommes les Romains de la décadence ou les aristocrates de la Révolution, et Mohammed Merah et ses pareils sont les Barbares et les sans-culottes de notre temps.

La famille de Mohammed Merah a demandé à l'enterrer sur la terre de ses ancêtres, en Algérie. On a su aussi que les enfants juifs assassinés devant leur école confessionnelle de Toulouse seraient, eux, enterrés en Israël. Les anthropologues nous ont enseigné qu'on était du pays où on est enterré. Je me souviens de la tirade hilarante du chef mafieux dans *Les Tontons flingueurs* : « L'Amérique, c'est bien pour y faire de la garbure ou à la rigueur pour y vivre, mais pour ce que c'est de laisser ses os, il y a que la France. »

Assassins ou innocents, bourreaux ou victimes, ennemis ou amis, ils voulaient bien vivre en France, « faire de la garbure » ou autre chose, mais pour ce qui est de laisser leurs os, ils ne choisissaient surtout pas la France. Étrangers avant tout et voulant le rester par-delà la mort.

Parce que c'était lui, parce que c'était moi
12 avril 2012

En amitié aussi il y a des coups de foudre. Je m'en suis rendu compte une nouvelle fois en rencontrant Christophe Guilluy. Un ami m'avait conseillé la lecture de son livre *Fractures françaises*; je lui avais rendu un hommage appuyé à « On n'est pas couché » ; il m'avait contacté pour m'en remercier. Et nous voilà aujourd'hui réunis autour d'un plat de pâtes dans un restaurant derrière *Le Figaro*, à nous raconter tels deux tourtereaux qui constatent énamourés qu'ils se ressemblent, et que tout les rassemble, notre enfance commune à Montreuil, notre adolescence dans l'ambiance politisée des années 1970, notre arrimage à la gauche d'antan, patriotique, laïque et assimilationniste, et notre dégoût de la gauche des années 1980, antiraciste et libérale et mondialiste. Nous avons connu tous deux la banlieue d'hier, joyeuse et populaire d'avant le regroupement familial, et nous refusons tous deux de subir sans mot dire sa version contemporaine, sous la férule des trafiquants de drogue et de l'islam. Nous avons tous deux enduré le mépris de classe et de caste des oligarques parisiens qui nous reprochent notre anticonformisme et notre parcours universitaire inachevé. Il m'explique avec une gouaille de Gavroche que les « mandarins » universitaires en géographie ont toujours refusé avec hauteur ses analyses sur les conséquences territoriales et sociales provoquées par la mondialisation. On rit ensemble de la réponse systématique assénée par ces huiles à tout ce qui trouble leur bonne conscience, le « c'est plus compliqué » des faux savants qui n'osent pas dire ce qu'ils voient, et surtout, selon le mot célèbre de Péguy, n'osent pas voir ce qu'ils voient. Il me décrit par le menu, mais sans misérabilisme aucun, son parcours du combattant de non-agrégé, qui l'oblige à multiplier les contrats de mission avec les municipalités, puisqu'il ne peut compter sur la protection généreuse de l'*Alma mater*. À la fin du déjeuner, il me lâche dans un rire qui masque sa gêne : « Arrête de me citer, à cause de toi, je perds mes contrats avec les mairies de gauche ! »

Bourgeoisie française
25 avril 2012

À chaque fois que je déjeune ou dîne avec Hugues Dewavrin, j'ai l'impression de croiser mon double inversé. Il est aussi grand que je suis petit ; aussi massif que je suis frêle ; arbore une bedaine qu'il combat, stoïque, tandis que j'engloutis les millefeuilles sans crainte ; il a les cheveux blonds et le teint rougeaud des Anglais sur les plages de la Côte d'Azur, alors que j'ai le poil noir et le teint bistre des Italiens du Sud. Il est issu d'une grande dynastie industrielle du nord de la France, alors que je suis petit-fils d'un modeste cordonnier dans le Constantinois algérien. Il m'a confié un jour que la famille de la bourgeoisie catholique croquée dans le film de Chatiliez *La vie est un long fleuve tranquille* était la copie conforme de sa fratrie ; si je devais trouver de même des modèles dans le cinéma français, je devrais plutôt osciller entre les sagas juives d'Afrique du Nord, du *Grand Pardon* ou *Coup de sirocco* ou encore *La vérité si je mens*. La sociologie a entraîné l'idéologie chez chacun de nous. Dewavrin est libéral, girondin, européiste. Il fut dans sa jeunesse l'ami et le conseiller de ce que les médias appelaient « la bande à Léo », alors composée du quatuor Léotard, Madelin, Longuet, Douffiagues. Il en a vécu les illusions et les échecs. C'est là qu'on s'est connus, quand au début des années 1990, il m'a demandé de rédiger le règlement de comptes qu'il ne parvenait pas à écrire. Cet unique travail de « nègre » m'a rapproché des éditions Grasset, qui ont publié mes premiers essais politiques.

Notre amitié ne s'est depuis jamais démentie, surmontant nos désaccords systématiques, et presque caricaturaux, s'en nourrissant même. Comme si on voulait attester la réalité de ce slogan antiraciste que j'abhorre : « Nos différences sont notre richesse. »

Il est à mes yeux l'incarnation de la grande bourgeoisie française, qui passe sa vie à expier sa richesse, la colonisation ou encore Vichy. Vichy surtout. À chacune de nos rencontres, il me conte ses pérégrinations dans des endroits exotiques, Afghanistan, Irak, Afrique du Sud, créant un cinéma pour les Afghans ou aidant la résistance kurde. Il est une ONG humanitaire à lui tout seul. Il est l'homme des causes perdues. Il croit en l'homme, surtout quand il n'est pas blanc et riche. Aucun échec ne l'abat ; il a fait vœu d'ingénuité comme d'autres font vœu de chasteté.

Il a un côté chaisière, mais ses pauvres à lui sont des milliards d'humains, répandus à travers l'univers.

Il me fait toujours songer à la phrase magnifique d'André Suarès : « Un peuple comme la France peut n'aller jamais à l'église ; il est chrétien dans ses moelles. Ses erreurs mêmes sont chrétiennes et ses excès quand il veut introduire la politique dans l'ordre du sentiment. Nation très chrétienne : elle a l'Évangile dans le sang. »

Hugues est tellement français.

L'homme qui s'aimait trop
4 mai 2012

Il a perdu. Il a perdu parce qu'il n'a pas gagné. Il a perdu parce qu'il n'a pas voulu gagner. Il a perdu parce qu'il a voulu perdre. Ce soir, le traditionnel débat télévisé entre les deux tours a consacré non la victoire de François Hollande, mais la défaite de Nicolas Sarkozy. Le président sortant à l'issue du premier tour était distancé ; pour l'emporter au second, il devait renverser la table. Il n'avait fait que casser quelques verres. Assez pour faire peur à ceux qui voulaient avoir peur ; pas assez pour reconquérir ceux qu'il avait découragés, voire dégoûtés. Sarkozy est apparu engoncé, timoré, pusillanime. Empli d'une lassitude infinie, d'une hâte d'en finir. L'ancien voyou s'était métamorphosé en notable ; son apathie finit par donner de l'audace à celui qui en manquait le plus, François Hollande.

Il avait d'abord enfourché son cheval de campagne en suivant les recommandations d'Alain Minc, mais devant l'échec cuisant, constaté par les sondages, et reconnu par l'intéressé lui-même, il avait été contraint de passer sous les fourches caudines de Patrick Buisson. Il avait abandonné les belles envolées sur « le couple franco-allemand » et avait dû se rabattre sur « le retour des frontières ». Le livre remarquable de Régis Debray *L'Éloge des frontières* était devenu le bréviaire de sa campagne. On avait fabriqué de magnifiques images pour la télévision avec des dizaines de drapeaux tricolores tremblant sous le vent, au pied de la tour Eiffel. Ce beau spectacle n'avait pas suffi. Nicolas Sarkozy l'avait emporté en 2007 en ramenant vers lui une partie de l'électorat populaire de Jean-Marie Le Pen, à qui il avait promis de « passer le Kärcher ». Sa candidature s'était imposée dans les sondages lorsqu'il avait annoncé son si controversé ministère de l'Immigration et de l'Identité nationale. Sarkozy a honte des conditions de sa victoire. C'est le drame secret de son quinquennat. Il déteste ses électeurs et envie ceux de ses adversaires. Il veut tant être aimé par la gauche. Il incarne, dans sa plus parfaite expression, le complexe de l'homme de droite qui n'a de cesse que d'être reconnu, adoubé, par la gauche. Le complexe de l'homme de droite qui remonte sans doute à la Révolution française qui a forgé cette règle devenue tradition française : tout homme de droite est un ancien homme de gauche et qui entend le redevenir !

Sarkozy a tout essayé pour être adoubé par ses adversaires : il en a fait des ministres ; il s'est improvisé chantre énamouré du métissage, de l'écologie, de l'Europe. Il a même épousé une des leurs avec Carla Bruni, et a troqué la bande de ses vieux compagnons qui faisaient tache, les Clavier ou les Barbelivien, pour la ribambelle des ex-amants de sa dulcinée, représentants accomplis de la caste germanopratine qu'il brocardait autrefois dans ses discours de militant RPR. Il a parlé avec eux des livres qu'il n'avait pas lus, et vu des films qu'il n'avait pas compris. Il a tout fait pour acquérir un « droit de bourgeoisie », comme si toute sa vie, finalement, s'était résumée à cette quête.

Et voilà qu'il était contraint de retourner à ses vieux démons. Les journalistes répétaient sans se lasser qu'il perdrait parce qu'il était trop à droite ; il savait, lui, qu'il perdrait parce qu'il ne l'avait pas été assez. Entre les deux tours, les sondages frémissent, mais c'est encore insuffisant. Lors d'une réunion à trois, avec Patrick Buisson et le publicitaire Jean-Michel Goulard, le constat s'impose. Il ne peut gagner que s'il ramène dans son giron le million d'électeurs du FN qui ont comme première préoccupation l'immigration ; Buisson lui suggère de promettre qu'en cas de réélection, il organiserait un référendum sur ce thème. Il lui propose aussi d'annoncer la remise en cause des accords d'Évian, qui ont fait des Algériens des immigrés privilégiés, ou encore l'instauration d'une part de proportionnelle dans le mode de scrutin des législatives pour favoriser l'entrée de nombreux députés du Front national.

Buisson le presse d'accepter. Il l'inonde à sa manière habituelle de sondages et de raisonnements implacables. Mais Sarkozy rechigne, Sarkozy élude, Sarkozy refuse. Sarkozy sue à grosses gouttes et son épaule sautille avec frénésie. Sarkozy songe sans doute à Carla, et à ses amis si bien-pensants ; à ses séjours au Maroc, dans le cadre fastueux de La Mamounia, comme invité du roi ; à ses conférences grassement payées que son ami, le prince du Qatar, lui a promises lors de leurs folles soirées au Parc des Princes. Sarkozy voit déjà les gros titres des journaux le traitant de raciste, de xénophobe ou, pire, de politicien prêt à toutes les compromissions pour conserver le pouvoir.

Sarkozy veut montrer qu'il a lui aussi une âme. Son vieil ami Goulard, prenant Buisson par le bras, interrompt son calvaire : « Arrête, Patrick, tu vois bien qu'il ne peut pas. » Sarkozy n'a pas pu renoncer à ce qu'il était, à l'image qu'il avait de lui-même, au regard de son milieu, de ses proches, et des médias, pour accomplir ce que son intérêt et l'intérêt du pays lui enjoignaient.

« Il n'a pas voulu salir son costume », me murmurera quelques jours plus tard Patrick Buisson.

J'avais naguère écrit une biographie de Chirac : *L'homme qui ne s'aimait pas*. Sarkozy fut sans doute l'homme qui s'aimait trop.

RTL met un genou à terre
18 mai 2012

Mon épouse fulmine et je la comprends. Pour une fois que nous passons un week-end hors de la capitale, j'ai l'œil rivé sur l'écran de mon téléphone portable au lieu d'admirer l'immensité des plages de Normandie. J'ai des circonstances atténuantes. Ma chronique de la veille sur RTL au sujet de Christiane Taubira a fait des vagues. La toute nouvelle ministre de la Justice n'a pas apprécié la vigueur avec laquelle j'ai dénoncé ses idées et ses projets. Ses amis de gauche sont très vite montés au créneau de façon virulente, mais convenue : attaquer Taubira, c'est s'en prendre à une femme noire ; c'est donc être raciste et sexiste ; les crimes les plus graves aujourd'hui passibles de la peine de mort médiatique. La campagne est rondement menée par mes adversaires. La rédaction de RTL part aussitôt au front. Ceux-là n'ont jamais accepté mon arrivée comme chroniqueur sur leur antenne ; m'ont toujours considéré comme un intrus ; Jean-Michel Apathie, alors éditorialiste vedette et chef du service politique, souffle sur les braises sans se cacher. Dès l'annonce de ma venue, il a couru dans le bureau de Christopher Baldelli pour exiger, en « compensation », l'organisation d'un débat hebdomadaire avec Alain Duhamel, l'autre grand éditorialiste de la maison. Cette fois, il demande mon renvoi. Il m'a depuis le premier jour manifesté une hostilité ouverte. Il me serre la main sans me regarder, avant que, lassé de ce traitement, je lui indique qu'il lui est inutile désormais de s'imposer cette corvée, que « je n'ai pas vendu de beurre aux Allemands ». Cette formule ne l'a pas fait réagir. Il faut dire que sa culture historique est assez lacunaire. À l'instar de sa culture littéraire ou économique. Il compense par un conformisme servile à la doxa et une hargne vindicative qu'il enrobe dans son accent chantant du Sud-Ouest qui le fait passer pour un « bon gars de province ». Christopher Baldelli tente de ménager la chèvre et le chou. C'est une habitude chez lui. Baldelli est un centriste. Il n'affronte pas l'obstacle, il le contourne. Il ne se bat pas, il ruse. Il est davantage Aramis que d'Artagnan et encore moins Athos. C'est lui qui m'a imposé sur l'antenne de RTL ; il a considéré, en avisé gestionnaire, que ma présence iconoclaste serait bonne pour les audiences et l'image irrévérencieuse de la station ; mais il ne tient pas à ce que je mette le feu à la radio ; déjà, l'assemblée générale des journalistes est en éruption, et le CSA menace de sanctionner RTL. Alors, Baldelli, en bon radical adepte des motions nègre blanc, coupe la poire en deux : je suis maintenu à l'antenne, mais seulement deux jours dans la semaine : le reste sera laissé à des éditorialistes de gauche. Baldelli me présente cette mesure comme une décision d'équilibre politique salutaire. Je lui rétorque que toute la semaine, à toutes les heures, à toutes les minutes, à l'exception des imitations de Laurent Gerra, sa station distille des messages politiquement corrects. Agacé par ce que je considère comme une sanction injuste et une victoire de mes adversaires, je songe à démissionner ; et puis, ma raison reprend le dessus : après tout, même deux fois par semaine, RTL et son vaste public populaire demeure un outil unique au service de mes idées et mes convictions. Pour me consoler, le directeur de la rédaction, Jacques Esnous, à qui échoit le redoutable privilège de me défendre devant l'assemblée des journalistes en fureur, me taquine gentiment : « Tu comprends, ton problème, c'est que tes éditos sont trop efficaces. Avec deux par semaine, tu fais déjà beaucoup de dégâts. »

Un mec de gauche
29 juin 2012

J'avais beaucoup fréquenté les sièges du RPR de la rue de Lille et de l'UDF, rue de l'Université. Je n'avais pas eu le temps de me familiariser à celui de l'UMP, rue de la Boétie, que le parti avait déjà déménagé pour la rue de Vaugirard. J'ai eu du mal à trouver ce lieu qui rompait avec mes repères coutumiers du quartier des ministères. On prend vite des habitudes de privilégié. L'immeuble est moderne et laid, l'intérieur froid et sans âme. Jean-François Copé me reçoit dans son bureau de secrétaire général du parti. Il affiche une décontraction à l'américaine. On a l'impression qu'il tente d'adopter une attitude qui ferait la synthèse entre Chirac et Sarkozy. Je songe que ce dernier cherchait une synthèse similaire, mais entre Chirac et Balladur. Sans doute Chirac avait-il de même élaboré un savant mélange entre de Gaulle et Pompidou, avant de prendre pour modèle François Mitterrand...

Le sort du président déchu occupe peu nos esprits. On parle de nos enfants et de nos parents. On les compare. On fait assaut de quelques citations d'auteurs célèbres, et on rigole de concert en reconnaissant qu'on avait la même technique pour épater les jolies étudiantes de Sciences-Po. On échange des banalités sur la situation politique, sur les premiers pas de François Hollande à l'Élysée, sur le comportement ridicule de sa compagne, Valérie Trierweiler, qu'on connaît bien, lui et moi... Je songe que Copé n'a pas de chance ; il a quelque chose en lui d'indéfinissable qui le rend antipathique même lorsqu'il se veut sympathique, et arrogant même lorsqu'il profère quelque chose d'intelligent. Mais la conversation achoppe sur un sujet inusité. Je ne sais pourquoi, je lui reproche sa décision d'avoir expulsé quelques mois plus tôt le député Christian Vanneste. Je lui affirme que celui-ci a raison, que la déportation en France d'homosexuels en raison de leur « orientation sexuelle », comme on dit aujourd'hui, est « une légende ». Je lui rappelle que Serge

Klarsfeld a confirmé ses dires. Je suis surpris de sa réaction pleine d'émotion. Le rationnel et cynique Copé a laissé la place à un Copé sensible et empli de délicatesse. Il qualifie Vanneste de « sale con » et me certifie que « [lui] vivant, l'homophobie ne passera pas ». Il embraye de lui-même sur le « mariage homosexuel », promesse de campagne de Hollande. Il défend cette mesure et me traite de rétrograde et de ringard quand je ne partage pas son enthousiasme. Je découvrirai bien plus tard que deux de ses principaux conseillers, les fameux protagonistes de l'affaire Bygmalion, vivent ensemble. Sur le moment, je ne comprends pas son emportement. Je laisse passer l'orage. Après avoir repris mes esprits, je m'esclaffe et, un brin méprisant : « En fait, tu es un mec de gauche ! » Quelques mois plus tard, je le verrai, ceint de sa belle écharpe tricolore, au premier rang des manifestations contre « le mariage pour tous ».

Le conseiller de l'ombre
9 octobre 2012

Il a ses habitudes dans un restaurant italien derrière l'Odéon, mais je ne sais pourquoi, il m'a convié cette fois dans un restaurant asiatique en vogue, Chez Thiou, situé quai d'Orsay, à proximité de l'Assemblée nationale. Peut-être a-t-il grossi depuis qu'il a quitté son ministère et craint-il pour sa silhouette qui n'a déjà rien d'élancé ni de svelte. Xavier Bertrand est inhabituellement cérémonieux. Notre déjeuner ressemble très vite à un interrogatoire. Il me dit sur un ton solennel : « Que proposerais-tu pour une campagne présidentielle en matière d'immigration qui fasse vraiment choc ? »

Interloqué par la question que je n'attendais pas, je me reprends assez vite. J'ai beaucoup réfléchi à la question, et depuis fort longtemps. Je lui débite en vrac : d'abord, il faut arrêter les flux, et pour cela, supprimer tous les droits qui font que ce n'est plus l'État, mais les immigrés eux-mêmes qui décident de notre politique d'immigration : droit du regroupement familial, droit d'asile, droit à la naturalisation des épouses étrangères, droit des étudiants. Et puis, il faut supprimer le droit du sol, qui n'est qu'une trace de notre combat séculaire contre l'ennemi héréditaire. Pour préparer la revanche après la défaite de 1870, il fallait des soldats. Et la France faisait beaucoup moins d'enfants que l'Allemagne. Je lui dis, rigolard : « Tu ne comptes pas déclarer la guerre à l'Allemagne ? Donc, tu n'as plus besoin de ce droit du sol qui fait des Français de papier qui en veulent à leurs parents de les avoir fait naître chez l'ancien colonisateur et qui le font payer à la France. » Il opine du chef. Je poursuis : « Et puis, tu rétablis la double peine pour les délinquants étrangers que Sarkozy a stupidement supprimée. » Il m'interrompt : « Pas vraiment supprimée, mais je reconnais qu'il l'a trop limitée. » Je fais mine de ne pas avoir entendu sa pertinente précision : « Et puis, tu supprimes la double nationalité pour les délinquants que tu peux alors expulser. Plus de problèmes de surpopulation carcérale ! » Tu fermes toutes les mosquées salafistes et celles dominées par les Frères musulmans, et tu en as un paquet ! Enfin, tu rétablis la loi de Bonaparte sur l'obligation de donner un prénom français à ses enfants. »

Il se moque de ma marotte. Il me laisse reprendre mon souffle et ajoute : « Tu oublies toute la protection sociale, c'est le plus important : rétablir la préférence nationale pour toutes les mesures de solidarité comme les allocations familiales ou l'aide au logement. »

C'est à mon tour de sourire devant son initiative.

Nous sommes déjà au dessert. Il me remercie. Il m'assure que cette réflexion en commun a été utile. Je n'entendrai jamais le moindre écho de notre conversation dans ses déclarations publiques.

2013

La défaite pour tous
20 janvier 2013

Pourquoi ? Pourquoi mettre un million de personnes dans les rues de Paris ? Pourquoi inonder les journaux d'argumentaires à la rhétorique soignée ? Pourquoi animer les plateaux télévisés de formules assassines ? Pourquoi obstruer les séances de l'agenda parlementaire ? Pourquoi secouer une hiérarchie catholique rétive et des élus de droite pusillanimes ? Pourquoi évoquer un « Mai 68 de droite » ? Pourquoi célébrer jusqu'à plus soif « la grande victoire intellectuelle des idées conservatrices » ? Pourquoi magnifier le retour d'un christianisme identitaire ? Pourquoi ? Pour rien.

En France, seule la violence fait plier l'État. Seule la violence des banlieues fait cracher l'État au bassinet de la « politique de la ville ». Seule la violence des routiers bretons contraint l'État d'arracher les portiques déjà prêts à les taxer.

Le pacifisme des manifestants trop bien élevés de « La Manif pour tous » a été leur plus grande faiblesse. La cause de leur défaite.

Une défaite politique à court terme peut cependant se transfigurer en victoire culturelle au long cours. C'est la grande leçon de Mai 68. C'était le secret espoir des inspirateurs les plus politiques du mouvement contre le « mariage pour tous ». Un espoir qui se fracasse jour après jour sur la mainmise par la gauche de tous les relais d'influence culturelle, Éducation nationale, Université, télévision, cinéma, show-business. Nos bien-pensants vocifèrent dès qu'ils aperçoivent deux ou trois chroniqueurs conservateurs sur les chaînes d'info, tandis que la droite fête avec ingénuité sa « victoire intellectuelle ». La gauche est tellement habituée à régner sans partage qu'elle hurle à la mort dès qu'elle perd son monopole ; la droite est tellement habituée à sa claustration qu'elle croit tenir sa revanche historique quand on lui offre un strapontin.

Il faut tirer toutes les leçons de Mai 68. Trois ans après, François Mitterrand rassemblait les chapelles socialistes derrière lui à Épinay. Encore un an, et il réalisait un programme commun avec le parti communiste à l'occasion de « l'union de la gauche ».

On attend l'équivalent à droite ou parmi les souverainistes ou les populistes. Quel que soit le nom, quelle que soit l'approche, quel que soit le clivage, le narcissisme de la division l'emporte partout. On risque d'attendre encore longtemps. Pour rien. Alors, pourquoi ?

De l'homosexualité au lobby gay
22 mars 2013

L'immense salle de la Coupole résonne d'un brouhaha qui nous force à hausser la voix. Je demande à Christian Vanneste pourquoi il a choisi cet endroit au charme suranné ; il m'avoue qu'il use des réductions qu'il avait dans ce restaurant du temps où il était parlementaire, car ce privilège cesse dans quelques mois. Vanneste n'est plus député depuis les législatives de juin 2012. Il fit partie de cette cohorte de jeunes gens de droite qui partirent sabre au clair à l'assaut des fiefs communistes à la fin des années 1980, tandis que leur modèle soviétique s'effondrait dans un énorme fracas. Le temps a passé, ses cheveux ont blanchi ; il s'est usé dans des batailles parlementaires inutiles, découragé par la pusillanimité de son camp sous Chirac et Sarkozy... Il s'est fait souffler son siège par son ancien assistant, Gérald Darmanin. Il peste contre le cynisme sans scrupule du jeune ambitieux qu'il a surnommé « Darmalin » et le compare sans surprise à Rastignac. Il ira loin, lui dis-je, celui-là : Rastignac a fini ministre important sous Louis-Philippe. On s'esclaffe d'un rire complice. Cet ancien professeur de philosophie dans un lycée de Tourcoing a conservé le goût pour la culture classique. Nos rencontres sont chaque fois ponctuées de longues conversations historiques où il défend la mémoire de la monarchie tandis qu'il brocarde mon admiration sans bornes pour l'Empereur. Il semble réciter son Bainville que je reconnais dans tous les méandres de sa démonstration ; et je prends plaisir à ébrécher la statue du commandeur. Mais je sens bien qu'il a la tête ailleurs. Il n'a toujours pas digéré son éviction du Parlement. Il sait bien que Darmanin a profité d'une situation plus qu'il ne l'a créée. Vanneste avait été exclu du parti par Copé pour ses propos sur l'homosexualité. Très vite, il revient sur le sujet. Son plaidoyer *pro domo* est fondé et argumenté. Il répète sans se lasser qu'il n'y a jamais eu dans la France vichyste de convois d'homosexuels vers les camps de concentration ; et que si l'homosexualité n'était pas demeurée marginale, l'humanité n'aurait pas survécu. Il prend plaisir à citer les grands auteurs, mais n'ignore pas que Kant ne peut rien contre la force du « lobby LGBT ». On se plaît à noter la nouvelle place prédominante du lobby dans tous les partis politiques, à des postes élevés ; mais aussi dans les grandes entreprises, les grandes écoles, les universités, les médias, le ministère de la Culture. On constate que l'orientation sexuelle – dont on ne se soucie guère – est désormais orientation politique et même idéologique ; que le lobby LGBT, avec son allié féministe, est un des fers de lance de cette société diversitaire que nous combattons tous deux ; que les homosexuels qui ne partagent pas cette ligne sont marginalisés ou persécutés par leurs pairs ; que la sémantique, comme toujours, a défini l'opposition entre « gay » et « homosexuel » ; et que la minorité gay accuse toujours les opposants à son idéologie

« d'homophobie » ; que les homosexuels sont ainsi tous pris en otage pour un combat douteux ; que le processus est identique à celui « d'islamophobie » : aujourd'hui, le « discours de haine » permet de faire taire les adversaires politiques, comme une guillotine médiatique et judiciaire. Vanneste me rappelle fièrement qu'il est sorti gagnant d'une longue bataille judiciaire. Il est allé jusqu'en cassation, mais a fini par triompher. Les frais d'avocat lui ont coûté un appartement qu'il avait acheté pour sa retraite ; mais le jeu en valait la chandelle. Il me reproche de ne pas avoir agi comme lui, d'avoir renoncé à faire appel de ma condamnation. Il plastronne avec courage ; mais je vois dans son regard bleu que Christian Vanneste est un homme brisé qui restera inconsolable.

L'homme qui valait 40 milliards
15 mai 2013

Chez les Anges. Le nom du restaurant m'amuse. Nous n'en sommes pourtant ni l'un ni l'autre. Borloo m'y attend sans impatience en pianotant sur son téléphone portable. Derrière la façade cossue du restaurant de la rue Latour-Maubourg, on devine l'ombre des canons des Invalides pointés sur nous.

Je connais bien Jean-Louis Borloo, sa tignasse ébouriffée et sa gouaille de poulbot ridé, depuis 1989. J'avais suivi sa conquête de Valenciennes pour *Le Quotidien de Paris*. Il était alors intarissable sur cette ville qu'il avait découverte quelques mois auparavant en s'occupant du club de football, et la décrivait comme un bidonville du Brésil, où même l'eau courante n'arrivait plus. Le jeune avocat enrichi avait vu la misère et ne s'en était pas remis : on se croyait à l'entendre et le voir dans un livre de Dickens, où le bénitier des chaisières bigotes avait été seulement remplacé par le triangle du franc-maçon paillard. Il m'en a longtemps voulu de l'avoir qualifié de « second couteau de la droite ». Depuis lors, le second couteau était passé Opinel ; Sarkozy avait songé à lui pour Matignon avant de se raviser ; lui-même avait songé à la présidentielle avant de renoncer. Je l'ai toujours trouvé sympathique, mais pusillanime ; ambitieux, mais conformiste. Il n'aime pas ce qu'il voit dans mon regard sans aménité. Il me vante avec emphase son « plan pour les banlieues » ; je lui rappelle qu'il a coûté 40 milliards d'euros ; un argent gaspillé dans la rénovation du cadre de vie, alors que le problème de la banlieue réside dans la population qui y vit. Il rejette avec véhémence mon diagnostic « discriminant » et m'explique que les 40 milliards n'ont pas été versés entièrement par l'État ; que les collectivités locales ont pris leur part ; que les travaux ont créé de l'emploi dans le bâtiment, etc.

Mais voyant que ses arguments technocratiques ne m'ébranlent guère, il me lâche tout à trac : « Tu sais, avec ces 40 milliards, j'ai retardé la guerre civile de dix ans. » Je reste pantois devant un tel aveu, qu'il regrette aussitôt. Il change de sujet et reprend le ton badin qu'il affectionne.

Je songe à la phrase du général de Gaulle : « En général, les hommes intelligents ne sont pas courageux. » Jean-Louis Borloo est très intelligent.

La *taqiyya* des progressistes
17 mai 2013

Ils ont gagné. Christiane Taubira plastronne avec son lyrisme de parvenue littéraire. Le lobby LGBT roule des mécaniques : il a mis l'État à ses pieds et a atteint son objectif : ruiner l'hégémonie symbolique du modèle hétérosexuel. La cohorte des progressistes médiatiques est fière d'elle-même : elle a mis ses pas dans ceux de ses glorieux ancêtres, et a ajouté un nouveau droit à une liste déjà longue. Les laboratoires se frottent les mains : le mariage pour les homosexuels, voilà une nouvelle clientèle pour les procréations médicalement assistées. Les affaires sont bonnes aussi pour les marchands d'enfants sur catalogue en Californie : après la PMA, ces maudits Français toujours en retard d'une guerre ne pourront qu'avaliser la gestation pour autrui au nom du principe sacro-saint d'égalité entre les femmes et les hommes, entre les lesbiennes et les gay. Bien sûr, Taubira a promis que le mariage pour tous n'entraînerait jamais de PMA pour toutes et encore moins de GPA pour tous. Mais on se souvient qu'Élisabeth Guigou avait juré, lors de l'adoption du PACS, qu'il n'y aurait jamais de mariage pour les homosexuels. Dans le monde des Vertueux, un petit mensonge est absous quand il est proféré pour la bonne cause. C'est la *taqiyya* – la dissimulation tactique selon le Coran – des progressistes. Dans l'Inde profonde, des jeunes femmes ont une lueur dans le regard : une grossesse financée par ces jeunes Blancs courtois et délicats, cela met du beurre dans les épinards ; ou son équivalent dans la cuisine indienne. À l'Élysée, François Hollande jubile : il a montré son profil de gauche, et sa fermeté face aux méchants réactionnaires catholiques fascisants ; il peut désormais en toute quiétude préparer une aide massive au patronat. Il a donné une nouvelle preuve que l'État n'est plus qu'un distributeur de droits individuels. Il n'en a cure. Après lui, le déluge.

Du moi dans Moix

28 mai 2013

Les gens qui reviennent de Corée du Sud ne sont pas légion. Ceux qui rentrent de Corée du Nord encore moins. Yann Moix est de ceux-là. Il en est fier. Il est venu au *Figaro* pour me raconter son périple. Je ne sais pourquoi il me montre soudain tant d'égards. On se connaît peu. Nous avons croisé le fer lorsque j'étais chroniqueur à « On n'est pas couché ». J'ai éreinté ses ouvrages que je jugeais bâclés. Je me souviens de son libelle écrit en défense de Roman Polanski qui m'avait agacé. Il estimait que les accusations judiciaires et médiatiques contre le grand cinéaste n'étaient que le reflet d'un antisémitisme persistant. Je lui avais rétorqué que le philosémitisme militant n'était que la forme inversée de l'antisémitisme, les deux se retrouvant dans une exceptionnalité juive où la persécution est la preuve de l'élection.

C'est le mot qui me revient spontanément à l'esprit à propos de Moix : agaçant. Trop remuant, trop sensible, trop affectif, trop virevoltant. J'ai l'impression, quand je l'observe, de voir défiler mes défauts. Agaçant Moix, mais pas antipathique, pas bête, pas sans talent, pas inculte : il lit, même s'il fait trop savoir qu'il lit. Encore un de mes défauts que j'essaie en vain de corriger. Notre dialogue tourne au monologue. Il parle, il parle, il parle. Pour une fois, je me tais. À la fin, il me lance d'un sourire sincère : « Tu as eu raison sur tout. L'Europe, les femmes, l'immigration. L'islam. Non, vraiment. Sur tout. » Je ne lui demande pas pourquoi il a dit le contraire, quelques semaines plus tôt, à la télévision ; et pourquoi, je le pressens, il dira l'inverse lors de sa prochaine interview. Trop content de lui trouver enfin un défaut que je n'ai pas.

Ils ont touché au grisbi
9 octobre 2013

C'est une courte séquence du journal télévisé de TF1 que l'on ne revit jamais. Un maire d'une petite commune d'Italie y répondait aux questions d'un journaliste sur la famille de la petite Leonarda. Cette enfant défraye alors la chronique française parce que la police a osé l'arrêter durant une sortie scolaire pour qu'elle rejoigne ses parents expulsés du territoire national. Un charivari médiatique a alors déferlé sur notre pays, fait d'imprécations vertueuses de tout ce que la France compte d'humanistes, universalistes, défenseurs de la veuve et l'opprimé, adorateurs de l'Autre, et cela fait du monde, en particulier dans l'univers de la culture, des arts, des médias et de la politique ! Le président Hollande a cru bon d'intervenir avec solennité à la télévision. Comme dans un congrès du Parti socialiste en quête de l'improbable synthèse, il a proposé à la jeune collégienne de revenir dans notre beau pays, mais sans ses parents, s'attirant alors la réponse outragée – diffusée en direct sur BFM, à la suite de l'allocation présidentielle ! – de l'enfant qui refusait de se séparer de sa famille. On se serait cru dans le célèbre conte d'Andersen *Les Habits neufs de l'empereur*, quand seul l'enfant ose proclamer à la face de la cour tétanisée que le vêtement que prétend porter le monarque n'existe pas : « Le roi est nu ! »

Hollande n'a jamais été président de la République ; il a bien été élu mais n'a pas endossé l'habit du sacre – ce mélange d'allure hiératique et d'autorité – qui transmue notre *primus inter pares* en un monarque républicain. Pour se démarquer de son rival Sarkozy, il a voulu jouer au « président normal » ; « se faire une tête d'électeur », comme on disait jadis de Pinay. Avec Leonarda, l'artifice de communication s'effondre : les Français se rendent compte qu'ils ne veulent pas d'un simple Premier ministre suédois qui fait ses courses en poussant son Caddie ; le sort de Hollande est fixé.

Notre sympathique maire d'une bourgade italienne, lui, ne se soucie guère de ses considérations si françaises sur la légitimité et la légalité. Il a bien connu les parents de Leonarda, des nomades venus de Roumanie. Il nous conte avec une verve toute latine la dernière conversation avec le père. L'homme est furibond et ne le cache pas. Il peste contre la pingrerie italienne en matière de prestations sociales ; et conclut en guise de sanction : « Je vais aller en France, ils sont bien plus généreux que vous là-bas ! »

Tout homme a une conscience aiguë de ses intérêts. Les migrants sont comme le reste de l'humanité. Ils appliquent leur intelligence calculatrice à comparer les avantages – capacités d'emploi et systèmes sociaux – des pays où ils souhaitent s'installer. Leur nier cette intelligence révèle de la part de nos vertueux humanistes un grand mépris pour les populations qu'ils prétendent défendre et aimer.

Dans le monde, l'Europe est le continent le plus attractif ; l'endroit où les frontières sont les plus ouvertes ; où les systèmes sociaux sont les plus généreux. Comme le répète souvent la chancelière allemande, Angela Merkel, l'Europe, avec 10 % de la population mondiale, représente 25 % des prélèvements obligatoires et 50 % des dépenses sociales du monde.

La France est, avec le Danemark, le pays qui connaît le taux le plus lourd de prélèvements obligatoires et la part la plus importante de dépenses sociales dans la richesse nationale. La France est aussi le pays d'Europe qui fait le moins de différences entre indigènes et allogènes ; où les enfants d'étrangers qui naissent sur le sol français deviennent français à leur majorité. La France a aussi le système social où la part distribuée en allocations diverses est la plus élevée (60 %) réduisant à la portion congrue les investissements dans l'hôpital, alors même que la moindre visite dans un hôpital parisien vous fait prendre conscience que notre pays accueille et soigne des cohortes d'étrangers. La France est un pays de Cocagne, un Eldorado, une cible privilégiée. Comment s'appelle un peuple qui finance lui-même les peuples qui l'envahissent ?

Quelques années après cette pantalonnade Leonarda, un magistrat iconoclaste et courageux, Charles Prats, livrera quelques clés chiffrées pour serrer au plus près notre inconscience collective : une fraude sociale évaluée entre 30 et 40 milliards d'euros ; 2 millions de fausses cartes Vitale ; et 42 % des allocations de la CAF versées à des étrangers. Ces chiffres apocalyptiques devraient nous indiquer le chemin à suivre : rétablissement de la préférence nationale pour les versements des allocations (famille, logement, femme isolée, étudiant, etc.) et réduction de l'enveloppe globale de la part des allocations au bénéfice des investissements. Mais qui osera ?

Le sourire narquois du petit maire italien se moque de nous et nous faisons mine de ne pas le voir.

Un papy qui me veut du bien
20 décembre 2013

La route est longue et inconnue. C'est la première fois que je suis invité à Rueil-Malmaison, chez Jany, sa seconde épouse. J'avais coutume de me rendre dans le parc de Montretout. Au milieu de ses chiens courant dans le jardin, de sa statue de Jeanne d'Arc qui semble veiller sur lui, à défaut de veiller sur la France, et de son mobilier désaccordé, Jean-Marie Le Pen était dans son univers, à la fois bourgeois et un rien déjanté, chaleureux et impérieux, hédoniste et marmoréen.

Une dernière rue qui grimpe, et j'arrive enfin devant la maison cossue de madame. Celle-ci m'accueille avec des trémolos dans la voix qui monte dans les aigus de manière désagréable ; mais on sent qu'elle est sincère et fait tout pour me mettre à l'aise. Le Pen me reçoit avec beaucoup plus de simplicité ; il porte un chandail à col roulé et, avec l'âge, sa démarche s'est un peu alourdie. Il entame la conversation comme si on s'était quittés la veille. Jany le coupe souvent, parfois à contretemps, et je dois alors lui rappeler son propos dont il a perdu le fil.

Il critique longuement la conduite de sa fille. Tout y passe, de sa stratégie politique de « dédiabolisation », à ses dépenses excessives, avec des salaires accordés à ses collaborateurs qu'il juge « mirobolants ». Il lui reproche surtout son hostilité à son égard, et estime que son manque de respect filial la desservira sur un plan politique. Et puis, soudain, la discussion bifurque et il entame un exercice qu'il affectionne : la prophétie apocalyptique. Il décrit la guerre civile qui vient, la décadence inexorable de l'homme blanc des aurores boréales, avec un mélange d'emphase littéraire et de détails salaces. Au-delà de la grandiloquence, je ne peux qu'acquiescer ; j'ai toujours considéré qu'il avait vu juste sur ce thème majeur de la démographie et de l'immigration, et ce avant tout le monde. Au cours de nos nombreux rendez-vous à Montretout, je lui ai reproché ses sorties de route, ses « détails » et ses calembours de mauvais goût. Il m'a rappelé que son « détail » ne concernait que la manière d'exterminer les juifs (chambres ou gaz ou pas) et non la réalité des massacres ; et que lors d'une conférence de presse, il avait présenté ses excuses à ceux qu'il avait blessés ; mais ses adversaires avaient tout fait pour qu'il ne fût point absous. J'ai compris et écrit depuis longtemps que Le Pen était surtout coupable d'anachronisme, évoquant la Seconde Guerre mondiale comme l'auraient fait de Gaulle ou Churchill, avant qu'on ne la réduise à une lutte à mort exclusive de tout autre conflit entre puissances, opposant Hitler aux juifs. J'ai compris et écrit depuis longtemps que Le Pen était un républicain de « l'ancienne rôche », pour parler comme Chateaubriand, assimilationniste et tonnant contre l'« État dans l'État », pour parler comme Richelieu, ce qu'on appellerait aujourd'hui les « lobbies » ou les « minorités agissantes ». J'ai compris et écrit depuis longtemps que Le Pen avait saisi, à partir de la présidentielle de 1988, que le « système », incarné par le refus de Chirac de lui entrouvrir la porte, avait décidé d'en faire un paria à vie, alors même qu'il ne rêvait que d'être reconnu, intégré, adoubé, par la bonne société, en « petit chose » qu'il était. J'ai compris et écrit depuis longtemps que Le Pen était un hédoniste, un jouisseur, et qu'il avait choisi de transmuer son malheur public – il n'accéderait pas au pouvoir et ne pourrait sauver la France – en un bonheur privé.

En ruminant toutes ces réflexions cent fois agitées, je n'ai pas remarqué que Jany a encore interrompu son cher Jean-Marie. Et, à ma courte honte, je suis incapable de renouer le fil perdu de la conversation.

2014

Le vilain petit canard
qui se rêve cygne royal !
11 janvier 2014

Il plastronne. Il se réjouit. Il pérore. Je songe que Manuel Valls ne devrait pourtant pas être fier. Dans son duel avec Dieudonné, il a gagné une bataille, mais il a perdu la guerre. Il a gagné la bataille du droit, mais il a perdu la guerre des esprits. Il ne le sait pas encore. Il en avait fait une question personnelle, un point d'honneur. Le Premier ministre de la France ferait rendre gorge à ce trublion. Le représentant autoproclamé de la gauche écraserait ce clown antisémite. Ses méchantes blagues sur la « Shoahananas », ses « quenelles » irrévérencieuses, sa mise en scène sarcastique du négationniste Faurisson en pyjama rayé, Valls trouvait tout cela abject. Son épouse d'alors, la violoniste Anne Gravoin, de confession juive, ne réfrénait pas ses ardeurs. Pas de liberté pour les ennemis de la liberté. Valls prend la pose en Saint-Just de l'antiracisme. Il se voit beau en ce miroir. Le Conseil d'État lui a donné raison. Il a mis les subtilités talmudiques du droit administratif au service de sa sainte lutte. Ce n'était pas gagné. La jurisprudence du Conseil, depuis le célèbre arrêt Benjamin, dans les années 1930, avait encadré la possibilité d'interdire une réunion publique.

Il fallait à la fois qu'il y eût menace à l'ordre public et que les forces de police fussent insuffisantes pour limiter le danger. Valls n'ignore point que son affaire est mal engagée, que les spectacles de Dieudonné ne provoquent aucun trouble à l'ordre public. Alors, ses services ont une idée de génie (du mal) : ils se souviennent que, quelques années plus tôt, le Conseil d'État avait interdit un spectacle de « lancer de nains » au nom de la « dignité humaine ». Et si Dieudonné et ses propos « nauséabonds » étaient contraires à la « dignité humaine » ? À la surprise générale, les juristes distingués ont fait semblant de croire à cet argument improbable du Premier ministre. Sans doute y ont-ils vu là une bonne occasion d'étendre leur pouvoir : qui décidera désormais de ce qui relève de la dignité humaine ? Les juges en majesté ! Et puis, il y a l'histoire qui les taraudait. Le Conseil d'État avait des fantômes à chasser. En 1940, il s'était trouvé des juristes tout aussi subtils pour avaliser le statut des juifs instauré par le régime de Vichy. Plus jamais ça.

Valls et le Conseil d'État sont à côté de la plaque. Dieudonné est le symptôme d'un mal qui a gagné toute la société française depuis les années 1980. Il n'est pas le représentant de l'antisémitisme français traditionnel, passé de l'antijudaïsme catholique du Moyen Âge à l'antisémitisme moderne, anticapitaliste et nationaliste. Dieudonné n'a pas lu Maurras, ni Barrès, ni même Rebatet ou Céline. Il est un pur produit de l'antiracisme militant des années 1980. Il fut un adversaire déclaré du Front national et de Jean-Marie Le Pen, avant de leur faire des risettes. Il est un militant de la cause noire et de la lutte contre l'esclavage et la colonisation ; Dieudonné est un progressiste. Il reproche aux juifs non d'avoir assassiné Jésus ou d'incarner l'anti-France, mais de voler aux Noirs la prééminence dans le malheur. Dieudonné met son talent authentique de comique au service de la concurrence victimaire. Il est l'héritier de l'esprit de dérision des années 1960 pour désacraliser les nouvelles religions, pour déboulonner les nouvelles statues. Il ne s'en prend pas aux anciennes idoles – catholicisme, patrie, armée, famille –, mortes depuis longtemps. En bon héritier de l'esprit soixante-huitard, il se moque de la nouvelle religion civile de la Shoah érigée depuis des décennies dans l'Éducation nationale et le discours médiatique. Dieudonné est au croisement de cette idéologie antiraciste et de cet esprit de dérision soixante-huitard. Enfant d'Harlem Désir et de *Charlie Hebdo*. Il est issu de la même matrice idéologique qui a façonné ses adversaires, Manuel Valls comme les distingués juristes du Conseil d'État. Il est le vilain petit canard d'une couvée qui le renie.

Tout sauf franc !
12 mars 2014

La façade de l'immeuble sis au 16, rue Cadet m'apparaît laide et sale ; et la salle à manger fonctionnelle et disgracieuse. La conversation de notre hôte est aussi médiocre et insipide que la nourriture que l'on nous a servie : nous devons subir un fatras ininterrompu de lieux communs, de « valeurs républicaines » et de « lutte contre les discriminations », de « le racisme n'est pas une opinion, mais un délit » et de « quartiers populaires », de « chance pour la France » et d'« islam des Lumières », de « vivre-ensemble » et de « nous sommes tous des enfants de la République ». Je regarde Naulleau du coin de l'œil pour être sûr que je vois ce que je vois, que j'entends ce que j'entends et que je mange ce que je mange. Il baisse la tête dans son assiette pour ne pas croiser mon regard.

J'avais imaginé d'autres agapes quand le grand maître du Grand Orient, Daniel Keller, nous avait conviés à sa table. Je m'étais transporté aussitôt sous les ors de la IIIe République lorsque la franc-maçonnerie était « l'Église de la République », imposait aux étrangers une stricte assimilation à l'histoire et à la culture françaises, qu'elle enseignait dans les écoles par ses hussards noirs, dénonçait et persécutait « la superstition et l'obscurantisme religieux », « éteignait les étoiles dans le ciel », encourageait la colonisation au nom de la « civilisation » et du « devoir de l'homme blanc d'apporter la lumière aux peuples barbares », faisait et défaisait les carrières et les gouvernements, régnait sur les antichambres ministérielles et la corbeille de la Bourse, jusqu'aux maisons closes. Je me voyais déjà croiser le fer avec Jules Ferry et je croisais du caoutchouc avec Daniel Keller.

Une fois encore, mon imagination historique s'était jouée de moi.

Adolescents

21 mars 2014

On parle haut et fort. On surenchérit l'un sur l'autre. On se coupe sans vergogne, on digresse, on plaisante, on évoque des souvenirs, on dit : « Je t'explique », on dit : « Je te l'avais dit », on dit : « Tu avais raison », on dit : « Tu avais tort. » On échange des bons mots et des citations.

Mes conversations avec Alain Madelin se suivent et se ressemblent. Depuis près de trente ans, le décor importe peu, que l'on soit dans un restaurant, un train, une voiture, un avion, un bistrot, un bureau de parti politique ou sous les ors d'un ministère. On reprend là où on s'est arrêtés. Il ressort son Bastiat ou son Smith ou son Hayek. J'exhume mon Taine ou mon Bainville ou mon de Gaulle. On croise l'économie et l'histoire, la politique et la finance, les souvenirs de lecture et les souvenirs de rencontre. Madelin joue au sale gosse mal élevé qui met les pieds sur la table pour qu'on ne le prenne pas pour le bourgeois qu'il est devenu, et qu'on n'oublie pas qu'il fut un fils d'ouvrier. Il parle fort pour occulter son zézaiement. Il assène avec talent et vigueur ses théories puisées aux meilleures sources pour effacer ses défaites politiques.

Il a abandonné la politique active pour monter un fonds de capital-investissement et « faire de l'argent » ; mais la politique au sens noble de la bataille des idées et du choc des convictions continue d'être sa grande passion.

Nos conversations sont celles d'éternels adolescents trop pudiques pour parler de femmes ou de vie privée, qui refont le monde dans un mélange puéril de vanité et d'idéalisme. La politique, pour nous, c'est à la fois manier des idées qui changent le monde et se hisser sur la pointe des pieds à la hauteur des géants qui nous ont précédés. Continuer l'histoire et la faire. Madelin a longtemps cru que la politique, c'était détruire la politique avec les armes de la politique pour libérer l'homme. J'ai toujours pensé au contraire que la politique, c'est tenter de préserver ce que nos anciens ont construit, c'est-à-dire un chef-d'œuvre appelé France, pour le transmettre à ceux qui nous suivront sur cette terre. Un chef-d'œuvre en péril. Madelin se croit révolutionnaire et m'accuse d'être un conservateur, alors que pour moi, seul le conservatisme, voire la réaction, sont aujourd'hui révolutionnaires. Pour Madelin, la politique, c'est Margaret Thatcher assénant à ses détracteurs : « Il n'y a pas d'alternative. » Pour moi, la politique, c'est de Gaulle excédé devant un ambassadeur américain qui ne comprend pas sa position : « … Cela fait mille ans que je vous le dis ! »

Je me bats seulement pour qu'on puisse encore le dire dans mille ans.

La classe… des riches
28 mars 2014

« Vous avez tort de comparer les effectifs des syndicats français avec ceux des pays scandinaves. Là-bas, si vous n'appartenez pas au syndicat, vous êtes privés de nombreux droits et aides sociaux. En France, les syndicats sont républicains. Ils combattent pour les droits de tous et pas besoin d'y être affiliés pour en bénéficier. Ça change tout. » Jean-Claude Mailly me recadre avec courtoisie. Il éclaire son visage d'un sourire avenant qu'il arbore en toutes circonstances. Avec ses grosses lunettes d'écaille, j'ai l'impression de recevoir la leçon d'un prof à l'ancienne, à la fois exigeant et bienveillant. Il veut me faire progresser tant il croit en mes capacités. Il n'a pas apprécié mon ironie facile à propos des effectifs squelettiques des centrales hexagonales. Notre conversation se disperse dans le brouhaha chaleureux du Bistrot du Dôme, l'annexe « populaire » du Dôme, la brasserie cossue installée à Montparnasse. On déguste la savoureuse chair de notre saint-pierre avec un onctueux verre de chablis. Mais le professeur n'a pas le cœur à nos agapes. Au fond, le patron de Force ouvrière partage sans le dire mon diagnostic défaitiste : « Vous savez, avec la mondialisation, tout a changé. Nous, les syndicats, on n'a plus de grain à moudre. On est désarmés. »

La lutte des classes n'a jamais cessé et les riches l'ont gagnée.

Qu'est-ce qu'ils ont fait au bon Dieu !
16 avril 2014

Mes enfants m'avaient prévenu. Tout le monde en prend pour son grade. Je comprends vite que « tout le monde », dans le langage d'aujourd'hui, veut dire « toutes les communautés ». Ce film, *Qu'est-ce qu'on a fait au bon Dieu ?*, qu'ils m'incitent à découvrir, est classé dans la catégorie huppée des iconoclastes, voire des irrévérencieux, parce qu'il n'hésite pas à dire son fait à tous, y compris aux minorités sanctifiées de l'époque, à savoir les juifs, les Arabes, les Noirs, voire les Asiatiques. Le film tient ses promesses. On rit et on regarde autour de soi si les autres rient aussi, pour être sûr qu'on est autorisé à rire. Le juif est brocardé par l'Arabe qui est moqué par le Noir qui est tancé par le Chinois. Les contre-pieds sont habiles : le juif n'est pas un subtil esprit talmudiste ni un spéculateur cousu d'or, mais un porc mal élevé qui met les pieds sur la table et mange des sandwichs immondes au cinéma. L'Arabe n'est pas une racaille à capuche mais un avocat avisé ; le Chinois n'est pas un champion de sports martiaux mais un banquier et le paternel africain ne veut pas que son fils se mésallie avec une famille blanche. On a envie de dire comme dans la vieille chanson d'avant-guerre : « Et tout ça, ça fait d'excellents Français. » Eh bien, justement, non. Le film donne raison à la fameuse thèse de la philosophe Simone Weil sur l'enracinement. Chacun des gendres est enraciné, mais dans sa culture d'origine. Cela ne les empêche pas d'avoir du recul sur celle-ci, de la traiter avec humour, et même avec ironie. Mais elle est un fait, une réalité intangible. Aucun n'a osé le grand saut de l'assimilation : le transfert d'identité, de racines, par la culture et l'histoire de France. « Nos ancêtres les Gaulois », le slogan le plus antiraciste qui soit, est devenu proscrit, pire : méprisé. Ce qui était banal il y a cinquante ans est désormais une rareté. Aucun des protagonistes ne se revendique ni ne s'imagine en Français. La culture, l'histoire, la civilisation françaises leur sont étrangères. Le mode de vie à la française est pour eux un acquis naturel, dont ils ne mesurent guère la fragilité, et qu'ils confondent volontiers avec l'*american way of life*.

Les Français sont représentés par les parents qui portent les stigmates de la vieillerie désuète, un brin ridicule, en tout cas dépassée. Les quatre filles sont la quintessence de la beauté et du charme. Elles sont le produit de siècles d'éducation, de raffinement, de luxe, d'une civilisation de la conversation et de la séduction qui s'épanouit dans les salons de l'Ancien Régime et se meurt sous nos yeux dédaigneux. Elles sont des objets de désir, d'amour, des proies consentantes, qui cherchent, comme leurs ancêtres depuis l'origine des temps, le vainqueur de la sélection naturelle, celui qui à travers elles améliorera l'espèce : et les triomphateurs de cette guerre millénaire sont les représentants gouailleurs et vulgaires de ces minorités venues régénérer la vieille France décatie et décadente. Le seul prétendant français de souche est un pauvre garçon binoclard et hébété, avec un nom à particule et un discours incompréhensible, grotesque incarnation d'une « fin de race » débile qui doit s'incliner et se soumettre à la vitalité virile arrivée d'ailleurs.

C'est le génie et le rôle historique du cinéma contemporain : enterrer la civilisation française et européenne sans fleurs ni couronnes ; entériner le « grand remplacement » dans la joie et la bonne humeur.

Jacques c'est tout bon !
17 juillet 2014

Il aura sa voiture à cocarde. Il aura son chauffeur. Il aura sa secrétaire, son bureau, ses collaborateurs. Il aura sa (très) confortable rémunération. Défenseur des droits, c'est une belle fin de carrière. Le président Hollande l'a désigné, à la surprise générale, suscitant la vindicte de la gauche. Toujours aussi sectaire cette gauche. Toujours à pourchasser les ennemis de la République. Cela dure depuis 1880. Depuis 1793. Ils oublient seulement, ces aboyeurs républicains drapés dans leurs grands principes, que François Hollande est devenu au fil du temps le complice corrézien de Jacques Chirac ; et que Jacques Toubon fut naguère à Chirac ce que le même Chirac avait été à Pompidou : « Si je demandais à Toubon de sauter par la fenêtre pour moi, il le ferait ! »

C'était ça, la chiraquie : une phalange soudée et dévouée de reîtres prêts à tout pour leur seigneur. Mais derrière cette altière façade féodale, se cache la réalité prosaïque du chiraquisme : une prééminence absolue donnée à la place sur l'idée, au poste sur la conviction ; l'important est d'en être, pas d'être.

Pendant sa longue carrière, Chirac est connu et brocardé pour son souci obsessionnel du « plaçou », ces postes, à l'hôtel de ville de Paris comme au RPR, où il installe ses gars de Corrèze. Tous les chiraquiens obtiennent des « plaçous » partout. Tous les chiraquiens voient d'abord la politique à travers un bureau, une voiture à cocarde, une secrétaire. Un traitement. Les chiraquiens n'ont pas d'idée, ils ont des ambitions. Encore moins d'idéologie, mais des sollicitations. Les chiraquiens ne poursuivent pas un destin, mais une carrière. Ils seront gaullistes, socialistes, libéraux, colbertistes, jacobins, girondins, nationalistes, européistes. Ils seront avant tout légitimistes selon la légitimité du moment. C'est ce qu'ils appellent avec emphase « être républicain ».

Ils seront tout. Ils ne seront rien. Mais ils seront. Ils seront surtout soumis à l'air du temps. Et comme l'air du temps en France est façonné par la gauche, ils seront *in fine* soumis à la gauche. Les chiraquiens incarnent l'ultime avatar de cette tradition française qui, depuis la Révolution, a fait de la droite une ancienne gauche.

On a retourné la fameuse formule de Joseph Barthélemy dans l'entre-deux-guerres : « Qu'est-ce qu'un républicain de gauche ? Un homme du centre que les malheurs du temps obligent à siéger à droite » Désormais on doit dire : « Qu'est-ce qu'un républicain ? C'est un homme de droite que les malheurs du temps obligent à se soumettre à la gauche. »

J'avais découvert Toubon il y a fort longtemps, dans les années 1980, lorsqu'il ferraillait non sans panache contre le pouvoir mitterrandien qui avait laminé et humilié son mentor. Je me souviens d'un discours qui m'avait marqué, dans lequel il faisait un éloge vibrant de l'assimilation républicaine, et de ce fameux « nos ancêtres les Gaulois », qui lui avait permis, à lui fils d'immigré italien, de grimper l'échelle de la méritocratie jusqu'à l'ENA. Mais Toubon avait été corrompu par l'air vicié de Paris. Sa seconde femme, Lise, l'avait introduit dans les cercles de l'art contemporain. Il en avait pris les tournures d'esprit et les tics de langage. Peu à peu, il était devenu un des leurs, les singeant comme un Zelig ridicule. Dans son *Histoire de la Révolution*, Michelet conte ainsi que les Girondins, débarqués à Paris pleins de leurs idéaux et de leur pureté d'âme, n'avaient pas tardé à être pervertis, au milieu des plaisirs du Palais-Royal. Toubon avait montré patte blanche lorsqu'il avait été nommé ministre de la Culture. De la rue de Valois à la place Fontenoy, où étaient installés ses bureaux de défenseur des droits, rien n'avait changé : c'était la même mentalité, la même idéologie, la même sociologie de petits marquis de la bienpensance et de militants de l'antiracisme ou du féminisme ou du lobby gay qui régnaient en maître sur son emploi du temps, comme sur ses déclarations et son esprit même. Au fil des ans, je le verrai lutter contre les « discriminations » et les « violences policières » avec la même fougue et le même acharnement qu'il avait combattu, dans les années 1980, les menées de l'antiracisme militant et les « attaques infondées contre la police républicaine ». Il saisirait la justice pour défendre les « victimes des discriminations selon la race ou le genre », lui qui avait naguère pourfendu la politisation des magistrats gauchistes.

Peu importe l'ivresse, pourvu qu'on ait le flacon.

Il aura sa voiture à cocarde. Il aura son chauffeur. Il aura sa secrétaire, son bureau, ses collaborateurs. Il aura sa (très) confortable rémunération.

Il faut imaginer Jacques Toubon heureux.

Leur suicide, ma victoire
2 octobre 2014

Le piège était tendu avec soin ; et je n'ai rien vu ni rien deviné. Ce n'est qu'après, longtemps après que les passions furent retombées, que j'ai pu en reconstituer les fils. Dans ce fameux Studio Gabriel, « maison » de Michel Drucker, je n'ai aucun des repères visuels que j'avais accumulés au Moulin-Rouge, où j'avais enregistré cinq années durant mes émissions d'« On n'est pas couché ». Je fus accueilli avec chaleur et une émotion visible par l'équipe de l'émission qui avait toujours regretté mon départ. Le contraste avec l'ambiance sur le plateau n'en était que plus frappant, comme un chaud-froid. Je n'ai pas compris tout de suite que Ruquier voulait tordre le cou à l'accusation qui lui était faite avec constance dans les médias d'avoir « fabriqué un monstre ». Frankenstein plaidait non coupable. L'accusé, ce n'était pourtant pas lui, mais moi. J'étais un « traître » qui avait utilisé son exposition médiatique pour répandre dans les esprits malléables du peuple des idées « malodorantes ». Chez ces gens-là, le « peuple » ne pense pas et quand il « pense mal », ce n'est pas qu'il a observé et réfléchi, mais qu'on lui a mis des idées fausses dans la tête. Mon invitation était un procès. Entre Barma et Ruquier, j'avais affaire à des professionnels. Le plateau-tribunal avait été soigneusement constitué. Tous ceux que j'avais offensés dans mon ouvrage *Le Suicide français* étaient représentés. Daniel Cohn-Bendit trônait en majesté sur le fauteuil de l'invité vedette qui seul a le droit de quitter la scène une fois sa prestation achevée. Derrière lui, arborant un éternel sourire fat et niais, et un de ses innombrables costumes de bonne coupe, Michel Denisot représentait les intérêts de Canal+ et de « la grande famille du cinéma français ». Une jolie actrice québécoise, dont je n'ai jamais réussi à retenir le patronyme, vibrait d'une fureur mal contenue pour la gent féminine et LGBT ignominieusement agressées. Elle était accompagnée de son metteur en scène, un jeune éphèbe au regard tourmenté qui, si j'en croyais le portrait élogieux qu'en fit Ruquier, avait du génie du seul fait qu'il était « gay ». J'étais exilé au bout de la table, et je dus attendre longtemps, très longtemps, pour avoir mon tour sur le fauteuil libérateur. Mais très vite, Cohn-Bendit se tourna vers moi et me prit à partie, comme s'il était pressé d'en découdre. Je répliquais comme je pouvais mais les coups pleuvaient de tous côtés. Les chroniqueurs, Léa Salamé et Aymeric Caron, avaient préparé leur affaire. On exhuma une de mes interventions au cours de l'émission d'i-Télé « Ça se dispute », vieille de plusieurs mois, dans laquelle j'avais – stupide imprudence – pronostiqué la défaite de l'équipe de football d'Allemagne à la veille de sa demi-finale contre le Brésil. Cohn-Bendit m'accusa d'avoir méprisé les chances des footballeurs allemands parce qu'ils n'étaient plus la phalange blanche et aryenne d'antan. J'essayais de me justifier en expliquant que ma prophétie s'appuyait sur les statistiques de la Coupe du monde depuis son origine en 1930 : jamais un pays européen n'avait gagné lorsque la compétition se déroulait en Amérique du Sud ; jamais (à l'exception du Brésil du « roi » Pelé en 1958) une équipe d'Amérique du Sud n'avait emporté la coupe tant désirée lorsque la compétition avait lieu en Europe. Je ne pouvais pas prévoir que l'Allemagne jouant au Brésil serait la seconde exception. Un brouhaha vengeur me répondit qu'il ne croyait aucunement en mes justifications. Avec les chiffres, j'avais toujours tort. C'est ce qu'entreprit à son tour de me démontrer Aymeric Caron.

Il exhuma pour l'occasion une chronique écrite deux ans plus tôt pour RTL. J'y reprenais des statistiques de l'Insee qui révélaient un chiffre d'étrangers dépassant les dix millions de personnes dans la France d'aujourd'hui. Caron n'eut pas de mal à démontrer que j'avais tout faux, que je confondais immigrés et étrangers, que j'avais menti pour assouvir mes passions haineuses et malsaines, avec d'autant plus d'aisance que je n'avais plus en tête les chiffres incriminés. Je me défendais mal. J'avais l'impression d'avoir tout dit avant d'avoir été invité à parler. J'étais éreinté avant d'avoir commencé à plaider. C'était le but. Comme dans toute corrida, quand le taureau a été épuisé par les picadors, vient le tour du toréador qui pointe son épée dans le corps de l'animal pour l'estocade finale. L'estocade s'appelait Pétain. C'est Léa Salamé qui sortit quelques pages de l'ouvrage dans lesquelles j'incriminais l'historien américain Robert Paxton et sa fameuse thèse accusant la France de Vichy d'avoir aggravé le sort des juifs sous l'Occupation. Son acte d'accusation était prêt : j'avais entrepris la « réhabilitation de Pétain ». Au moins, au contraire de son acolyte, elle avait lu le livre et m'en parlait.

Cette querelle historique me requinqua ; je maîtrisais le sujet, en tout cas bien mieux que mes accusateurs. Léa Salamé passa de l'histoire à la psychanalyse de café du commerce en me reprochant d'être un « juif honteux » qui veut « être plus goy que goy ». J'aurais eu envie d'en rire si ce n'était pas à pleurer : une chrétienne libanaise qui avait fui avec sa famille un Liban voué à la guerre civile par l'installation massive de populations musulmanes me faisait un procès en trahison de ma judéité !

Le soir de la retransmission de l'émission, le samedi suivant son enregistrement, le site d'Amazon annonçait que mon *Suicide français* était en tête des ventes. Je ne sus pas si je devais maudire ou bénir mes juges.

Le roi te touche, Dieu te guérit!
16 octobre 2014

Les affiches annonçant ma venue ont été répandues dans toute la ville. Robert Ménard a bien fait les choses. Je lui avais promis, un an plus tôt, que ma première sortie avec mon livre serait pour Béziers. J'ai tenu parole avec enthousiasme. J'ai connu Robert sur le plateau d'« On n'est pas couché », quelques années plus tôt. Il était à l'époque patron de Reporters sans frontières. Je lui ai reproché sans aménité son activisme militant et gauchiste. Le ton est monté. On s'est pris le bec comme deux coqs de village ; et comme deux gamins dans la cour de récréation, on s'est vite réconciliés. Une amitié virile à l'ancienne est née entre nous, toute de respect et d'affection. Nous sommes tous deux des enfants de pieds-noirs, et la mentalité de nos parents ayant vécu sur cette terre d'Algérie, faite de sens de l'honneur et de culte des anciens, nous unit presque malgré nous.

L'accueil des Biterrois est délirant. Les gens sortent de partout et viennent à moi, sourire aux lèvres et regard humide. Ils veulent me parler, me toucher, me dire leur reconnaissance. Une femme m'embrasse la main. Je la retire prestement. Pour cacher ma gêne sous une plaisanterie, je lance à Robert, en riant : « Le roi te touche, Dieu te guérit ! » Les arbres centenaires des majestueuses allées Paul-Riquet en ont vu d'autres, mais Robert et moi sommes plus impressionnables. Le regard circonspect de la journaliste du *Monde*, qui a tenu à m'accompagner depuis Paris, nous confirme que cet enthousiasme populaire n'est pas une invention de notre esprit malade. Au milieu de la joie et de la ferveur, je comprends que mes dernières prestations télévisées en sont la cause directe. Très peu ont déjà lu mon livre, mais tous m'ont vu sur les écrans. Ils évoquent mes anciennes prestations « chez Ruquier » ; me répètent en boucle qu'ils « ne regard[ent] plus depuis que [je suis] parti » ; qu'ils ont aimé m'y retrouver quelques jours plus tôt à la sortie de mon livre ; mais personne ne me reproche la « réhabilitation de Pétain ».

Quelques jours auparavant, j'ai rudement secoué l'arrogance de Jacques Attali sur le plateau de l'émission de Frédéric Taddéï, « Ce soir ou jamais », brocardant « l'homélie du père Attali », prenant la défense de « ces Français qui sont là depuis mille ans et qui aimeraient bien y rester encore mille ans ». C'est la grande affaire de mes interlocuteurs. Tous m'en félicitent bruyamment, comme si je les avais vengés d'une offense profonde, d'un mépris de caste qu'ils avaient enduré sans mot dire, à l'instar de cette plèbe d'Ancien Régime qui subissait la « cascade de mépris » des aristocrates ; comme si j'avais enfin dit ce qu'ils avaient sur le cœur depuis des années, voire des décennies, sans pouvoir l'exprimer, sans savoir même. Comme si pour ce seul fait d'armes, j'avais mérité leur reconnaissance éternelle.

Menaces

18 octobre 2014

Je ne l'ai pas vu. Il déjeunait dans mon dos. Il me hèle d'un geste du bras quand je quitte le restaurant. Sa main se pose sur la mienne et m'arrête d'autorité. Son visage ne m'est pas inconnu. Je l'ai croisé plusieurs fois chez des amis journalistes. Il est le mari de Daniela Lumbroso qui anime alors avec charme de nombreuses émissions de variétés du service public. Ma mémoire retrouve son nom avec peine. Ghebali, c'est cela ! Je cherche en vain son prénom. Il est petit et rondouillard, a le verbe haut et le geste assuré. Il fut un des fondateurs de SOS Racisme dans les années 1980. On lui prête des relations et des intrigues. On murmure dans les couloirs de France Télévisions qu'il menace les présidents de la chaîne qui n'embaucheraient pas sa femme. Je me moque de ces rumeurs. Il me félicite pour mes émissions sur i-Télé. « Je n'en rate pas une », me lance-t-il avant d'ajouter avec une gouaille complice : « Qu'est-ce que tu lui mets à Domenach. Moi, si j'étais lui, je partirais. » Soudain, son visage se ferme : « Et si j'étais le patron, j'arrêterais ce massacre. Ça a assez duré. »

L'intonation de sa voix a changé. Son regard aussi. Ma mémoire s'ébranle : je me souviens de cette voix, de ce ton de menace. Quelques années plus tôt, je me prélassais sur une plage lorsque mon téléphone portable avait vibré. La même voix, le même ton : « Allô, c'est Ghebali. Tu sais, il faut vraiment que tu arrêtes de raconter toutes ces conneries à l'antenne. Sinon, on va te tuer. »

Monsieur, « la République, c'est moi ! »
12 décembre 2014

« Ne me serre pas la main. » Sa voix est étouffée, son regard plongé dans un journal ouvert, son corps enfoncé dans un fauteuil en cuir beige. Jean-Luc Mélenchon me glisse dans un souffle : « Il y a des caméras, je ne veux aucun geste de complicité. »

Surpris, je retire ma main que j'avais déjà engagée dans sa direction et cherche un bureau où relire les quelques notes que j'ai rédigées pour préparer le débat. C'est pourtant lui qui a eu l'idée de cette confrontation. Il m'a appelé une semaine plus tôt. Sans s'embarrasser de préliminaires inutiles, il m'a lancé tout à trac : « Avec le succès de ton livre, tu es devenu l'intellectuel organique de la droite. Je veux donc apparaître comme l'opposant principal à cette nouvelle droite que tu incarnes. Je te propose un débat entre nous. J'ai déjà prévenu Europe 1, ils sont d'accord pour monter ça. »

Séduit et intrigué, je n'ai pas opposé une résistance farouche. Je lui ai seulement glissé que RTL avait une bien plus forte audience. Et nous voilà rue Bayard, attendant, chacun dans un bureau différent, comme deux boxeurs qui font mine de se détester. Le combat sera tendu et houleux. Mélenchon corrige sans aménité l'animateur pour un jugement à l'emporte-pièce. Je suis étonné par l'aspect physique du duel. Nous sommes à une portée de gifle l'un de l'autre, et je sens que ce n'est pas l'envie qui lui manque. Mes mouvements incessants de tête, de mains, et des yeux, l'agacent et le perturbent. Les coupures publicitaires sont trop nombreuses et obstruent la fluidité des échanges. Pendant ces pauses forcées, une femme entre dans le studio et glisse un papier à Mélenchon, dont il se sert pour corriger un de mes propos passés. À chacune de ses entrées et sorties, la femme ne peut s'empêcher de me jeter un regard noir. J'ai du mal à conserver mon calme, tant mon adversaire m'interrompt et m'invective. Je songe que je n'ai pas l'expérience de ces petits coups bas, dont Mélenchon use et abuse. La partie consacrée à l'immigration et à l'islam se révèle la plus éruptive. Cette fois, c'est Mélenchon qui sort de ses gonds, avouant son impuissance.

Nous quittons enfin du studio. Les micros se pressent vers moi pour connaître mes impressions. Mélenchon file sans me dire au revoir. Surtout pas me serrer la main devant les caméras...

Aux armes éditoriales !
15 décembre 2014

Une pétition tourne dans les bureaux d'Albin Michel. Des éditeurs et des auteurs exhalent leur indignation de voir leur maison publier mon ouvrage « honteusement révisionniste. » Leur texte accuse mon éditrice, Lise Boëll, et enjoint la direction de prendre des sanctions contre la coupable.

Dans quelques mois, une prime de fin d'année sera distribuée à tous les salariés d'Albin Michel grâce aux recettes exceptionnelles tirées du succès de mon livre. Personne n'y renoncera.

La femme qui n'aimait pas l'homme
18 décembre 2014

Mes pieds nus s'enfoncent dans la moquette épaisse de ma chambre d'hôtel. Je marche d'un pas saccadé. Je tourne en rond. Je vais de la fenêtre au lit, du lit au fauteuil, du fauteuil à la fenêtre, de la fenêtre au lit... Je suis à Lyon, et je sais qu'une salle nombreuse s'impatiente, ne comprenant pas les raisons de mon retard. Je dois supporter une voix aigre qui ne cesse de me faire la morale. J'essaie d'argumenter, mais je sens bien que la rationalité n'est plus de mise. À chacun de mes propos, j'entends un « ce n'est pas suffisant ; il faut dire plus » qui m'exaspère.

Cécilia Ragueneau a le ton du Grand Inquisiteur. Elle est la directrice de la rédaction d'i-Télé. Je n'ai pas besoin de la voir pour deviner sa colère. C'est le blog de Mélenchon qui l'a mise dans un tel état. Le sénateur y a écrit quelques jours après notre débat sur RTL : « Quand Éric Zemmour se lâche ! [...] Quand il parle à un journal italien, Éric Zemmour croit qu'il n'est pas lu en France et envisage la déportation des immigrés... »

J'ai beau lui répéter que le journaliste italien a mal traduit, que je n'ai jamais employé le mot « déportation », que je n'ignore pas le sens de ce mot dans l'histoire, que j'évoquais les grands mouvements de population dans l'histoire, qu'ils étaient toujours tragiques et inattendus, que le journaliste du *Corriere della Sera* a lui-même reconnu son erreur (ou sa falsification, peu importe) dans une interview à paraître dans le « FigaroVox », rien n'apaise son courroux. Elle ne cesse de rugir ; mes oreilles s'échauffent et je transpire en pensant aux Lyonnais qui m'attendent. Plus je plaide et plus elle me morigène ; plus je me justifie et plus elle me menace : « Ce n'est pas possible. Tu ne peux pas continuer sur la chaîne. Il faut t'expliquer, à l'antenne, reconnaître tes fautes. »

Pour m'en débarrasser je lui lance : « Comme tu veux. Je viendrai m'expliquer à l'antenne. »

Je ne peux m'empêcher de songer qu'il y a quelques mois, son attitude était tout autre. Des rumeurs annonçant des contacts avec BFM l'avaient inquiétée. Elle m'avait invité à déjeuner. Elle avait alors déployé tout le charme dont son physique était capable. Elle m'avait promis une augmentation substantielle. Elle m'avait flatté, vanté mon importance cardinale pour la chaîne. J'étais le seul de la petite i-Télé à rivaliser avec l'ogre BFM. Mes positions antiféministes l'agaçaient, mais elle reconnaissait ma culture. Je souriais sans rien dire, me souvenant de la célèbre scène de *La Folie des grandeurs* avec de Funès ordonnant à Montand : « Et maintenant, Blaze, flattez-moi ! » Elle m'avait envoyé chez la patronne de la chaîne. Les deux dames constituaient un drôle de couple, la petite et la grande, la boulotte et la liane, l'autoritaire et la séductrice, les mains dans le cambouis et le regard évanescent et lointain. J'étais resté.

Mais depuis la rentrée, le climat avait changé. Les polémiques autour de mon livre avaient transformé la rédaction de la chaîne en chaudron. Les soutiers de l'information ne me supportaient pas ; ne m'avaient jamais supporté. Ils s'érigeaient en juges de l'histoire, estimant que je n'avais pas le droit de dire ce que je disais, de penser ce que je pensais. Je me rappelais mais un peu tard qu'i-Télé appartenait à Canal+. Le fameux « esprit Canal » que j'avais tant brocardé, inspirait mes détracteurs. Cécilia Ragueneau était désormais présente dans le studio d'enregistrement de l'émission « Ça se dispute » et surveillait chacun des mots sortis de ma bouche. Elle avait consenti du bout des lèvres à mon débat avec Mélenchon. Elle m'avait interdit de discuter avec François Fillon qui me proposait le même exercice, sous prétexte que notre concurrent BFM organisait la confrontation. Pour montrer mes bonnes dispositions, j'avais cédé à ses injonctions. Mais rien n'avait entamé sa méfiance. La polémique autour de la « déportation » l'avait emplie d'une fureur hystérique. Elle ne se contenait plus. Cécilia Ragueneau tenait à sa « grande explication ». Elle estimait que mon contradicteur habituel, le journaliste Nicolas Domenach, n'était pas assez pugnace. Elle désigna Olivier Galzi pour officier. Une émission spéciale fut enregistrée à la hâte, où mon interlocuteur joua les rôles de confesseur et de procureur. Rien n'y fit. Je ne me contredis ni m'excusai. Le pauvre Galzi en mission commandée n'en pouvait mais.

À la fin de l'émission, j'allai saluer les techniciens comme à l'accoutumée. Ragueneau me jeta un regard furibard. Elle conversait avec Pascal Praud qui avait tenu à voir en direct cette « émission exceptionnelle ». Ragueneau se rua vers moi et m'apostropha : « Ce que tu as dit est indigne. Tu as fait pleurer ma secrétaire qui est sénégalaise. » Je ne pus m'empêcher de lui répondre sur un ton ironique, et un brin condescendant : « Tu sais, c'est toujours comme ça dans les guerres. Les femmes pleurent. » Mon mépris affiché la transforma en bouledogue, la bave aux lèvres. Nous étions à quelques centimètres l'un de l'autre. Nos regards croisaient le fer avec rage. Je lui lâchais à la surprise mi-effarée, mi-amusée de Pascal Praud et des techniciens présents : « Tu incarnes la quintessence de la phrase de Stendhal : "Ils prennent l'étiolement de leur âme pour de l'humanisme et de la générosité." Sur ce, *ciao* ! » Je lui tournai les talons, ne lui laissant pas le temps de rétorquer. Mon fils m'apprendra le lendemain soir que la chaîne avait annoncé par un communiqué la fin de l'émission « Ça se dispute ».

Je découvris bien des années plus tard, qu'elle avait auparavant sollicité un vote de la rédaction sur mon renvoi et téléphoné au patron de Canal+ pour avoir son aval. L'assemblée avait voté en masse pour se débarrasser de moi et le patron de la maison mère avait baissé le pouce. *Ave Cesar, morituri te salutant,* une fois encore.

Soljenitsyne avait expliqué un jour qu'on reconnaissait un régime totalitaire à ce qu'on ne savait jamais d'où venaient les coups, du haut ou du bas.

2015

Le grand retour du tragique dans l'histoire
7 janvier 2015

La nuit est tombée. Le silence règne dans les bureaux vides du *Figaro*. Je viens de recevoir un coup de téléphone de la préfecture de police qui m'avertit que je suis désormais sous protection policière. Le commandant B. me somme de noter ses coordonnées : « Vous pouvez me contacter à tout moment. » Je comprends à son ton comminatoire qu'on ne me demande pas mon avis. Quelques minutes après, la direction du journal me convoque : « Si la préfecture ne te donne pas des gardes du corps, on te paye des privés. » Personne ne me laisse le choix. Ma femme et mes enfants font chorus. Je n'ose regimber ; je n'ai pas envie pour une fois d'endosser mon rôle préféré de rebelle patenté ; pas envie de faire le malin. J'attends simplement mes « officiers de sécurité » qui tardent à arriver.

Je regarde d'un œil distrait les images qui s'agitent sur l'écran de mon ordinateur, les sirènes des ambulances et des pompiers qui couvrent les voix éraillées des journalistes. Les bribes d'informations s'introduisent de force dans mon cerveau, qui ne parvient pas à les mettre en ordre, comme s'il se refusait à les croire. Il y a les images qu'on nous montre complaisamment et celles qu'on ne nous montre pas délibérément. J'essaie d'imaginer les corps déchiquetés, les traces de sang sur les murs, les cris, les râles, les corps amoncelés. Je cesse assez vite ce travail de représentation, car je me rends compte que mon cerveau fournit les nombreux souvenirs des films et des reportages déjà vus. Mon cerveau de Français né dans la seconde moitié du XXe siècle n'a jamais eu l'occasion de rencontrer la réalité de la guerre. Les premiers noms tombent, les assassins et les victimes mêlés. Certains me sont plus familiers que d'autres : Bernard Maris (j'avais déjeuné au Petit Riche quelques mois plus tôt avec lui, et découvert un convive délicieux, qui m'avait poussé à lire Genevoix, et son chef-d'œuvre, *Ceux de 14*) ; Charb (on avait débattu sur la liberté et l'islam, dans une émission de télévision) ; Cabu et Wolinski (mon adolescence boutonneuse les avait dégustés dans les années 1970 avec, dans la bouche, et l'œil, et l'esprit, le goût délectable du fruit défendu, les filles dénudées et affranchies de Wolinski répondant aux pacifistes antimilitaristes de Cabu).

Charlie Hebdo, c'était l'esprit soixante-huitard qui ne voulait pas mourir. Un esprit de 68 dont j'étais devenu, avec mon *Suicide français*, un des plus vibrants contempteurs ; mais dont je me souvenais en ce moment précis qu'il avait aussi fait la joie de ma jeunesse rebelle et avide de liberté. Les hommes ne sont pas faits d'un seul tenant. Barrès avait été cosmopolite et individualiste (*Le Culte du moi*) avant de se muer en porte-drapeau du nationalisme et de la « terre et les morts ». Le duc de Guise lui-même admirait en secret le protestantisme qu'il combattait comme chef de la Ligue. L'esprit de 68 avait été une magnifique explosion d'hédonisme libertaire dans une société encore un brin compassée, derniers feux d'une rébellion rimbaldienne et surréaliste. Mais les rebelles avaient pris le pouvoir ; ils étaient devenus journalistes, magistrats, universitaires, ministres ; tous prêtres de la nouvelle religion des droits de l'homme ; comme d'habitude, les révolutionnaires vainqueurs s'étaient révélés pires tyrans que ceux, fatigués et tolérants, qu'ils avaient renversés. Dans ce nouvel ordre, *Charlie Hebdo* avait essayé de maintenir l'ancienne ligne. Forcément, il se cognerait au nouveau pouvoir des minorités (féministes, gay, antiracistes, etc.) et surtout au nouveau sacré (islam.)

Le dernier carré de *Charlie* a un certain mérite, ses héritiers apostats, eux, s'étaient contentés de « mettre des claques à leur grand-mère » (catholicisme, nation et famille) et d'épargner les nouveaux maîtres.

Les frères Kouachi ignoraient tout de ces complexités psychologiques et de ces références historiques. En criant « *Allah Akbar* », ils ont vengé leur prophète. Ils ont, par la même occasion, mis la dernière balle de kalachnikov dans le cercueil de Mai 68. Les libertaires hédonistes ont, au nom d'un humanitarisme antiraciste sourcilleux, interdit toute limitation à une immigration de culture arabo-musulmane qui est pourtant leur plus parfaite antithèse.

Ceci a tué cela. La « parenthèse enchantée » est close.

Rencontre inopinée
8 janvier 2015

Je croise Léa Salamé dans l'escalier imposant de Radio France. Elle me sourit tristement et me lance : « *Charlie* te donne raison sur tout ! Ça me troue le cul quand même ! »

La machine judiciaire
4 mars 2015

C'est loin. Mon avocat m'accompagne. Sa voiture s'enfonce dans les rues d'un Paris excentré que je connais mal. La dernière fois, j'étais descendu à la station de métro Olympiades et avais erré avant de trouver mon chemin. Enfin, on s'arrête devant un bâtiment austère et laid. Les policiers en faction me reconnaissent et me saluent d'un sourire chaleureux. Me voilà donc au fameux 122, rue du Château-des-Rentiers. Adresse mythique pour locaux administratifs banals. Le capitaine R. vient me chercher à l'accueil pour me conduire dans le labyrinthe de bureaux. Les agents sont enfermés dans leur cage à lapins respective. Certains en sortent pour me saluer d'un geste de complicité. Je m'assois sur une chaise en plastique et le capitaine R. s'installe devant son ordinateur. Il a le texte de l'interview que j'ai accordée au *Corriere della Sera*. Il passe de l'italien au français ; veut tout connaître des conditions de l'entretien, les questions du journaliste italien, mes réponses. Ma fameuse phrase sur la « déportation » des musulmans est l'objet de toutes les exégèses. Je suis contraint de lui expliquer par le menu mes références historiques sur les grands déplacements forcés de populations dans le passé : les Allemands de Pologne ou de Tchécoslovaquie, après 1945, présents sur ces terres d'Europe centrale depuis le XVIIIe siècle, ou le grand croisement des hindous et des musulmans en 1947, à la création du Pakistan ou encore les Grecs chassés d'Anatolie par les Turcs dans les années 1920. Le bureau du capitaine R. devient soudain une salle de classe où je tente – dans la mesure de mes moyens – de donner un cours d'histoire à un flic avide d'en savoir plus. À un moment, éberlué par le caractère saugrenu de la scène, je lui lâche, un brin excédé : « Vous vous rendez compte de ce qu'on perd comme temps ! Vous n'avez rien de mieux à faire ? Pendant ce temps-là, en banlieue, les trafiquants de drogue rigolent bien ! »

Surpris par ma diatribe, il lève la tête de son ordinateur, le visage rougissant. Il bredouille : « Vous savez, monsieur, je suis obligé de faire ce que je fais. Croyez-moi que je n'ai rien contre vous, au contraire... »

La machine judiciaire s'est mise au service de la religion des droits de l'homme et les « discours de haine » sont devenus les nouveaux textes sacrilèges. La police est transformée en Saint-Office de l'Inquisition qui doit traquer l'hérésie dans chacun des mots, décortiquer la pensée et interpréter les arrière-pensées dans une quête incessante du « dérapage », de « l'incitation à la haine ou à la discrimination. » Au nom du prétendu état de droit !

Nous en avons enfin fini avec la leçon d'histoire. Le capitaine me tend la feuille qui retranscrit mes propos. Je ne peux m'empêcher de corriger une ou deux fautes d'orthographe et lui rends son document après y avoir apposé ma signature.

Il se lève, me remercie. Me raccompagne. Dans les couloirs, un ou deux policiers, avertis de ma visite, me demandent de poser avec moi pour un « selfie ». On rit, on plaisante, on badine. Une jolie blonde glisse un beau sourire dans notre tête-à-tête viril. La police a son charme.

Adieu Max
17 mars 2015

Il est demeuré silencieux pendant tout le repas, confiné à l'extrémité de la table, géant voûté et muet. Soudain, il a fait signe – un signe discret des yeux plus que de la main, à peine perceptible pour un regard non initié – à son épouse, assise au milieu de la table, en face de moi. C'est une femme au teint clair et au sourire bienveillant, qui se retourne alors vers son voisin, dans une quête muette. Celui-ci comprend aussitôt et se lève. Il soulève le corps sans force du géant mutique qui se laisse porter comme un enfant.

La dernière fois que j'avais vu Max Gallo, c'était au Cirque d'Hiver, en février 2002. Il tonnait, rugissait, flamboyait. Un magnifique chevalier Bayard sans peur et sans reproche, frappant de taille et d'estoc, au service de son roi et de sa foi. Son roi avait pour nom Jean-Pierre Chevènement et sa foi, la République.

Près de quinze ans plus tard, le chevalier est une pauvre petite chose qu'on porte sur son dos comme un paquet de linge.

Pendant tout le repas, il n'a pas prononcé un mot. Pourtant, on a ri, moqué, brocardé, fulminé, théorisé, prophétisé, dans cette guinguette du quartier Mouffetard. Le comique Smaïn avait demandé à me rencontrer, et la femme de Gilles Kepel a tout organisé. Le contact fut aussitôt chaleureux, sans manières. On se raconta notre enfance dans la France des années 1960, avec mélancolie. Yasmina Kepel est une de ces femmes kabyles au teint mat et la chevelure bistre qui parle trop fort, qui rit trop fort, dont tout le corps remue trop fort, comme si elle voulait montrer avec ostentation qu'elle était restée fidèle à ses origines. Gilles Kepel impose sa voix chaude et docte par des analyses intelligentes sur la situation du monde arabe, et celle de l'immigration en France, comme s'il ne quittait jamais sa toge d'universitaire respecté. Il s'écoute parler et se regarde briller avec un contentement de soi qu'il ne parvient pas à dissimuler.

On a oublié Max. Le géant s'en est allé, petite chose déjà sans vie sur les épaules de Gilles. Je ne peux m'empêcher de songer que son physique délabré symbolise l'état pitoyable de sa chère République française, l'ancienne « une et indivisible » altière et crainte dans toute l'Europe, percée de coups et de mépris par les technocrates de Bruxelles, les juges de Strasbourg, La Haye et Paris, les nouveaux féodaux des « territoires », les lobbys des minorités, les islamistes, frères musulmans et salafistes. Max reçoit un dernier tendre baiser de sa femme et s'en va. Comme un chêne abattu.

Je croyais tout savoir
25 juin 2015

Il n'avait pas tardé. J'avais à peine achevé ma chronique sur RTL que mon téléphone vibrait. Je m'étais trompé et j'avais été trompé. Il voulait me détromper. Il était la seule personne capable de m'expliquer. Un tissu de mensonges, de calomnies. Il voulait m'éclairer, se justifier.

Dès que j'entre dans le restaurant italien Bellini, dans la rue Le Sueur du XVIe arrondissement, où il m'a convié, je comprends que Patrick Kron n'est pas homme à s'en laisser conter. Il s'impose dans une conversation comme il s'impose à table, hélant le patron et réclamant ses plats préférés, dirigeant mes choix, avec l'autorité naturelle de celui qui est à l'aise partout, et qui ne supporte pas de voir ses décisions contestées. Kron est polytechnicien, et notre culte national des grandes écoles et de l'abstraction lui accorde un crédit infini sur les larves que nous sommes. À peine ouvrons-nous la ronde des *antipasti* qu'il entame son plaidoyer *pro domo* : il n'a pas vendu la branche « énergie » d'Alstom parce qu'il était menacé par la justice américaine ; il a fait une analyse rationnelle ; Alstom n'était pas dans la cour des grands ; trop petite, trop peu de cash, trop peu de volumes. Alstom ne faisait pas le poids par rapport aux mastodontes allemands ou américains. Et les Chinois qui déboulaient... Il fallait se recentrer sur le chemin de fer, laisser tomber l'énergie. General Electric a payé un bon prix. Beaucoup de cash. Non, il n'a pas honte des 4 millions de bonus que lui a versé l'américain. Oui, il les mérite. Oui, en France, on a honte de l'argent. Non, il n'a pas bradé l'intérêt national, il l'a défendu. Oui, il a failli « se mettre sur la gueule » avec Montebourg, le ministre du Redressement productif à qui il avait dissimulé jusqu'au bout les négociations.

Je me rends compte aujourd'hui que, sur le moment, nous n'avons même pas évoqué le nom du conseiller du président Hollande qui a fait basculer la décision du chef de l'État en faveur de l'accord négocié par lui : un certain Emmanuel Macron. Il maîtrise ses chiffres et son argumentaire à la perfection. Kron balaie mes pauvres répliques avec hauteur et bonne humeur ; comme des plaisanteries sans conséquence. Même la fameuse technologie « Arabelle », pépite française qui alimente nos centrales nucléaires, et qu'il a livrée sans états d'âme aux Américains, ne mérite pas de le distraire de ses délicieuses pâtes au fromage. À l'époque, je n'avais pas encore lu le livre publié quelques mois plus tard par Frédéric Pierucci, le cadre qui, accusé de corruption lorsqu'il dirigeait une filiale asiatique d'Alstom, a croupi de longs mois dans les geôles américaines, et que Kron a abandonné à son triste sort sans un regard de compassion. À l'époque, j'ignorais bien sûr qu'on retrouverait tous les hauts cadres d'Alstom, arrosés de bonus en millions d'euros, dans les premiers contributeurs de la campagne présidentielle de Macron. À l'époque, je croyais tout savoir de cette affaire Alstom et je n'avais rien compris. À l'époque, je croyais encore aux partenariats 50-50 qui n'existent que pour « les éléments de langage donnés à la presse ». À l'époque, j'assistais seulement à un épisode de plus du dépeçage de l'industrie française, édifiée par de Gaulle et Pompidou au nom de l'indépendance nationale, avec leur cohorte de hauts fonctionnaires, polytechniciens, ingénieurs des Mines, par leurs successeurs, principalement énarques et inspecteurs des finances qui ne se souciaient, eux, que de cours de bourse, de chaînes de valeurs, de bonus et de cash. À l'époque, je croyais encore que les polytechniciens étaient des samouraïs qui donnaient leur poitrine à la mitraille ennemie pour défendre la France comme dans les tranchées de 1914.

On a toujours tort d'avoir raison trop tôt
29 juin 2015

Cette fois, ce fut le coup de trop. Le coup de massue, le coup qui tue. Charles Pasqua n'était qu'un homme. Quelques mois plus tôt, lorsque j'avais appris la mort de son fils, Pierre, j'avais aussitôt téléphoné à son domicile, où sa femme, d'une voix blanche, m'avait conseillé de l'appeler à son bureau. Ce mot « bureau » avait éveillé chez moi des sentiments mêlés, comme si c'était un jour comme un autre, comme si Pasqua, quelques heures après la mort de son fils, pouvait vaquer à ses affaires : ce n'était pas possible ; même pour Charles Pasqua. La vie n'est pas une suite de scènes des *Tontons flingueurs*. Je me souvenais à ce moment de mon grand-père qui soliloquait souvent dans ses moments mélancoliques : « Je ne demande qu'une seule chose à Dieu ; s'il m'aime que je parte avant mes enfants. »

Dieu n'avait pas aimé Charles Pasqua.

Charles Pasqua n'avait pas survécu à son fils.

Et sa femme ne survivrait pas à son mari.

Pierre m'avait appelé en décembre de l'année précédente. Il me proposait un déjeuner de « réconciliation » avec son père. Pasqua n'avait pas goûté mon plaidoyer pour Vichy ; et j'avais reçu une volée de bois gaulliste à travers les ondes radiophoniques.

Mes fâcheries avec Pasqua ne duraient jamais longtemps. L'invitation du fils était déjà un calumet de la paix ; avant de raccrocher le téléphone, il me lança, rigolard : « La polémique sur Vichy, on s'en fout ! »

Il avait raison. Nous nous retrouvâmes au restaurant du Sénat où l'ancien président du groupe RPR avait conservé ses habitudes. L'ambiance était joyeuse. Pasqua avait grossi. Il hélait les serveurs qui papillonnaient tous autour de lui, comme des mouches attirées par la lumière ; il les brocardait, les asticotait, les tançait. Il accumulait les menaces de Tartarin et les blagues pagnolesques, surjouant à l'accoutumée son personnage. Alors qu'il était ministre de l'Intérieur, je l'avais vu croiser un type qu'il n'aimait guère en ignorant la main que l'autre lui tendait : « Môôôôssieur ! Depuis que j'ai lu votre fiche des RG, je ne vous serre plus la main ! » L'autre avait blêmi, des sueurs froides perlaient sur son front. Et Pasqua de s'esclaffer en tapant sur l'épaule de sa malheureuse victime : « Mais je rigôôôle, voyons ! Oh mais ! vous n'avez pas la conscience tranquille, vous ! »

Dans la salle de restaurant du Sénat, il continuait de faire le clown ; mais son œil était éteint, sa voix éraillée, son élocution ralentie ; son cerveau n'avait plus la réactivité, la vivacité que je lui avais toujours connues.

Je côtoie Charles Pasqua depuis près de vingt ans. Notre rapport initial de journaliste et de politique, fait de méfiance et d'intérêt réciproques, s'était peu à peu modifié. Nous avons pris des trains ensemble, des avions, des cars mêmes ; nous avons partagé des dîners, des déjeuners, des sandwichs, des hôtels, des salles de réunion hideuses et froides ; nous avons passé des heures à refaire l'histoire de France, de mai-juin 1940, de la Résistance, d'Austerlitz et de Waterloo ; nous avons évoqué de Gaulle, bien sûr, mais aussi, Pompidou, Giscard, Chirac. Chirac, surtout. Chirac demeuré à jamais le jeune homme qui vendait *L'Huma*. Chirac et les femmes,

Chirac et l'alcool, Chirac et la drogue. Chirac sans foi ni loi. Chirac cynique absolu. Chirac homme de gauche. Chirac pas un gaulliste. Chirac fasciné par Mitterrand.

Pasqua prononce « Mitterrand » comme s'il y avait un seul *r*. Il s'était séparé de Chirac, il l'avait affronté ; mais ne s'en était jamais émancipé. Cette ancienne intuition s'était muée pour moi en certitude lorsqu'il avait lui-même torpillé sa candidature à la présidentielle de 2002 : si l'ancien ministre de l'Intérieur et ancien président du groupe RPR au Sénat n'était pas en mesure d'obtenir le parrainage de cinq cents maires et élus locaux, comme il l'avait prétendu sans rougir, il fallait supprimer d'urgence cette condition, devenue impossible à tout candidat !

On avait beaucoup murmuré à l'époque que Pasqua craignait qu'on ne sortît des « dossiers ». Pasqua les « affaires », Pasqua les « coups tordus », Pasqua les « commissions ». Pasqua et les voyous. Pasqua et les Corses. Pasqua et le SAC. Tout cela était connu. Ou plutôt méconnu. Je n'évoquais jamais ce sujet avec lui. Non par incuriosité, mais parce que je devinais qu'il ne me dirait rien. Je savais seulement que le SAC avait, sur ordre de Foccart, et avec l'absolution du Général lui-même, utilisé les services de voyous dans sa lutte contre l'OAS. Comme la Résistance contre les Allemands sous l'Occupation. Je n'ignorais pas non plus que le RPR de Chirac avait financé toutes ses campagnes électorales par des commissions sur les immeubles de bureaux ou les grandes surfaces. Pasqua fut au cœur de tous ses dispositifs. J'imaginais assez aisément la suite et peu m'importait si Pasqua s'était – ou non – servi au passage. Il n'aurait pas été le premier : Richelieu et Mazarin, à leur mort, étaient à la tête des plus grandes fortunes d'Europe ! Et je préférais un Mazarin corrompu mais qui laissait à Louis XIV le plus puissant royaume d'Europe, à un honnête homme qui fut un maladroit. Ma position est minoritaire et anachronique ? Sans doute. Comme le dit mon ami Jean-Marie Rouart, Pasqua « n'était pas blanc-bleu, mais il était bleu-blanc-rouge ».

J'ai toujours pensé – peut-être à tort – que son inhibition relevait de ce que j'avais appelé avec une désinvolture coupable « le syndrome Messmer ». En 1974, le Premier ministre de Pompidou avait renoncé à se présenter à sa succession car il ne se sentait pas « au niveau ». Pasqua souffrait selon moi du même syndrome. Le complexe Poulidor. Le complexe de l'éternel second.

Le second de Chirac avant de devenir le second de Séguin. Avant que ses hommes ne devinssent les seconds de Chevènement. Second toujours, premier jamais.

C'est ce que relèvera Nicolas Sarkozy, avec sa délicatesse coutumière, devant son cercueil : « Pasqua connaissait ses limites, c'est pourquoi il n'a jamais voulu être président. »

Il m'avait souvent conté avec une émotion restée intacte sa douleur de n'avoir pu devenir patron de Ricard car le fondateur du groupe lui avait préféré son fils. Il avait alors répondu aux sirènes de la politique.

Pasqua était devenu ministre de l'Intérieur de la République française parce qu'il n'avait pas pu prendre la tête d'un groupe de spiritueux.

Dans une autre vie, Pasqua aurait été maréchal d'Empire. C'était son rêve, son uchronie à lui. Il se voyait en Murat lançant la charge d'Eylau, en Ney héroïque face aux cosaques pendant la retraite de Russie ; ou en Davout, contenant les Prussiens à Iéna. Il s'imaginait en maréchal d'Empire, pas en empereur. Charles Pasqua avait connu, admiré (de loin) le général de Gaulle. Pour cette génération, le président de la République avait la stature du Général. De quoi se sentir petit.

Je songeais non sans une certaine mélancolie qu'au sein du camp du « non à Maastricht », ils avaient tous souffert de ce syndrome du second. Jean-Pierre Chevènement s'était toujours cantonné dans un rôle de grand inspirateur : de Mitterrand, puis de Jospin, voire de Royal, et même de Hollande, et enfin de Macron. Séguin n'avait jamais osé affronter Chirac ; Pasqua non plus. Villiers avait laissé sa marque dans l'histoire avec le Puy du Fou ; et Jean-Marie Le Pen ne s'était jamais donné les moyens politiques d'être autre chose que l'empereur de Montretout.

Était-ce un signe du destin ?

Philippe de Villiers m'avait relaté à plusieurs reprises cette scène qui fait froid dans le dos : le soir du référendum sur le traité de Maastricht, alors qu'on sait que le « oui » l'a emporté de peu, Villiers arrive rue François-Ier, au QG de campagne du camp du « non ». Il y est accueilli par un Pasqua qui ne compte déjà plus ses coupes de champagne, et l'apostrophe, rigolard : « Ah Philippe ! Content de te voir ! Tu as vu ? On a failli gagner. On l'a échappé belle hein ! »

Sans limites
2 septembre 2015

Je ne peux pas y échapper. J'ouvre un journal et je la vois. J'allume un téléviseur et je la vois. Aucun Français, aucun Européen ne peut y échapper. C'est la photo unique, la photo pour tous, la photo totale. Il faut reconnaître qu'elle est insoutenable. La posture de l'enfant est bouleversante. Je songe au jeune soldat dans *Le Dormeur du val*, de Rimbaud. Le petit Aylan incarne ces millions de « migrants » venus de Syrie et d'ailleurs pour « fuir » la guerre. Chaque mot a été bien choisi par la machine médiatique : « migrants » pour donner à ces hommes (très peu de femmes) l'aura de la migration, phénomène consubstantiel à l'humanité depuis des millénaires. En vérité, ces faux « réfugiés » sont des vrais clandestins : ils forcent l'entrée de l'Europe qui ne les a pas priés de venir travailler dans ses pays. Ils « fuient » la guerre en Syrie, nous dit-on. Soit ! En 1914, les Français envahis du nord et de l'est de notre pays ont-ils fui vers l'Amérique ou l'Afrique ? En 1940, les populations de l'exode sont-elles sorties de nos frontières ? Au sein de ce flot de « migrants syriens », on retrouve nombre de Maghrébins, d'Africains, qui ne fuient rien du tout, si ce n'est une vie sans avenir dans des pays où règnent la misère, la corruption, la tyrannie religieuse, le manque d'État. Toute leur famille et tout leur village se sont cotisés pour financer leur voyage. Ils partent en éclaireurs ; ils restent en contact par leur téléphone portable ; dès qu'ils arriveront à bon port, grâce aux passeurs et aux ONG, ils enverront une partie des subsides que la générosité de nos États providence leur donne pour les remercier de nous avoir envahis ; les policiers et douaniers de leurs pays d'origine ont fermé les yeux ; ils ont la bénédiction de tout un peuple, jusqu'aux plus hauts dignitaires : les envois d'argent de ces « migrants » sont le premier poste de la balance des paiements de la plupart de ces pays. En Europe, ils seront pris en charge par des associations catholiques, protestantes, ou gauchistes, qui leur désigneront les avocats qui les défendront devant des juges qui les libéreront. Ils refuseront d'obtempérer aux avis d'expulsion, et leurs gouvernements protégeront leur insubordination en négligeant de signer les fameux « laissez-passer » consulaires que les autorités françaises quêtent en vain auprès d'eux.

Et un beau jour, le temps aura passé, ils seront régularisés. Et un jour encore plus beau, ils seront naturalisés.

Alors, ils feront venir leurs enfants ou leurs parents, leurs frères et leurs sœurs et leur jeune épouse qu'ils auront ramenés du « bled ».

Un jour prochain, qu'Allah bénisse ce jour, ils seront l'armée des croyants qui islamisera l'Europe. Pour la plus grande félicité de ces mécréants.

Cette photo du « petit Aylan » gagnerait à elle seule la guerre. La guerre des cœurs, la guerre des émotions. La guerre des frontières.

Le XXe siècle a été celui de totalitarismes qui, tous, fascisme, nazisme, communisme, bâtissaient leur propagande autour d'une mise en scène de la force : le surhomme fasciste, le surhomme aryen, le surhomme prolétarien. Ces régimes comptaient sur la force pour séduire les foules et les peuples qu'ils comptaient subjuguer et asservir. Au XXIe siècle, les codes de la propagande se sont inversés : la faiblesse sublime, les victimise et les rend invincibles. Comme celle d'un enfant mort noyé utilisée pour attendrir, désarmer les foules sentimentales que nous sommes devenues en Europe. La méthode s'est inversée, mais l'objectif reste le même : servir une invasion et un asservissement des peuples qui se laisseraient circonvenir. Vaincre par la force de la faiblesse, donc. Mais toujours vaincre.

Le zèle des attachées de presse...
9 septembre 2015

Avec sa queue de cheval grisonnante et son visage de vieux chef sioux, Boualem Sansal a fière allure. Nous devisons autour d'un café matinal à la terrasse de l'Esplanade, place des Invalides. Nous utilisons les mêmes mots pour décrire une France menacée de mort par l'islam. De l'Algérie où il vit, il regarde avec angoisse la France se soumettre.

C'est lui qui a tenu à me voir. L'écrivain algérien me révèle, avec un sourire incrédule, qu'il a eu beaucoup de mal à me joindre : les attachées de presse de son éditeur refusaient avec obstination de lui donner mes coordonnées. Elles étaient outrées qu'il rencontrât un « tel personnage ». Nous rions en mécréants de ces nouvelles dévotes. À quelques mètres de nous, les canons des Invalides restent impassibles.

Indigestion à l'avocat
9 octobre 2015

Il a ses habitudes, sa place, ses plats. On le sent à l'aise au milieu du Tout-Paris politique et médiatique qui encombre chaque jour le Marco Polo, ce restaurant italien de Saint-Germain-des-Prés dont le frère du socialiste Claude Bartolone en a fait un rendez-vous à la mode. Karim Achoui est vêtu avec goût et raffinement ; ses costumes sont aussi élégants et recherchés que sa diction. On s'est croisés lorsqu'il fut invité d'« On n'est pas couché », après sa sortie de prison. Dans son livre témoignage, il avait écrit que le pire avait été de supporter toutes les nuits le rythme lancinant du rap craché à gros bouillon. J'avais compati avec ironie.

Ce jour-là, il oriente très vite la conversation sur le décret Crémieux. Il veut savoir pourquoi la République a alors accordé la citoyenneté française aux juifs d'Algérie, et seulement à eux. Sa question est rhétorique ; il est sûr d'avoir la réponse : la France coloniale a préféré les juifs aux musulmans. Je souris devant son empressement gourmand. L'histoire que je lui conte n'est pas celle qu'il attendait. Je lui rappelle qu'à l'époque, les trente mille juifs pesaient peu par rapport aux deux ou trois millions de musulmans ; que les familles israélites inscrivaient déjà leurs enfants (y compris les filles) dans les écoles françaises ; que les Rothschild auraient demandé à la République ce « cadeau » en échange des éminents services rendus par les banquiers dans la négociation avec l'occupant prussien après la défaite de 1870 (je lui glisse en riant qu'en ces temps-là, cet argument était surtout servi par les mouvements antisémites). Et j'avance mon arme fatale dont il n'a jamais entendu parler : le « statut personnel ». Cet ensemble de règles, d'origine religieuse, qui régentaient la vie des communautés « indigènes » sous l'autorité du colonisateur. Pour devenir citoyens français, les juifs ont accepté (certains rechignaient, bien sûr, en particulier les rabbins) de s'en défaire. Un exemple croustillant parmi tant d'autres : certains juifs d'Alger étaient encore polygames. En clair, pour devenir des « israélites » et ne plus demeurer des « indigènes », les juifs ont abandonné la loi talmudique comme règle de vie sociale pour se soumettre au Code Napoléon. Achoui a deviné la suite : les musulmans, eux, n'ont jamais accepté de renoncer à la loi coranique, corpus juridico-politique qui s'impose à tout croyant ; quelques rares exceptions individuelles confirmeront la règle. J'enfonce le couteau dans la plaie : après la Première Guerre mondiale, les autorités coloniales sont revenues à la charge pour récompenser les combattants algériens. Nouveau refus. Le déséquilibre démographique devenu trop important, les pieds-noirs bloquèrent désormais tout nouvel essai.

Je vois bien en l'observant que chacun de mes arguments rend plus lourd et indigeste son risotto. Il ajuste le pan de sa veste, arrange la pochette de couleur vive et arbore son sourire le plus charmeur : « Merci pour cette leçon d'histoire... Je ne voyais pas les choses ainsi... Je comprends mieux. Quand j'étais l'assistant de maître Vergès, ce n'était pas ainsi que... ».

Le vieux chat matois
20 novembre 2015

La rue de l'Odéon est en pente, mais l'effort est bref. La cage d'escalier est poussiéreuse et obscure. La porte s'ouvre. Régis Debray est habillé d'un gros chandail et d'un pantalon en velours côtelé. On croit voir les photos de Mitterrand à Latche dans les années 1970. Derrière lui, sa jeune femme, apprêtée à la hâte, me sourit. Elle me lance : « On va déjeuner à la cuisine, ce sera plus sympa. » Debray ne me laisse pas le temps de répondre. Il me lâche tout à trac : « J'ai bien lu votre *Suicide français*. Je suis d'accord avec tout. Sauf sur les femmes, l'islam et Vichy. » Je m'apprête à lui répliquer qu'il n'est donc d'accord sur rien, mais sa femme pose une bouteille d'eau sur la table de la cuisine, avant d'ajouter d'un air moqueur : « Non, Régis, sur les femmes, il a tout à fait raison. » Ragaillardi par ce renfort inattendu – Desaix sauvant Bonaparte à Marengo –, je lui rappelle qu'il avait naguère approuvé mon premier ouvrage sur ce thème du féminisme, *Le Premier Sexe*. C'est même à cette occasion que nous nous étions rencontrés, à sa demande, pour la première fois.

Le déjeuner est lancé. Debray est brillant et sarcastique. Comme dans ses textes, que je lis toujours goulûment, sa conversation est une série de figures de style, double salto, grand écart, dont j'admire la forme autant – plus encore ? – que le fond. J'accomplis à mon tour, avec un plaisir que je ne dissimule pas, le rituel si français de la visite au grand écrivain. Debray, c'est un peu mon Barrès ou mon Paul Valéry à moi.

Pendant que notre hôtesse dessert, nous nous installons au salon dans de larges fauteuils en cuir marron usé sur les bords. Au milieu d'un désordre de meubles et de livres, nous évoquons la situation politique, l'avenir du pays, sa dislocation, sa désintégration. Il me confie avoir l'impression de vivre tel un moine après la chute de l'Empire romain, à recopier des vieux manuscrits grecs qui n'intéressent personne. La gauche est morte, la République est morte. Le socialisme, n'en parlons pas. Tout ce en quoi il a cru. Je lui rétorque qu'il a consacré sa vie à refaire la Révolution française mais qu'est venu désormais le temps des guerres de Religion. On ne vit plus dans le même tempo historique. Il faut choisir son camp dans cette guerre de civilisations qui se déploie sur notre sol.

Il m'observe par en dessous, passe sa main dans ses cheveux hirsutes ; il a l'air d'un vieux chat matois et si las soudain. Il me lâche sans trop me regarder : « Vous avez peut-être raison. Sûrement même. Mais je suis trop vieux. Ce n'est pas possible pour moi. Ce serait contraire à toute mon existence. Cela nécessiterait des alliances contre-nature. Je laisse votre génération face à ce combat. À elle de jouer. »

2016

Ils m'y voyaient déjà !
2 février 2016

La longue tablée est joyeuse et bruyante. Les clients de ce restaurant italien, rue de Provence, doivent se pencher les uns vers les autres pour se faire entendre. Les éclats de voix s'enroulent, nous forçant à hausser le ton jusqu'à ce qu'un de mes propos hurlés retombe de manière ridicule dans un silence soudain. Les rares femmes ne sont pas les moins disertes, et je m'amuse à les taquiner. Je découvre avec un plaisir que je ne leur dissimule pas que ces militants de Sens commun sont loin de la caricature de « cathos culs bénis et coincés » qu'en donnent les médias. Ils ont eu leur heure de gloire quelques années plus tôt, lors de la bataille contre le « mariage pour tous » de 2013. Ils ont été dénigrés, moqués, ostracisés, ridiculisés par la presse bien-pensante. La fureur de celle-ci était à la hauteur de sa surprise : des militants de droite, catholiques et « réacs » montraient des talents d'agitateurs qu'on croyait réservés à la gauche. Jean-Christophe Cambadélis et Julien Dray avaient alors évoqué entre admiration et effroi un « contre-Mai 68 ». Parole d'experts.

L'ambiance est bon enfant, les esprits volettent de thème en thème, avec une légèreté toute française. Nos points d'accord se multiplient. Quand le sujet de l'immigration et de l'islam est abordé, je tance avec affection « leur naïveté chrétienne devenue folle ». Ils rient sans s'offusquer de la référence à Chesterton. Leur patron, Christophe Le Bihan, m'approuve d'un regard complice.

Et puis, je ne me souviens plus qui a osé poser la question pour laquelle ils étaient venus. La question qui les taraudait depuis des mois et qui avait justifié leur invitation. Et si j'étais leur candidat ? Dans un sourire joueur, je leur demande : candidat à quoi ? Ils se bousculent pour répondre. La primaire de la droite, bien sûr ! Je leur précise que je n'ai pas ma carte du parti – LR que je continue d'appeler RPR –, mais ils balaient l'argument d'un revers de main. Ils me garantissent un énorme succès. Un coup de tonnerre médiatique et politique. Les militants veulent se débarrasser de Juppé et Sarkozy et s'empareront de la première arme qui leur permettra de liquider les deux hommes d'un même coup. Je me défends avec mollesse. Ma carte de presse ne les dissuade guère. Mon inexpérience électorale non plus. On s'accorde sur ces nouvelles évidences : on a changé de monde ; les prestations médiatiques, à la télévision, mais aussi sur les réseaux sociaux, ont remplacé, depuis longtemps, les tractages de militants et les discours de préaux d'école.

Ils quitteront la table, toujours affectueux, mais un brin désappointés de n'avoir pu ébranler mon refus.

La délégation ira ensuite rencontrer Henri Guaino. Avant de choisir François Fillon comme champion. J'ignorais alors que cette histoire s'achèverait dans l'apothéose du Trocadéro un an plus tard.

« Ma loi ! »

11 février 2016

« Je n'ai jamais voulu ça ! Ma loi n'est pas une loi contre la liberté d'expression ! C'est intolérable. Je le dirai. Je viendrai témoigner au tribunal en votre faveur à la première occasion. »

Il dit « ma loi ». Il le répète, le martèle, comme pour conjurer l'injuste oubli. Son texte fameux s'appelle pourtant « loi Pleven » dans le langage courant, du nom du ministre de la Justice de l'époque, en 1972. Alain Terrenoire était alors député UDR. Un des nouveaux élus qui avaient fait basculer en 1967 la majorité parlementaire en faveur du général de Gaulle. Il dit en rigolant : « L'autre s'appelait Jacques Chirac. Il a toujours affirmé qu'il était le seul ! » Les détails s'enchaînent les uns aux autres. Il est intarissable : « Vous comprenez, il faut se situer dans le contexte de l'époque. Les travailleurs immigrés arrivaient dans nos usines et ils ne trouvaient pas à se loger car les propriétaires refusaient de leur louer. C'était intolérable. Les associations de défense de ces immigrés sont venues me trouver. Ces pauvres gens souvent ne parlaient pas français. Il fallait donc autoriser les associations à ester en justice à leur place. Ce que j'ai prévu. Et puis, il fallait sanctionner les propriétaires racistes. Ce que j'ai fait aussi… Mais vous savez, pendant des années, ma loi ne fut pas utilisée. Les juges s'en moquaient. J'étais presque vexé. Et puis, est arrivé 1981. Les juges de gauche ont compris l'usage politique qu'ils pouvaient en faire. Mais ils ont dénaturé l'esprit de ma loi en faisant un texte liberticide. C'est honteux. Honteux. Je le dirai. Je témoignerai en votre faveur. »

La Seine qui coule sous les pieds de la tour Eiffel, à quelques encablures de son appartement cossu, ne se soucie guère de sa fureur. Surtout qu'on ne sait pas si la cause en est l'oubli où est tombé son nom ou l'utilisation perverse et liberticide de « sa » loi qu'en ont faite les juges rouges et les militants antiracistes. Peut-être les deux. Je n'ose lui rétorquer qu'il a servi les intérêts du grand patronat qui souhaitait embaucher à bas prix une masse de travailleurs étrangers pour contenir les revendications des ouvriers français alors virulentes. Des décennies plus tard, « sa » loi est toujours au service des intérêts et de l'idéologie mondialiste « antinationale » de la bourgeoisie des métropoles. Mon silence timide n'est pas glorieux, mais je sais d'avance que cette querelle marxiste serait vaine. Alain Terrenoire est le fils d'un grand résistant, déporté, ancien ministre du général de Gaulle. Ses états de service familiaux sont impeccables. Mon insolence serait reçue pour de l'irrévérence, un crachat sur un fils de déporté, un gaulliste de toujours.

Je me tais. Et quand j'ouvre la bouche, c'est pour le remercier de son témoignage en ma faveur. Ma couardise ne sera pas récompensée. À chaque nouveau procès qui me sera intenté, à chaque condamnation pour « incitation à la discrimination ou à la haine selon la race, la religion ou la nationalité », fondée sur « sa » loi, je prierai Alain Terrenoire de témoigner en ma faveur. À chaque fois, il y aura un propos « intolérable » de ma part qui l'en empêchera.

Le cœur a ses raisons que la raison n'ignore plus
2 septembre 2016

C'est un lieu majestueux tout en boiseries et en pierre où je n'avais pas eu l'honneur d'accéder. Quand j'étais étudiant, je n'y ai jamais été convoqué ; et depuis lors, aucun directeur du prestigieux institut d'études politiques de Paris ne m'avait fait l'honneur de m'y inviter.

Frédéric Mion me reçoit dans son antre de la rue Saint-Guillaume avec une courtoisie affectée. Il est vêtu avec une élégance raffinée ; sourit avec ostentation ; chacun de ses gestes est étudié et retenu ; chacun de ses mots l'est aussi. Je songe qu'il aurait été un admirable marquis à la cour de Louis XV, intelligent et racé, sachant manier à volonté l'épigramme qui tue autant que la courbette qui protège. Mion fut de ces brillants élèves qui surnagent encore dans notre système scolaire qui prend l'eau : l'ENA, sorti dans la botte comme une récompense attendue, et le Conseil d'État comme une évidence. L'État pour lui, c'est d'abord l'État de droit ; et l'idéologie progressiste lui colle à l'esprit de manière aussi étroite et naturelle que ses costumes lui collent au corps.

Mion n'est pas un dissimulateur. Il ne cèle ni ses idées ni ses rejets. Je l'avais croisé quelques mois plus tôt, lors de la remise de la Légion d'honneur à notre amie commune, la communicante Anne Méaux. Quand il fut à ma hauteur au milieu de la foule des convives qui piétinaient vers le buffet, je l'avais interpelé à la cantonade : « Tiens, voilà mon censeur ! » Il m'avait toisé, et répliqué sans une once d'hésitation ni sur mon identité ni sur le thème de mon interpellation : « Oui, c'est vrai ! »

C'était la première fois qu'on se rencontrait. Mais il se souvenait fort bien des circonstances que j'avais voulu évoquer. Un an plus tôt, une association d'étudiants de Sciences-Po, *Critique de la raison européenne*, m'avait prié d'intervenir dans le grand amphithéâtre Émile-Boutmy. J'avais accepté avec un enthousiasme que partageaient les jeunes gens qui m'invitaient. Au dernier moment, le veto de la direction était tombé, sec comme le couperet de guillotine.

On n'eut pas le temps de pleurer sur le lait renversé que la cohorte serrée des invités nous éloignait déjà. On convint très vite de se revoir. Mion me promit un déjeuner. Il tint parole. Et nous voilà face à face, à chaque bout d'une longue table en bois, comme s'il avait voulu se protéger de tout débordement. Je lui décrivais mon émotion non feinte de revenir dans ses lieux où ma jeunesse avait été si heureuse. J'évoquais avec nostalgie mes premiers pas dans son auguste maison. Je lui dis : « Mes parents habitaient alors dans le quartier de Château-Rouge. Pas vraiment la même ambiance. Pour venir ici, je devais prendre la ligne 4 jusqu'à Saint-Germain-des-Prés. Quand le métro dépassait Châtelet pour aller rive gauche, j'avais l'impression de franchir le mur de Berlin ! » Ma sincérité de « petit chose » toucha sans doute sa sensibilité de bourgeois. Il choisit de jouer lui aussi cartes sur table : « Je reconnais que j'ai interdit votre venue à Sciences-Po à cause de votre chapitre du *Suicide français* consacré à Richard Descoings[1]. Je me suis dit qu'un homme qui détestait autant notre maison ne pouvait pas y revenir. Mais j'ai relu votre texte en prévision de notre déjeuner d'aujourd'hui et je dois reconnaître qu'il y avait des choses justes dans votre réquisitoire. »

---

1. Prédécesseur de Frédéric Mion à la tête de l'IEP.

La conversation pouvait s'engager sans ambages. Nos arguments s'échangeaient avec la régularité d'une partie de tennis, dans laquelle les deux joueurs savent d'avance où la balle va retomber. C'était la traditionnelle opposition entre méritocratie et discrimination positive, entre modèle français et modèle américain, entre égalité des chances et égalité réelle. Aucun de nous ne lâchait rien, même si aucun de nous n'ignorait que ce fût inutile. Je lui reprochais de vouloir endoctriner des générations d'étudiants, de sélectionner des élèves à sa main idéologique, et de fabriquer les officiers de la mondialisation et du progressisme. Il se défendit avec vivacité et m'assura qu'il entendait justement multiplier les exercices de rhétorique qui permettraient aux étudiants de défendre des thèses contrastées. Dans le feu de la conversation, il m'invita même à venir affronter les élèves, leur apprendre les rudiments du débat, les initier à ce redoutable exercice ; j'approuvais par politesse, mais je me doutais que ce fut là promesse d'ivrogne.

À un moment, il baissa la voix : « Je vous avoue que le système mis en place par Richard Descoings est un peu à bout de souffle. Les profs ont repéré les lycées de banlieue que nous avons sélectionnés et y mettent leurs enfants pour qu'ils soient dispensés des épreuves écrites. Autant les supprimer pour tous. »

On avait déjà avalé notre dessert. On se leva. On se dirigea vers la haute et élégante fenêtre à croisillons qui donnait sur un jardin où les étudiants s'égayaient dans la bonne humeur. Il me glissa sur un ton de confidence :

« Il faut bien que vous compreniez, un parcours comme le vôtre serait impossible aujourd'hui. Il y a une trop grande différence entre un élève d'un lycée de banlieue et celui d'un grand lycée parisien. Il lui faudrait cent ans pour rattraper ce retard. »

L'habit ne fait pas le moine
7 octobre 2016

Il s'est levé. Il s'exclame : « Puisqu'on me traite ainsi, je m'en vais. » Et puis, il s'est rassis. C'est la troisième fois qu'il exécute sa fausse sortie. Sans froisser son élégant costume bleu clair. *Le Figaro* a organisé un débat autour de la question de l'islam. Dans la salle du journal où nous avons pris place, les moulures raffinées contrastent avec la table en Plexiglas et les chaises en plastique. Hakim El Karoui présente les conclusions d'une enquête commandée par l'institut Montaigne sur les populations musulmanes vivant en France. Le résultat est cruel pour les thuriféraires énamourés du vivre-ensemble et les républicains patentés, qui peuvent constater, chiffres en main, que la jeunesse musulmane en pince bien davantage pour la charia que pour la République[1]. Mais El Karoui fait front. Il fut la plume de Raffarin à Matignon. Il est normalien, fut banquier, et est désormais consultant – son père tunisien lui a laissé son prénom, Hakim, en gage de fidélité coranique. Il croit que sa bonne fortune est inscrite dans cette double allégeance. Il n'a pas mis les pieds en banlieue depuis des lustres, mais il n'en a cure. Sa déconnexion est aussi étendue que sa rouerie.

Il reprend les arguments habituels du « pas d'amalgame », de « l'islamisme n'est pas l'islam », de « c'est une minorité insignifiante », de « l'immense majorité est parfaitement intégrée ». Il a trouvé son angle d'attaque dont il ne démord pas. À tout ce que j'avance, il rétorque : « Vous parlez comme les salafistes. Comme les islamistes. Vous êtes les alliés des islamistes. Vous voulez tous les deux enfermer les musulmans dans l'extrémisme et amener la guerre civile. »

C'est un homme de chiffres. Bon sang ne saurait mentir. Sa mère initia aux mathématiques des générations de financiers et de traders. Il est convaincu que la question posée

---
1. Étude pour l'institut Montaigne (2016).

par l'islam à la France se réduit à une affaire d'argent. Si on supprime les financements étrangers, tout ira bien. L'histoire, en particulier coloniale, la théologie, la démographie, rien d'autre ne compte.

La passion du débat à la française nous pousse à des extrêmes qui nous caricaturent, l'un et l'autre. Il n'a pas tort lorsqu'il souligne l'importance des flux financiers, comme le montre à loisir l'entrisme turc en Allemagne et en France. Dans tous les pays arabes, les islamistes ont su recréer une solidarité sociale qui leur permet d'imposer leur rigorisme moral. Dans les banlieues françaises, ils trouvent souvent l'aide des caïds de la drogue qui aiment laver moralement leurs trafics par leur participation au djihad.

Je suppose qu'El Karoui souhaite jouer, pour les musulmans d'aujourd'hui, le rôle qu'ont tenu les Rothschild au XIXe siècle pour les israélites, une sorte de « patron » de la communauté, d'intermédiaire indispensable entre l'État et des ouailles rétives. Rôle qui fut utile pour assimiler les populations juives venues des contrées exotiques, d'Europe de l'Est ou d'Afrique du Nord. Mais le contexte a changé, et la jeunesse musulmane n'a pas pour ses élites la révérence qu'avaient les juifs de l'époque pour le grand banquier. Déverser l'argent de l'État sur la « communauté musulmane », organiser les flux financiers abondants issus du marché de la viande hallal et des pèlerinages à La Mecque : El Karoui est convaincu qu'alors on évitera à la France cette terrible guerre civile qui hante en vérité nombre de ses responsables, sans qu'ils osent l'avouer. Il est convaincu, mais n'est guère convaincant.

Quand l'histoire se répète
4 novembre 2016

« Faut que tu arrêtes de gagner les élections ! » Yves Calvi a la défaite goguenarde. Un an plus tôt, en septembre 2015, alors que je m'installais dans son studio de RTL pour ma chronique régulière, je lui avais prédit que Donald Trump, empêtré dans la guerre de tranchées des primaires, sortirait vainqueur de l'élection présidentielle américaine. Il m'avait ri au nez. On avait parié à la va-vite entre deux publicités. Et on avait renouvelé l'exercice quelques mois plus tard pour le référendum britannique sur l'Europe. C'est à la fin de la foire qu'on compte les bouses, disait Jacques Chirac, quand il voulait se donner un air de paysan qu'il n'était pas. À la fin de l'année 2016, les bouses sont vite comptées. C'était une année noire pour l'idéologie dominante. Année noire pour les alliés libéraux et libertaires qui dominent la scène intellectuelle et politique occidentale depuis les années 1970. Année noire pour les européistes, les progressistes, les mondialistes, les libre-échangistes, les féministes, les immigrationnistes. Année noire pour la plupart des journalistes, clergé bigot et vigilant de la religion des droits de l'homme. *Annus horribilis*, aurait dit la reine d'Angleterre.

Je n'avais pas eu grand mérite à gagner mes paris. Je souhaitais ardemment les victoires que je prophétisais. Cela rend plus convaincu et plus convaincant. Pendant l'été 2015, j'avais lu, entre autres, les deux ouvrages phares de Samuel Huntington : le sulfureux *Choc des civilisations* et, encore plus passionnant, son *Qui sommes-nous ?*, dans lequel il revisite l'histoire américaine. J'avais été frappé, en écoutant et lisant les diatribes trumpiennes, de retrouver l'écho assourdi et abâtardi des thèses du grand professeur américain. J'ignorais à l'époque que derrière Trump, il y avait Steve Bannon, lecteur assidu de Charles Maurras.

Trump, c'était Huntington pour les nuls ! Mais cela suffisait face à une Hillary Clinton qui incarnait, jusqu'à la caricature, la bourgeoisie progressiste, altière et méprisante, qui avait grandi dans les campus américains des années 1960, et façonné l'Amérique moderne. Trump, c'était le héraut – vulgaire et braillard, sans doute, inculte, peut-être – d'une Amérique blanche protestante et populaire, dont les statistiques ethniques annonçaient qu'elle serait minoritaire avant 2050. Une Amérique blanche qui ne veut pas mourir, ni renoncer à une certaine idée qu'elle se fait du pays que lui ont transmis ses ancêtres.

Le peuple du Brexit est le même que le peuple de Trump. Il s'émancipe de ses anciennes allégeances progressistes pour les mêmes motifs : un pays qu'on ne reconnaît plus ; un boulot qu'on ne retrouve plus. Pour reprendre Clemenceau et sa fameuse formule « la Révolution est un bloc », la mondialisation est elle aussi un bloc : à la fois délocalisation et immigration ; chômage et islamisation ; mondialisation vue d'en bas, des classes populaires, quand la bourgeoisie des métropoles occidentales et asiatiques, mais aussi les immigrés venus d'ailleurs, y voient d'abord des « opportunités ».

Cette révolution de 2016 arrive des pays anglo-saxons, des deux puissances de l'Atlantique. On ne doit pas s'en étonner. Je songe, non sans une certaine admiration envieuse, que toutes les grandes transformations partent de ces contrées. Notre grande Révolution de 1789 n'aurait jamais eu lieu sans la *Glorious Revolution* britannique de 1688 puis l'indépendance américaine de 1776. Nous nous sommes inspirés de celle-ci, et nous avons tout adopté, adapté, recyclé jusqu'aux trois couleurs de notre drapeau. Il n'y a pas de Lumières françaises sans les Lumières anglaises. Pas de Révolution française sans la révolution américaine. Et pas de révolution américaine sans ces Pères fondateurs anglais ayant fui leur pays pour ne pas renoncer à leur idéal. Et comme le dit Nietzsche avec ironie, nous avons, nous Français, répandu dans toute l'Europe, avec les bottes de nos soldats, ces idées anglaises de liberté tandis que l'aristocratie anglaise nous combattait. Toute l'histoire du XIXe siècle rejoue sans se lasser la scène inaugurale de 1789. Et toute l'histoire du XXe s'épuise à accomplir les promesses du XIXe. Encore et toujours rejouer 1789. Et puis, en 1979, les Anglais et les Américains, de nouveau, changent la donne mondiale : Margaret Thatcher et Ronald Reagan balaient les équilibres politiques et idéologiques et économiques et sociaux fondés en 1945. La révolution libérale s'étend dans le monde entier. Ce ne sont plus les soldats français qui propagent les idées anglaises, mais ses élites technocratiques, les Pascal Lamy, les Jacques Delors, les Michel Camdessus, tous ces hauts fonctionnaires français mis à la tête de nombreuses institutions européennes et mondiales et qui vont s'atteler à organiser, harmoniser, pacifier, judiciariser imposer la mondialisation.

La suite, on la connaît. La phénoménale montée en puissance de la Chine, l'avènement des bourgeoisies des pays émergents et la prolétarisation des classes moyennes occidentales. Les riches des pays pauvres qui s'enrichissent sur le dos des pauvres des pays riches.

Il ne reste plus aux Français qu'à faire leur boulot habituel : imiter, développer, répandre.

À nous, Français, de nous mettre au travail.

Mamie Trump
6 décembre 2016

Je l'ai laissée attendre dans le hall du *Figaro* un long moment, mais elle me sourit sans un reproche quand j'arrive enfin, me faisant honte de ma goujaterie. Elle est assise sur un grand canapé sans dossier, aux côtés d'un escogriffe qui me broie les doigts en guise de poignée de main. C'est une vieille dame apprêtée avec soin. Elle ressemble à ces Américaines des années 1950, avec bigoudis dans les cheveux au volant d'une grosse voiture. Elle est française pourtant, mais a longtemps été mariée à un riche américain. Selon la coutume de son pays, importée de longue date chez nous, elle se présente par son prénom : Rosine. Elle a une voix sifflante et parle à une vitesse sidérante. Elle m'explique qu'elle était responsable des sections féminines pour l'élection de Trump. Elle l'appelle drôlement « le Donald ». Elle me décrit par le menu ses méthodes pour toucher le maximum de « femmes pour le Donald » ; et leur efficacité, en dépit du portrait mensonger qu'ont fait les médias de son « Donald ». Je la félicite pour sa victoire, mais elle ne laisse guère de temps à l'autoglorification. Elle refuse de se rendre dans un café où je la convie. Elle a un message à me délivrer et est pressée de s'exécuter. Je m'assois en face d'elle sur le canapé sans dossier. Elle débite son discours de son ton aigu auquel j'ai décidément du mal à m'habituer : « Voilà, il faudrait en France la même chose que chez nous. Il vous faudrait le même que le Donald pour donner un grand coup de balai. Cela fait des mois qu'on y pense. On a cherché en France parmi les grands patrons qui pourraient tenir le rôle qu'a tenu le Donald. Mais on n'en a pas trouvé. »

Je m'apprête à lui asséner des banalités sur le rapport différent que nous entretenons en France avec l'argent, les patrons, le capitalisme, mais aussi la politique, la littérature, lorsqu'elle me coupe de sa voix stridente : « Cela fait des mois qu'on a étudié la situation en France. On a bien vu les différences avec l'Amérique. On a tout compris. Le Trump français, c'est vous. »

2017

François a tué Fillon

14 mars 2017

« Il est mort ! » Mon cri a fusé. Comme une évidence qui s'imposait à moi. Mon fils, affalé dans le canapé, me regarde interloqué. Je n'ai même pas pris la peine de m'asseoir pour asséner ma sentence funèbre. J'ai attrapé au vol quelques mots de Fillon qui suffisent à mes yeux à signer sa perte : « Si je suis mis en examen, je renoncerai à ma candidature. » Je marmonne, sidéré d'une telle stupidité : « Ce type est fou. Il s'est mis dans leurs mains. Il est fichu. »

Depuis les « révélations » du *Canard enchaîné* sur les « emplois fictifs de Pénélope Fillon » quelques semaines plus tôt, je devine ce qui se trame. Je n'ai aucune information, mais une solide intuition. Depuis vingt ans, et la publication de mon livre consacré au « coup d'État des juges », les affaires de justice me passionnent. Je dévore depuis des années les rares articles iconoclastes et précurseurs d'Anne-Marie Le Pourhiet. Nous vivons une révolution judiciaire inouïe qui sape les fondements de nos régimes démocratiques. Dans la tradition française, les juges sont la « bouche de la loi ». Ni plus ni moins. Montesquieu lui-même n'a jamais dit autre chose. Les républicains de stricte obédience détestent l'idée même de jurisprudence qui permet aux juges d'interpréter la loi à leur guise.

L'offensive judiciaire prend deux formes qui se rejoignent comme les affluents d'un fleuve et se jettent ensemble dans la mer. D'abord, il y a au sommet de la hiérarchie les cinq cours : Conseil constitutionnel, Conseil d'État, Cour de cassation, Cour de justice européenne et Cour européenne des droits de l'homme – qui se considèrent autant de cours suprêmes à l'américaine, et corsètent au nom des droits de l'homme la liberté d'action des gouvernements. À la base, il y a les « petits juges », en tout cas les plus déterminés d'entre eux, qui assaillent la classe politique et dénoncent à la vindicte populaire leurs privilèges et leurs turpitudes.

Les médias sont les complices actifs de cette double offensive, canonisant les cours en « sages » et héroïsant les « petits juges » en « justiciers ».

La stratégie n'est pas concertée, mais elle est efficace. Les politiques sont pris en tenaille : ils sont mis à nu au moment où ils sont rendus moins utiles au pays. La révolution judiciaire rappelle à bien des égards la révolte des parlements de l'Ancien Régime contre une monarchie dont elle allait affaiblir les résistances et saper les fondements. C'est une contre-Révolution oligarchique qui porte au pinacle un clergé non élu de juges et de journalistes.

À ma grande surprise, les politiques répondent à chaque fois de la même manière par plus de complaisance envers leurs bourreaux : ils se laissent ligoter par les « sages » au nom de l'État de droit et alimentent la machine qui les broiera en multipliant les mesures en faveur de la « transparence » qui permettent aux juges d'exciper de nouveaux délits contre eux. Ils forgent eux-mêmes les crimes qui les rendront coupables.

C'est une constante dans l'histoire. Pareto nous a appris qu'elle était un cimetière d'élites. Quand celles-ci sont menacées, elles renforcent la main qui va les exécuter. Les patriciens romains arment les Barbares parce qu'ils refusent désormais de servir dans l'armée. Les aristocrates français font la fête aux philosophes dans leurs salons, qui nourrissent les jeunes têtes des jacobins qui les enverront à la guillotine.

La classe politique française depuis les années 1980 a l'attitude masochiste de ces aristocraties décadentes.

François Fillon en est une synthèse aboutie. Je l'ai côtoyé des années durant quand j'étais journaliste politique. Je l'ai entraperçu dans l'ombre de Philippe Séguin, toujours discret, presque mutique, toujours craignant les colères homériques de Philippe, toujours prêt à les subir sans mot dire, toujours prêt à courber l'échine. J'ai interrogé le ministre, pestant contre son souci pusillanime de peser chaque mot, de ne pas déplaire, de ne pas choquer, de quêter l'aval d'Alain et du président, sans oublier celui de Philippe. Je l'ai observé à Matignon, terrorisé par la brutalité de sale gosse de Sarkozy, ne mouftant pas sous les humiliations, n'osant jamais le contredire en face lors des réunions interministérielles, mais laissant son administration enterrer à sa guise les foucades présidentielles les plus iconoclastes.

Sa victoire aux primaires de la droite semblait l'avoir libéré de ses prudences excessives ; il était enfin à son compte et on allait voir ce qu'on allait voir ; mais son air martial de candidat de la rigueur financière et morale a fait peur à la gauche et aux bien-pensants, aux hauts fonctionnaires et aux francs-maçons. Cette coalition hétéroclite l'a abattu en se servant du marteau judiciaire et de l'enclume médiatique. Ses petites combines, ses petits cadeaux pour arrondir ses fins de mois étaient banals à droite comme à gauche ; mais son moralisme surjoué pour se débarrasser de Sarkozy lui est revenu en boomerang.

Plus tard, on apprendrait que le parquet financier, création de François Hollande, était dans la main de la gauche judiciaire et que *Le Canard enchaîné* était alimenté par des informateurs bien décidés à avoir la peau de ce « libéral, catholique, russophile et islamophobe ». Le putsch médiatico-judiciaire était signé et assumé. Il niait sans vergogne la séparation des pouvoirs. C'était une première dans l'histoire de la République où les juges respectaient jusque-là un principe de retenue pendant les campagnes afin de ne pas influencer l'électeur et ne pas fausser le processus démocratique.

François Fillon fut la victime de cette opération montée de main de maître. Il incarne « l'opposant exfiltré par le système », à l'image de ce que les Occidentaux reprochent aux dictatures. Victime exemplaire. Victime expiatoire. Mais victime consentante, victime dont le sang n'était point pur. Et comme disait méchamment Proust : « Malheureusement dans le monde, comme dans le monde politique, les victimes sont si lâches qu'on ne peut pas en vouloir bien longtemps aux bourreaux. »

L'adieu à Simone
30 juin 2017

La nouvelle m'avait surpris à une terrasse de café alors que je sirotais au soleil une orange pressée, admirant les jolies jambes dénudées des femmes qui arpentaient les trottoirs parisiens, me prenant un instant pour Charles Denner dans *L'homme qui aimait les femmes*, film que je n'avais cessé de voir et revoir lorsque j'étais adolescent dans les années 1970. Les hommes et les femmes, la séduction et l'amour, la question était de circonstance au moment où j'apprenais la mort de Simone Veil.

Je ne l'avais pas vue depuis des années. On m'avait dit qu'elle était malade ; on murmurait qu'Alzheimer l'avait à son tour frappée ; qu'elle vivait emmurée dans le silence et, qui sait, ses souvenirs. Nos routes s'étaient croisées à l'extrême fin des années 1980. Je suivais sa campagne pour les élections européennes. Elle était tête de liste des centristes et s'opposait à celui qui avait fait sa carrière politique, Valéry Giscard d'Estaing. Combat qu'elle ne pouvait que perdre. Elle n'était pas taillée pour la lutte de gladiateurs. Je suivais ses déplacements, ses meetings, ses points de presse. Je me noyais dans la mer bleue de ses yeux, et subissais ses colères aussi soudaines que violentes pour un article qui lui avait déplu ou une réflexion qu'elle jugeait incongrue. Je peinais à noter sur mon carnet la substance de ses déclarations, dont les phrases méandreuses à la syntaxe hasardeuse n'avaient jamais de terme. Quand je la connaîtrai mieux, je découvrirai qu'elle n'ignorait pas ses lacunes, et qu'elle comptait sur la mansuétude infinie des journalistes à son égard pour les dissimuler et les corriger. Simone Veil avait pour moi le charme troublant des mammas juives, qui morigènent avec tendresse et embrassent avec rudesse.

Elle n'était pas encore l'icône qu'elle est devenue depuis. La gauche lui reprochait son engagement à droite ; les gaullistes dénonçaient son inclination pour le fédéralisme européen, même si Chirac ne lui avait jamais mégoté son affection personnelle ; les giscardiens ne lui avaient pas pardonné d'avoir mordu la main qui l'avait nourrie. Elle-même réchauffait en son sein des rancunes tenaces et ne pratiquait le pardon des offenses qu'avec parcimonie. Elle vouait une haine inexpiable à François Bayrou qu'elle accusait de l'avoir trahie à l'occasion, justement, de cette campagne des européennes, et d'avoir touché, en bon Judas béarnais, ses trente deniers avec le poste de secrétaire général de l'UDF. Ses colères froides martyrisaient tous les dirigeants centristes qui se terraient quand l'orage grondait : elles terrorisaient Sarkozy qui redevenait avec elle le petit garçon qu'il n'avait jamais cessé d'être. Son mari lui-même, un homme pourtant fin et narquois, supportait avec peine son rôle contraint de prince consort, lui qui avait à l'origine une grande carrière administrative tracée devant lui. Qu'a-t-il donc bien dû penser lorsqu'il s'est retrouvé au Panthéon, comme si on le glorifiait seulement d'avoir été le mari de son épouse ?

J'avais bien observé la place qu'elle avait prise peu à peu dans l'imaginaire collectif. J'avoue cependant que je fus surpris par la décision immédiate du président Macron de la faire entrer au Panthéon.

Il n'y a pas de grand homme pour son valet, et les journalistes sont des valets à la fois révérencieux et ingrats.

Quand elle est morte, Simone Veil n'était plus depuis longtemps la femme politique controversée de ses débuts. Sa carrière s'effaçait devant son destin. Elle n'avait plus de vie, mais une légende. Tout avait été concentré entre deux dates emblématiques : 1944, quand elle est arrêtée par la Gestapo ; 1975, quand elle fait voter la loi autorisant l'avortement. Juive et femme, tout le reste devait être occulté. Elle était la victime absolue de la barbarie absolue, le nazisme, et l'emblème absolu de la cause absolue : celle des femmes. Tant de superlatifs avaient de quoi éblouir et intimider. Je ne reconnaissais plus celle que j'avais connue dans les portraits sulpiciens qui étaient offerts à l'adoration des foules. Elle n'était nullement féministe, détestait les harpies du MLF, et aurait abhorré les thèses sur la théorie des genres ou le prosélytisme LGBT. Un jour, elle m'avait lancé, d'un air pénétré : « Vous savez, Éric, les hommes et les femmes, c'est pas pareil ! »

Elle n'avait jamais eu l'intention de faire de l'avortement « un droit de l'homme » quasi constitutionnel. Elle avait défendu un texte de compromis, qui tentait de répondre à des situations urgentes. Elle n'était insensible ni à aux questions de conscience que cet acte posait ni aux préoccupations démographiques d'un Michel Debré. Dans son esprit, sa loi devait devenir inutile grâce aux progrès de la contraception. Même son regard sur Vichy ne se fondait pas dans la doxa imposée par l'historien Robert Paxton. Elle avait écrit dans ses mémoires des phrases très éloignées de l'accusation unilatérale qui avait été dictée par la novlangue contemporaine et n'oubliait pas le havre de paix qu'avait représenté la zone libre pour les juifs persécutés.

Mais Simone Veil ne s'appartenait plus. Je songeais avec mélancolie à cette incroyable transfiguration, à cette redoutable trahison : une vie avait été transformée en légende, pour devenir l'étendard d'une époque, ses obsessions, ses mensonges, des détestations.

Les jambes des femmes virevoltaient toujours sous le soleil qui les réchauffait et les magnifiait, et se moquait bien de mes ruminations amères.

Mort d'un petit juge
11 juillet 2017

Le décès du juge Lambert est accueilli dans l'indifférence. Cette seule affaire du petit Grégory qu'il avait menée en dépit du bon sens, mais au gré des nécessités médiatiques, demeurera une tache indélébile sur sa mémoire. Cette notoriété qu'il a si ardemment cherchée en avait fait un bourreau avant d'en faire une victime.

« Si tu es mieux placé que moi… »
12 juillet 2017

On ne s'était pas revus depuis l'élection présidentielle. Nous nous sommes retrouvés dans un restaurant thaïlandais du boulevard Latour-Maubourg. Nicolas Dupont-Aignan aime les endroits discrets, à l'écart des lieux fréquentés par le Tout-Paris médiatique et politique. Il me conte les quelques jours qui ont bouleversé sa vie, quand il a osé la transgression suprême : l'alliance avec le diable lepéniste qui tétanisait toute la droite depuis quarante ans. Je l'entends me justifier au milieu des bruits de baguettes sa stratégie politique dont il est visiblement faraud : « Tu comprends, il faut faire comme Mitterrand en 1972. À l'époque, il ne pèse pas lourd, et les socialistes ont fait 5 % à la présidentielle de 1969. Le parti communiste, lui, est à 20 % exactement comme aujourd'hui pour le FN. Il faut donc s'allier avec lui pour aspirer ses électeurs. Tu te rappelles, Mitterrand disait qu'il leur prendrait les trois cinquièmes de ses électeurs. Il a réussi. »

Son œil pétille derrière ses verres épais et il en oublie de piocher dans son assiette. Je n'ai pas besoin de sous-titres : il a endossé le costume et le chapeau de Mitterrand.

Je ne peux m'empêcher d'esquisser un sourire narquois qu'emporté par sa fougue, il ne remarque pas. C'est au mot près ce que je lui avais expliqué au téléphone, pour vaincre ses hésitations, lorsque je fus un des rares qui, avec Patrick Buisson, lui conseillèrent de franchir le Rubicon. Nous sommes tous les mêmes. Quand une idée ou un argument nous plaît, nous nous l'approprions sans vergogne, en oubliant même qui nous l'a enseigné. Mon vieil ami Philippe de Saint-Robert m'a raconté qu'un jour Chirac l'avait convoqué dans son immense bureau de la mairie de Paris, pour lui réciter certains passages d'un livre dont il était fier... que Saint-Robert connaissait fort bien puisqu'il en avait été le « nègre »...

L'alliance n'avait pas été de tout repos. Il était intarissable sur les « défauts » et les « limites » de sa nouvelle alliée. Marine Le Pen n'avait pas lu un livre, elle ne travaillait pas, elle ne comprenait rien à l'économie, ne s'intéressait qu'à ses chats et ses plantes, c'était une boutiquière qui conduisait son parti en épicière, d'une méfiance maladive pour couronner le tout. Son calamiteux débat télévisé face à Macron avait révélé à toute la France ce que seuls les initiés murmuraient jusque-là. « Elle nous a fait honte », la phrase était revenue le lendemain dans toutes les bouches patriotiques. Dupont-Aignan me décrit sans se lasser l'accueil chaleureux que lui ont réservé les militants du Front national. Je lui rétorque que je n'en suis guère étonné ; j'en rencontre moi-même beaucoup lors de mes visites en province pour mes livres ; ce sont pour la plupart de braves gens et de braves Français, classes populaires laissées pour compte, méprisées par les élites médiatiques et culturelles, un mélange épars de deux anciennes sociologies politiques, celle du parti communiste et de l'ancien RPR, ouvriers, employés, indépendants, petits commerçants, petits patrons, petits agriculteurs, anciens adversaires de la lutte des classes unis dans un même destin funeste, vaincus concassés de la mondialisation.

Son œil s'embue. C'est un sentimental au cœur tendre qui veut à tout prix être aimé. Je connais Nicolas depuis de longues années. Nous nous retrouvions naguère dans les mêmes lieux de villégiature. Nos enfants ont le même âge.

C'était un papa poule que je taquinais pour sa trop grande mansuétude.

C'est sur une plage de la Méditerranée qu'il me proposa de le rejoindre sur sa liste aux élections européennes de 2014.

On évoque déjà celles de 2019, et la présidentielle de 2022. Il me dit qu'il faut tenir bon, que « le système » est condamné. C'est une question de temps. Il est hanté par l'exemple d'Émile Ollivier, ce grand républicain qui rallia Napoléon III en 1869, à la veille de la défaite de 1870 face aux Prussiens ; et qui passa le reste de sa longue vie à se justifier dans des mémoires interminables. Surtout ne pas être Émile Ollivier…

Il me dit que je devrais me lancer, que je pourrais être moi aussi candidat à la présidentielle. Il ajoute d'un air détaché : « Si tu es mieux placé que moi, je m'effacerais volontiers. Pour moi, tu sais, l'important, c'est qu'on gagne. » Je vois dans ses yeux qu'il n'en croit pas un mot. Il dit le contraire de ce qu'il pense. L'important, pour lui, est d'être candidat même si « on » perd.

Il règle l'addition ; il plie la facture avec le ticket de Carte bleue qu'il range avec soin dans un portefeuille.

« Je fais très attention à pouvoir tout justifier. Ils sont prêts à tout pour me planter. » Son regard se fige soudain derrière ses verres épais.

Trop de stress

6 septembre 2017

À la demande du photographe, il arrange la veste de mon costume d'un geste spontané et amical. Il égrène en même temps un rire gêné qui a ponctué toute notre conversation. Emmanuel Todd est venu dans les locaux du *Figaro* pour la promotion de son dernier ouvrage ; mais on le sent mal à l'aise dans son chandail de laine épaisse, pourtant porté ample, et ses jeans fatigués, uniforme des étudiants de sa jeunesse dans les années 1970, qu'il semble n'avoir pas quitté depuis lors. Il chasse son embarras palpable par l'ironie, maniant l'autodérision avec aisance, désignant la jeune femme blonde et réservée qui l'accompagne comme son « commissaire politique » : « Mon attachée de presse est là pour me surveiller. Il ne faut pas que je sois trop d'accord avec le diable. » Les lèvres pincées de la jeune femme esquissent un sourire qui semble sorti de *La Vie des autres*, ce film magistral sur la RDA d'avant la chute du mur de Berlin. Je connais Todd depuis des années. Je l'ai croisé dans des colloques en province, des débats sur des plateaux de télévision. Au fil des ans, j'ai senti qu'il évitait désormais de se retrouver à côté de moi. J'ai continué néanmoins à lire avec intérêt ses livres.

Dans un précédent ouvrage, il n'avait pas hésité à me reprocher la confession juive de mon épouse, me jugeant « moins assimilé » que les jeunes musulmans qui n'hésitent pas, eux, à épouser des Françaises de religion différente. Il oubliait au passage que la plupart les convertissaient à l'islam avant de convoler et, pour nombre d'entre eux, vont chercher « au bled » l'âme sœur, alimentant ainsi un continu et important (90 000 en moyenne par an[1]) courant d'immigration.

C'est toute l'ambiguïté de Todd. Chez lui, le chercheur est en permanence combattu par le militant, dans un duel digne de Dr Jekill et Mr Hyde. Le cœur de ses travaux, repris du grand démographe du XIXe siècle Frédéric Le Play, repose sur les modèles familiaux et leur influence sur l'histoire politique des grands pays. Pour simplifier, Todd distingue entre un modèle familial égalitaire (entre les enfants) et libéral, et un autre, inégalitaire et autoritaire (avec droit d'aînesse et main de fer patriarcale), dit « de souche ». Celui-ci domine dans les pays germaniques, en Bretagne ou en Provence, et jusqu'au Japon ; celui-là règne dans le Bassin parisien et en Angleterre. Le modèle égalitaire et libéral serait à l'origine des mouvements révolutionnaires, tandis que le modèle « de souche » aurait forgé les régimes autoritaires prussiens et japonais, et expliquerait la prégnance des traditions

---

1. Chiffres Insee concernant l'immigration légale.

catholiques et monarchiques, contre-révolutionnaires, dans l'ouest ou le sud de la France. Todd ajoute que la France est le seul pays d'Europe qui agrège sur son territoire les deux modèles, qui ne cessent de s'affronter, parfois les armes à la main, dans les nombreuses guerres civiles qui ont ponctué l'histoire de France. Parfois, le modèle édifié par le chercheur prend à revers les certitudes du militant progressiste : ainsi, quand il est obligé de constater que les terres d'élection du Front national furent longtemps au cœur de cet espace égalitaire, libéral, laïque et révolutionnaire. Le militant progressiste Emmanuel professe bien entendu le plus vif enthousiasme pour le modèle égalitaire et libéral, même si le chercheur Todd ne peut s'empêcher d'admirer la résilience des populations issues du modèle « souche ».

Todd intègre l'arrivée de populations arabo-musulmanes dans son système, y voyant un élément supplémentaire de complexité dans un ensemble déjà complexe. Le chercheur accueille ce bouleversement démographique avec la jubilation – et l'absence absolue d'empathie – d'un scientifique qui observe un comportement atypique chez ses rats de laboratoire. Il ne cache rien des caractéristiques de ce modèle arabo-musulman, endogamique, inégalitaire et autoritaire. Le contraste violent avec les familles libérales et égalitaires, qui ont fini par se répandre un peu partout dans l'Hexagone, est évident pour tout lecteur honnête. Mais le militant Emmanuel veille au grain : contrairement aux apparences, et aux leçons de l'histoire qu'il nous a lui-même appris à tirer, cette opposition ne débouchera sur aucun conflit, nous assène-t-il avec un aplomb superbe. Todd est comme un serrurier qui aurait trouvé la bonne clé pour ouvrir une porte condamnée depuis longtemps mais qui, effrayé par les monstres qu'il découvre derrière cette porte, la referme au plus vite et jette la clé en s'écriant : « Il n'y a rien à voir là-dedans ! »

Mais déjà, notre débat s'achève. J'échange deux mots avec l'attachée de presse des éditions du Seuil. Elle me confie qu'elle officiait aussi auprès de Patrick Boucheron, quelques mois plus tôt. Son *Histoire mondiale de la France* avait suscité une de mes chroniques dans *Le Figaro* les plus acerbes.

Elle s'en souvenait fort bien. J'y dénonçais le scandaleux parti pris idéologique de l'historien, sa volonté d'ôter à la France toute personnalité, toute spécificité, toute identité, toute influence, toute utilité, et d'en faire le jouet d'étrangers qui l'auraient façonnée à leur guise. Boucheron est l'archétype de cette intelligentsia française francophobe qui se couche aux pieds de l'étranger, surtout s'il vient du Sud, comme un brave chien attendant la caresse ou la claque de son maître. À l'époque, me rappelait l'attachée de presse, je lui avais proposé un débat à la télévision. Patrick Boucheron s'était alors drapé dans ses atours aristocratiques de grand historien, et de professeur au Collège de France, pour mépriser la valetaille journalistique qui osait le défier.

La jeune femme ne put s'empêcher de me glisser : « En fait, il avait peur. Il n'est pas très bon à l'oral. Mais je ne vous ai rien dit. »

Il ne reste plus que la rituelle photo dans la cour du journal. Todd me souffle qu'il ne veut plus participer au débat public. Trop de violence, trop de haine. Il ne supporte pas. Il me montre son œil endommagé : « J'ai failli le perdre. Trop de stress. Je ne fais pas comment tu fais, toi, pour résister. » Il me demande si je suis en train d'écrire un nouveau livre. Je lui dis que je travaille à la confection d'une histoire de France.

« Ah, tu veux répondre à Boucheron. »

Et il ajoute aussitôt sans me laisser le temps de répliquer : « Ne compte pas sur moi. Je ne débattrai pas avec toi. » Et son rire résonne de nouveau sous les hautes voûtes de verre.

La première victime de Macron

17 octobre 2017

Son bureau de l'avenue Wagram est vaste et spacieux, mais il n'a pas cette élégance et ce charme qui le ceignaient lorsqu'il trônait rue Saint-Dominique. EDF est peut-être un

État dans l'État, mais il n'est quand même pas l'État. Il est vrai que depuis le transfert du ministère de la Défense dans les bureaux modernes de Balard, le charme est rompu, et ses hauts dignitaires civils ou militaires connaissent le désenchantement qu'ont éprouvé avant eux leurs collègues du ministère de l'Économie, abandonnant les ors chargés d'histoire millénaire du Louvre, rue de Rivoli, pour s'engouffrer chaque matin dans l'énorme masse de béton de Bercy qui ressemble à un péage d'autoroute.

Taine explique dans *Les Origines de la France contemporaine* que la Révolution française ne fut avant tout qu'un transfert immobilier, la bourgeoisie triomphante et ses ministres qui la représentent s'installant dans les hôtels particuliers de l'aristocratie défaite et marginalisée. On pourrait ainsi analyser les changements d'adresse de nos plus prestigieux ministères – à quand les Affaires étrangères à Levallois et l'Intérieur à Boulogne-Billancourt, entre TF1 et Canal ? – comme l'expression figée dans le béton de l'ancienne gloire de notre État souverain, transformé en acteur docile de la gouvernance mondialisée.

Cédric Lewandowski ne s'appesantit pas sur la signification historique et symbolique de son déménagement. Il est trop plein du sens politique et personnel qu'il donne à son éviction. Il fut la première victime de l'ère Macron. Avant même le général de Villiers. Il en est à la fois fier et furieux. Il prenait trop de place, avait trop de pouvoir. Il incarnait aux yeux de la nomenklatura administrative et politique la faiblesse congénitale de l'Élysée sous François Hollande. Le président de la République était sous la coupe de son ministre de la Défense, Jean-Yves Le Drian, qui était lui-même sous la coupe de son directeur de cabinet, Cédric Lewandowski. Une mise en abîme qui rappelait les pires heures des républiques parlementaires d'un passé qu'on croyait révolu.

Lewandowski a la cinquantaine rondouillarde et chaleureuse. Il est faraud d'avoir été surnommé par la presse « Foccardowski », par référence à l'ancien conseiller du général de Gaulle pour les affaires africaines, le célèbre et sulfureux Jacques Foccart. Il balaie les rumeurs du microcosme parisien sur ses inimitiés avec les technocraties budgétaires et militaires, qu'il aurait également indisposées par son autoritarisme. Lewandowski est féru d'histoire. Il me confie qu'il travaille à une biographie de Lucien Bonaparte, le seul de la famille qui résista vraiment à son impérieux frère. On évoque un moment cette période de l'Empire.

Puis, on revient à EDF. Il m'avoue son inquiétude à propos de la baisse des compétences de la grande maison dans le domaine nucléaire. Ce fleuron français est en danger. Le nucléaire n'a plus la cote auprès des politiques et de l'opinion, alors que c'était un des atouts maîtres de notre pays. On conspue de concert l'influence délétère des Verts qui jouent toujours contre la France.

Il revient encore et toujours – il ne peut s'en empêcher – à son *mano a mano* avec le jeune président qui, à peine élu, arrache Le Drian à son ministère de la Défense pour mieux se débarrasser de son encombrant directeur de cabinet. Lewandowski regarde avec un brin de condescendance la faiblesse de son ancien patron qui a préféré céder aux injonctions élyséennes pour conserver un maroquin, même si c'est celui des Affaires étrangères, sous la tutelle étroite du président. Au cours de ces longues années au cœur de la machine gouvernementale, Lewandowski en a appris beaucoup sur la nature humaine. Il a vu la couardise, la veulerie, l'hypocrisie. La corruption aussi. Il a observé les méthodes de certains princes arabes du Golfe, qui n'hésitent pas à laisser traîner dans les bureaux des éminences qu'ils visitent des valises emplies de montres et de bijoux. Libre à chacun de les rendre ou les garder...

Mick Jagger
19 octobre 2017

Les sourires goguenards de Christopher Baldelli et de tous les invités de la tribune VIP de RTL autour de moi ne m'ont pas échappé, mais je n'en ai cure. Je danse – ou plutôt, je me dandine en suivant, ou plutôt en essayant de suivre les déhanchements savants de Mick Jagger sur scène. Dès que j'entends les premiers *riffs* que tire de sa guitare l'auguste Keith Richard – qui ressemble de plus à plus à un oiseau empaillé –, je ne peux résister à l'appel qui vient du plus profond de mon adolescence. J'ai quinze ans.

Cette salle de l'U Arena à la Défense est impressionnante. En bas, dans la fosse, près de l'estrade, une frénésie similaire à la mienne a emporté tous les inconditionnels des Rolling Stones. Mais en haut, à la corbeille, on reste ostensiblement assis, comme si on assistait à une représentation théâtrale ou un concert de musique classique.

Les Rolling Stones furent dans ma jeunesse le porte-drapeau d'une révolte juvénile contre les adultes et l'ordre établi. Ils sont devenus les puissances tutélaires du nouvel ordre mondial.

Au début des années 1970, leurs concerts étaient interdits en France, et leurs admirateurs étaient contraints de se rendre à Bruxelles. Désormais, la présence à leurs spectacles est obligatoire pour tous ceux qui veulent montrer qu'ils font partie des *happy few*, des « élites ».

Les « temps changent », avait prévenu naguère leur compère Bob Dylan qui, depuis lors, a reçu le prix Nobel de littérature alors que nos grands-parents lui auraient au mieux jeté quelques pièces.

Les « baby-boomers » ont vieilli et pris le pouvoir. Tout le pouvoir : économique, financier, culturel, médiatique, politique. Ils ont imposé à leurs parents, mais aussi à leurs enfants et leurs petits-enfants, leur conception du monde individualiste et mondialiste – et leurs intérêts. Quand ils étaient jeunes, toutes les sociétés occidentales tournaient autour de leurs « justes révoltes » et de leurs besoins : école, université, emploi, liberté sexuelle. Désormais, tout tourne autour de leur retraite, de leur épargne à protéger et de leur santé à préserver. Jamais une génération n'avait autant dominé un siècle entier. Jamais une génération n'avait été aussi nombreuse dans l'histoire de France. Jamais une génération n'avait connu une aussi longue période de paix. Jamais une génération n'avait été aussi riche.

Après le concert, les invités VIP se restaurent à la hâte et conversent autour de petits groupes assemblés au hasard. Il y a là des patrons, des journalistes, des politiques, quelques jolies femmes. On échange des sourires complices, des remarques amusées, des numéros de téléphone. On se reverra dans les loges du Parc des Princes pour un match du Paris-Saint-Germain.

Allan Bloom avait écrit dans son livre *L'Âme désarmée* une phrase que je n'avais pas manqué de relever : « Au XIXe siècle, toute la jeunesse européenne voulait être Napoléon. Au XXe siècle, elle veut être Mick Jagger. »

Notre universitaire américain avait vu juste. Mick Jagger a été l'étendard de l'Occident dans la seconde moitié du XXe siècle. Pour le meilleur et pour le pire. Il avait incarné l'individualisme, l'hédonisme, les drogues, la fureur adolescente, la liberté sexuelle, une certaine androgynie, ce qu'on appelle aujourd'hui la fluidité des genres, l'hégémonie sans partage de la langue anglaise, le métissage culturel entre l'Afrique et l'Europe, sans oublier un solide sens des affaires qui tourne souvent à l'âpreté au gain et à la cupidité ; la mondialisation des marchés, et même la chute du communisme : les Rolling Stones furent le premier groupe de rock réclamé dans les pays communistes, de l'Europe à Cuba.

Quelques semaines plus tard, on rejouait la même scène à l'échelle française avec la mort de Johnny Hallyday. Il ne voulait pas, lui, être Mick Jagger mais Elvis Presley. Il ne rêvait pas d'être anglais mais américain. Mais c'étaient la même génération et les mêmes valeurs. Tous ces indéracinables « boomers ». Le président de la République lui-même avait tenu à assister à la cérémonie donnée en l'église de la Madeleine.

Cet adolescent de quarante ans ne pouvait mieux montrer la déférence de sa génération à l'égard de ses aînés qui, eux, n'en avaient eu aucune pour ceux qui les avaient précédés.

Dehors, dans un froid glacial, une foule innombrable était venue de toute la France saluer une dernière fois son Johnny ». C'était avant tout la classe populaire française, cette fameuse « France périphérique » qui s'était déplacée :

peu de jeunes et pas de « jeunes de banlieue ». La France d'après guerre, du « Formica et du ciné », des films de de Funès et de Sautet, une France ambivalente qui avait adulé le général de Gaulle et fait sien le rêve américain ; une France paradoxale qui avait essayé de tout concilier, la poursuite de l'histoire de France et le matérialisme consumériste à l'américaine. Johnny avait séduit des « franchouillards » alors qu'il ne rêvait que de séduire Los Angeles. On imagine qu'il n'avait que mépris pour ceux qui l'adulaient, qui n'avait d'équivalent que le mépris dont l'écrasaient ses idoles américaines qu'il vénérait. Cette « cascade de mépris » digne de l'Ancien Régime marquait bien notre époque, et l'abaissement de notre statut dans le monde. Johnny, jusque dans ce nom américain choisi comme emblème, était bien français. Il avait notre ridicule, notre naïveté et nos complexes, et symbolisait notre abaissement géostratégique. C'est peut-être pour cela qu'on ne pouvait s'empêcher de l'aimer.

Tea time avec Édouard
20 octobre 2017

J'ai pris soin de me tenir une minute avant seize heures devant l'immeuble cossu du boulevard Delessert, dans le XVIe arrondissement de Paris. Je sais combien pour mon hôte la ponctualité est chose sacrée.

J'ai conservé dans ma mémoire l'œil noir qu'il m'avait jeté alors que jeune journaliste, j'étais arrivé en retard à l'hôtel Matignon pour un de ces déjeuners de presse dont le Premier ministre était alors coutumier.

Édouard Balladur m'ouvre lui-même la porte. Il n'a pas changé. Toujours le même menton traînant à la Louis XVI, le même regard ironique, la même voix de fausset tant imitée et brocardée, les mêmes costumes trois-pièces d'une élégance française, les mêmes chaussettes rouges de cardinal romain. Édouard est demeuré Balladur, longtemps après que l'heure de la retraite a sonné. Il m'introduit dans son salon, où les meubles raffinés du XVIIIe siècle, commode, glace, fauteuils, sont agencés avec harmonie. Aussitôt assis, il me demande si je veux un thé ou un café. La discussion s'engage. Je constate que son esprit est lui aussi demeuré le même. À près de quatre-vingt-dix ans, il est sans cesse en alerte, toujours aussi vif et toujours aussi acide, passant sans trébucher de thème en thème, des derniers potins politiques à de plus hautes perspectives historiques. Il m'interroge comme s'il vivait retiré dans une grotte, loin de toute agitation parisienne, et je découvre qu'il est souvent mieux informé que moi. Sa mémoire est aussi bien entretenue que les meubles qui ornent son salon.

Il se paye le luxe d'hésiter sur un nom, mais je comprends vite que sa formule rituelle « comment vous l'appelez déjà ? » n'est pas une marque de sénilité mais de mépris pour le personnage qu'il veut évoquer.

On passe de Macron à Sarkozy ; de de Gaulle à Mitterrand, de Wauquiez à Pécresse. Il me taquine sur ma tendresse passée pour Philippe Séguin, dont il continue de considérer qu'il « pensait faux ». Son admiration pour de Gaulle et Pompidou – il dit « le Général » et « le président Pompidou » – est intacte, autant que son aversion pour Mitterrand : « Il était très méchant, vous savez. » Au passage, il ne peut s'empêcher de brocarder le concept de « gaullo-mitterrandisme », et son inventeur, Hubert Védrine : « Il n'est pas un diplomate, vous savez, il n'est pas sorti de l'ENA au Quai, mais au ministère de la Culture, je crois. »

Il conduit la conversation à sa guise, et je me contente de lui renvoyer la balle, comme un loyal *sparring partner*. Il connaît d'avance nos rares désaccords de fond, et s'en amuse sans insister. Il s'amuse : « Ah, je sais, vous allez encore me trouver trop européen. » Ou encore : « Votre Napoléon a montré ses limites lorsqu'il a fait la guerre sur deux fronts en Espagne et en Russie. Avec les moyens de l'époque, c'était une folie. »

Il distingue entre un « libéralisme anglo-saxon », qui ne connaît que le marché et l'individu, et un « libéralisme français », qui fait une place raisonnable à l'action de l'État et à l'intérêt général. Il s'inquiète vivement de la présence de plus en plus nombreuse de populations musulmanes sur notre sol.

Il n'a aucune affection pour le « jeune Macron » qu'il trouve « surfait et verbeux » ; et toutes les mansuétudes pour Laurent Wauquiez qui vient solliciter ses conseils. J'imagine un instant la scène, qui ressemble tant à celle du film *Le Président*, quand Bernard Blier, pressenti pour devenir président du Conseil, tente en vain d'amadouer le vieux Gabin en lui assurant qu'il sera son mentor.

On évoque quelques souvenirs sur ses campagnes électorales passées, la présidentielle de 1995, mais aussi les régionales de 1998 ; je sens qu'il ne souhaite guère s'appesantir sur ses deux défaites. Il s'attarde en revanche un instant sur la région Île-de-France et sa présidente, me rejoue son numéro du « comment vous l'appelez déjà ? », avant de m'assener : « Ah oui, Pécresse, c'est ça, c'est une imbécile quand même ! » Le rejoignant sur son terrain favori de l'ironie assassine, je fais semblant de prendre sa défense : « Elle a quand même fait HEC et l'ENA », mais il me rétorque du tac au tac : « Enfin, vous savez bien que dans toutes les promotions de grandes écoles, il y a 30 % d'imbéciles. »

Soudain, il s'interrompt ; et promène son regard au-dessus de moi, vers la porte du salon qui s'entrouvre. Une vieille dame timide au physique frêle entre dans la pièce sans bruit et s'assoit sur le bord d'un fauteuil : « C'est ma femme, elle m'a demandé si elle pouvait venir vous voir. Elle ne vous rate jamais à la télévision ; elle est toujours d'accord avec vous. Elle vous admire, vous savez. » Son regard pétille à la fois d'ironie et de tendresse. L'admiration que son épouse me porte est pour lui une incongruité, mais il lui pardonne.

La petite femme timide s'empresse de se retirer, après trois banalités échangées, comme si elle voulait se faire pardonner son audace. Je confie à Balladur que Chirac est « au plus mal », ce qui ne l'étonne guère : « Il a commis beaucoup d'excès, vous savez. »

L'heure qu'il avait prévu de me consacrer est déjà achevée. En se levant, il me dit : « Vous devriez écrire quelque chose sur une alliance des droites. Comment la rendre possible. On ne peut pas continuer comme ça. Il faut sortir du piège que nous a tendu Mitterrand. La situation est trop grave. Si vous voulez vous rendre utile au pays, écrivez ça. »

Il me raccompagne vers la porte avec sa courtoisie habituelle. Il arrange les pans de mon manteau et ajuste mon écharpe autour de mon cou.

Il me souffle, dans un dernier sourire taquin : « Prenez soin de vous, il fait froid. »

2018

Réac and roll

13 janvier 2018

La foule entonne en chœur, avec un enthousiasme que je tente de partager, les paroles dont je ne connais pas le moindre mot. Sur la scène, un petit bonhomme se tenant bien droit évoque le charme entêtant de l'Algérie française, l'héroïsme vain des soldats de Diên Biên Phu, ou la vie recluse derrière le rideau de fer. C'est la litanie de toutes les batailles perdues, de tous les exils douloureux, de toutes les tyrannies glorieuses. Toute l'histoire du XXe siècle défile, vue du côté des vaincus. Les paroles se font souvenirs ou slogans ; la foule les murmure ou les scande dans la ferveur ou la fureur ; c'est à la fois un concert et un meeting. J'ai l'impression d'assister à un spectacle inversé de Jean Ferrat. Les mélodies et les paroles sont plus sommaires, moins abouties, moins littéraires, mais il y a ce même mélange de poésie et de politique, de lyrisme et d'engagement, de passion pour la langue et les femmes, la politique et l'histoire, qui m'a toujours ému chez le compagnon de route des communistes, et qui est à mes yeux la quintessence de l'esprit français, quelle que soit l'idéologie qui le sous-tend, et qui fait que j'ai autant de plaisir à lire *La Semaine sainte* d'Aragon que *Les Deux Étendards* de Rebatet.

C'est ainsi que je découvre le petit monde de Jean-Pax Méfret. Mon amie Anne Méaux m'a « démarché ».

Elle n'hésite jamais à mettre la main à la pâte pour son vieux complice de quarante ans. Elle m'a décrit alors la faconde avec laquelle le chanteur déroule son nom original aux journalistes suspicieux qui l'interrogent : « Jean comme tout le monde ; Pax comme personne ; Méfret comme mon père. » À l'entracte, je croise de nombreux amis dont j'ignorais la vieille passion secrète : Gérard Longuet, Alain Madelin ou encore mon collègue du *Figaro Magazine*, Jean-Christophe Buisson. Éric Brunet me conte avec sa gouaille coutumière son adolescence rebelle de « résistant », traité de « facho » et ostracisé par ses copains de lycée parce qu'il refusait d'encenser le communisme et de se coucher devant le sectarisme de la gauche.

Je me rends compte que ma jeunesse fut bien plus conformiste, lisant Balzac, Hugo et Zola, entonnant les chansons de Maxime Le Forestier et de Léo Ferré, assez indifférent au fond au sort des peuples soumis au joug de l'Union soviétique.

Le public a profité de l'entracte pour envahir les escaliers majestueux du Casino de Paris. Différentes générations se croisent dans une atmosphère bon enfant. Je suis au cœur de ce que les médias appellent, avec une emphase imbécile et sectaire : « l'extrême droite ». Cette extrême droite qui fut autant à Londres qu'à Vichy, et dans les maquis bien avant que les communistes n'y vinssent. Cette extrême droite qui a eu le malheur de défendre l'intégrité de la République qui comprenait alors trois départements d'Algérie, comme jadis on défendait l'Alsace-Lorraine. Cette extrême droite que le général de Gaulle n'a jamais hésité à rameuter après l'avoir combattue, que ce soit en 1947 au sein du RPF ou en mai 1968. Cette extrême droite qui s'est beaucoup trompée et a essuyé moult défaites, mais qui a eu raison aussi avant tout le monde lorsqu'elle alertait sur le danger allemand (dès la fin du XIXe siècle et dans l'entre-deux-guerres) et le danger migratoire et islamique dès les années 1970. Cette extrême droite, qui n'est que l'outil tactique utilisé par la gauche pour distinguer entre le bien et le mal, diviser ses adversaires et se maintenir au pouvoir alors qu'elle est minoritaire dans le pays.

Une extrême droite imaginaire qui n'est en vérité qu'une droite patriotique en quête d'ordre et d'un légitime conservatisme, où je me sens bien.

Adieu poulet
20 janvier 2018

Il y a beaucoup d'images en noir et blanc. Les journaux ressortent les titres qui datent : « Cuisinier du siècle » ou « Pape de la gastronomie française ». La mort de Paul Bocuse nous ramène dans les années 1970, au temps où le président Giscard d'Estaing avait son rond de serviette dans son restaurant. Tradition française : la cuisine de cour autour du roi.
Toutes les nations, tous les peuples ont des cuisines ; mais seule la France a une « grande » cuisine. Ce n'est pas un jugement de valeur sur la qualité des mets, mais un constat historique. Le mot « gastronomie » est une invention française du XIXe siècle. Ce n'est qu'en France que manger est « un rituel, un acte de civilisation, presque une prise de position philosophique », comme l'avait découvert l'écrivain roumain Emil Cioran, dès son arrivée à Paris. Dans le monde entier on mange pour vivre, mais seuls les Français vivent pour manger. Ce n'est pas pour rien si, en 2010, l'ONU a inscrit le repas gastronomique français au patrimoine immatériel de l'humanité.

Bocuse est une borne. Il est à la fois du monde d'avant, le grand cuisiner du roi de France, et du monde d'après, le cuisiner des élites mondialisées. Ce n'est pas un changement de nature, mais un changement d'échelle. Dès le XVIIe siècle, toutes les cours européennes s'arrachaient les grands cuisiniers français. Bocuse aura sans doute passé plus de temps dans les avions qu'à ses fourneaux. Tous ses émules, de Robuchon à Ducasse, l'ont imité et dépassé. Bocuse était un roi français jusqu'au bout des ongles, avec ses faux airs de paysan matois, ou une polygamie qu'il assumait sans fard. Mais le règne de Monsieur Paul fut aussi l'époque de la cuisine industrielle, de l'essor de l'agroalimentaire, où tout ce que nous mangeons est transformé, les fruits et légumes calibrés, conditionnés, emballés, des supermarchés qui vont chercher au loin les produits les moins chers, au goût insipide, standardisé, uniformisé. Dans *L'Aile ou la cuisse*, de Funès dit déjà tout, annonce tout, déconstruit tout. La France est dans une situation paradoxale qu'incarne bien la gloire planétaire de Bocuse : à la fois reconnue universellement pour son génie culinaire, la France est aussi le pays des McDonald's triomphants et des kebabs envahissants. Pendant qu'on enterre Bocuse avec tous les honneurs dus à son rang, la grande cuisine française ressemble de plus en plus à un village Potemkine.

Les enfants terribles
14 février 2018

C'est un ami de quarante ans. Je le revois vêtu d'un costume trois-pièces et cravaté, le jour de la rentrée à Sciences-Po. Le hasard de nos affectations nous avait rangés côte à côte dans les mêmes « conférences de méthode », selon l'expression consacrée dans l'auguste maison. On n'avait pas vingt ans et j'arborais ma longue tignasse frisée, mes jeans et mes tennis Stan Smith. J'étais déguisé en jeune rebelle des années 1970, lui en vieux bourgeois des années 1950. Je n'avais pas encore acquis ni même compris les codes socioculturels de l'école ; lui les surjouait avec ostentation. Chacun à sa manière, nous démontrions la pertinence de la fameuse formule de Paul Nizan : « Je ne laisserai dire à personne que vingt ans est le plus bel âge de la vie. »

On en rit à gorge déployée à chaque fois qu'on se revoit autour d'une bonne table. Comme son mentor en politique, Pierre Bédier aime les plats canailles et le gros rouge qui tache. Il connaît par cœur les répliques des *Tontons flingueurs* et ne rate jamais une occasion de les déclamer pour amuser la galerie ; il a la tripe et la gouaille chiraquiennes. Comme dans la chanson de Brel sur les bourgeois, Pierre a toujours ses mêmes costumes trois-pièces et les mêmes cravates sobres ; et les mêmes lunettes cerclées qui le font ressembler au Chirac première manière, s'il n'avait vingt bons centimètres de moins. Il a conservé une pointe d'accent du Sud-Ouest, qui donne un peu de couleur à son apparence grisâtre du technocrate qu'il n'est pas.

Il a été élu député, maire, président du conseil général des Yvelines. Il fut même un éphémère ministre des Prisons. À Sciences-Po, déjà, il s'était fait élire président de l'association sportive. Il est devenu ce notable de la Ve République que son costume promettait à vingt ans. Il en a l'allure, le discours, les idées, le cynisme, le tutoiement facile, la tape sur l'épaule et la religion du « terrain ». Il a même eu les inévitables ennuis judiciaires, qui lui ont coûté son maroquin ministériel, comme s'il s'obstinait à cocher toutes les cases de la carrière.

Il fait partie de ces chiraquiens implantés dans la banlieue parisienne qui ont ferraillé pour arracher avec les dents les derniers copeaux de la ceinture rouge. À Trappes, aux Mureaux et dans l'ensemble du département des Yvelines, il a vu de près l'islamisation des quartiers, les uns après les autres tombant comme des dominos sous le poids du nombre, le vert submergeant et remplaçant le rouge. Lors de ses premières campagnes électorales, de militant puis de candidat RPR dans les années 1980, il l'a combattue sans relâche ; puis, une fois élu, il a préféré composer.

Il défend un clientélisme tranquille. Un clientélisme goguenard et cynique. Stendhal disait que « le propre du Français est de n'être dupe de rien ». Pierre est très français. Pas dupe de ses compromis qui tournent parfois aux compromissions. Pas dupe du jeu des associations islamiques qui appliquent les préceptes de la *taqiyya*. Pas dupe de la grande misère de l'État. Pas dupe de ses grands discours sur la politique de la ville, tonneau des Danaïdes qui veut faire accroire que la question est dans le contenant alors qu'elle est dans le contenu, dans le bâti alors qu'elle est dans la population qui l'occupe. Je lui reproche sa faiblesse, il me reproche mon irréalisme. Je parle de l'islam, il parle des musulmans. Je parle de la France, lui des Français. J'évoque les mouvements de l'histoire, la guerre de civilisations qui nous étreint, la guerre civile qui vient. Il privilégie les petits arrangements entre ennemis.

Parfois, on s'énerve, on s'invective, et je le traite de collabo et il me traite d'extrémiste. Il est devenu un de ces politiciens tels que les définissait Malraux, qui « contournent l'obstacle et qui cherchent des ennemis politiques pour ne pas voir l'ennemi réel ». Pourtant, il se prétend toujours gaulliste, et moi aussi. Il y a plusieurs demeures dans la maison du père.

Ridicule
20 mars 2018

Déjeuner au Sénat avec Pierre Charon. Un ami indéfectible de Nicolas Sarkozy. Un des hommes les plus drôles de la classe politique, jamais avare d'un bon mot, d'une histoire leste, d'un trait assassin. Un convive charmant, souvent désopilant. Il n'aurait pas dépareillé dans le film *Ridicule*, sur la vie à la cour de Louis XVI. Mais le mot le plus cruel de sa carrière, c'est Chirac qui le lui a asséné. Lorsqu'il était chargé des relations avec la presse du patron du RPR, il ne manquait jamais de se répandre dans Paris sur la vie amoureuse alors trépidante de sa fille Claude. Un jour, tandis qu'ils roulaient tous deux dans la capitale, Chirac lui asséna d'un air mauvais : « Monsieur Charon, vous voudrez bien désormais cesser de parler de ma fille. » Puis, ne laissant pas le temps à son interlocuteur de réagir, il s'adressa à son chauffeur : « Arrêtez-vous. M. Charon descend là. »

« Pays en guerre »
20 avril 2018

Nous engloutissons nos pizzas avec une satisfaction visible dans ce restaurant à la mode derrière l'église Saint-Sulpice. La conversation roule sur nos désaccords sans sectarisme, dans un climat enjoué. Gilles Clavreul est un tenant de la ligne « républicaine », qui essaie de conserver à gauche les vieilles traditions de la laïcité et de l'assimilation. Il a fondé avec Laurent Bouvet le Printemps républicain que les islamo-gauchistes jugent « raciste » et « islamophobe ». C'est un énarque quadragénaire vif et madré ; un préfet qui travailla quelques années à l'Élysée, auprès de François Hollande, et y dirigea la délégation interministérielle à la lutte contre le racisme, l'antisémitisme et la haine anti-LGBT (Dilcrah) : un de ces organismes qui se sont multipliés ces dernières années pour imposer la novlangue des minorités ethniques et sexuelles à toute la population.

Un joli paradoxe. On a placé au cœur de l'État un relais des revendications des associations ethniques et sexuelles. Le symbole que l'État a changé de nature : ce n'est plus la quête de l'intérêt général qui l'anime, mais la satisfaction des désirs individuels. Ce n'est plus la majorité (« la volonté du peuple »), qui le légitime, mais les oukases tyranniques des minorités. L'État n'est plus au-dessus de la société, mais en dessous. C'est l'essence de la mafia que de loger au sein de l'État ses activités illicites. C'est comme si l'État offrait lui-même la corde pour le pendre. La République « une et indivisible » se suicide pour laisser place à la société des individus, multiple et éclatée.

Nommer à la tête de cet organisme un préfet, symbole de l'État napoléonien, vertical et impérieux, se révèle d'une suprême ironie, d'une suprême irrévérence, d'une suprême humiliation.

Nous n'avons pourtant pas d'opposition de principe. J'ai tété au sein maternel les règles d'assimilation et de laïcité. Je lui raconte que ma mère s'affichait résolument « israélite » et n'employait pas le mot « juive » ; qu'elle interdisait à ses enfants, avec un soin maniaque, tout signe religieux : *kippa* à la sortie de la synagogue (à l'époque, on utilisait à dessein le mot français et chrétien de « calotte ») ou médaille en forme d'étoile de David sur nos torses imberbes d'enfants. Clavreul n'a pas connu une telle rigueur. Dans sa jeunesse, la gauche avait déjà entamé sa longue marche vers la société multiculturelle, limitant la laïcité à la seule « liberté religieuse » et tenant l'assimilation pour un archaïsme colonial.

Tout cela était non seulement faux historiquement, mais surtout dévastateur pour le pays. Les individus devenus tyrans refusaient d'être citoyens et de se soumettre à cet État pour lequel les républicains avaient tant bataillé. L'islam s'est engouffré dans la brèche au nom de la liberté individuelle. Génial retournement tactique en forme d'oxymore : la religion qui se définit elle-même comme « soumission » à Dieu, invoquant la liberté honnie des mécréants pour imposer sa Loi sur une terre chrétienne.

Les idéaux républicains de jadis, abandonnés par la pointe avancée de la gauche, furent noyés dans une immigration trop nombreuse et trop éloignée des canons de notre civilisation gréco-romaine et chrétienne. Le roi du Maroc Hassan II l'avait annoncé sans ambages lors d'une émission de télévision, devant une Anne Sinclair pantoise, restée célèbre dans les années 1980 ; le général de Gaulle avait lui aussi prophétisé l'impossible amalgame devant Alain Peyrefitte : « On assimile des individus, pas des peuples. »

Un peuple s'est constitué au fil des décennies et des arrivées dans nos banlieues où règne sa loi, ses mœurs, son Dieu. La glorieuse « une et indivisible » subit ainsi le sort funeste qu'elle a elle-même imposé à la millénaire monarchie capétienne. Lorsque Charles X, après vingt-cinq ans de Révolution et d'Empire, avait tenté de ressusciter la magie du sacre à Reims de ses ancêtres, le pays entier s'était étonné, entre incompréhension et sarcasmes. Le charme était rompu. Le charme de la monarchie d'hier, celui de la République désormais.

Nous sommes capables autour de la table de nous entendre sur le diagnostic et l'ennemi commun ; mais Clavreul ne le reconnaîtra jamais publiquement. Il prendra alors soin de me mettre dans le même sac d'opprobre « identitaire » que les « indigénistes », islamistes et autres. De me prendre en étau dans la fameuse « tenaille identitaire ». Je m'amuse de ses habiletés que je crois dépassées. Je lui rappelle qu'il commet la même erreur historique que Vichy qui avait aussi refusé de choisir entre Anglais et Allemands, « entre les *Yes* et les *Ja* », disait Maurras, et qui n'avait pas compris que la guerre impose de choisir son camp. Or, nous sommes dans une guerre de civilisations qui risque d'emporter notre pays et toute l'Europe dans la tourmente. Il sourit devant ma comparaison insolente. C'est lui et les siens qui ont l'habitude de lancer « Vichy » à la tête de leurs adversaires.

Je sens bien que je ne le convaincrai pas. Je n'en ai cure. Je le sens pourtant ébranlé. Alors que nous dégustons notre exquise glace au chocolat et à la noisette, il me lance comme une ultime confidence, comme un ultime aveu, comme une ultime promesse : « Quand on est à l'Élysée, et qu'on reçoit chaque soir toutes les fiches qui remontent du ministère de l'Intérieur sur les faits divers du jour, on a l'impression d'être dans un pays en guerre. »

Droit au but

15 juillet 2018

Une deuxième étoile ! J'ai l'impression de la porter moi aussi sur la poitrine. J'ai tellement attendu, tellement vibré, tellement pleuré. Comme l'a hurlé Thierry Roland le soir de la victoire de 1998 : « Je crois qu'après avoir vu ça, on peut mourir tranquille ! » La France en vainqueur de la Coupe du monde de football : c'est une revanche que les moins de quarante ans ne peuvent pas (com)prendre. Il faut avoir connu la médiocrité des années 1960, les humiliations des années 1970, la remontée des enfers avec les Verts de Saint-Étienne, les désillusions de River Plate, la tragédie de Séville, Platini roi d'Europe en 1984, mais Platini blessé en 1986. La France qui bute obstinément sur l'Allemagne en demi-finale : comme un rappel de son vieux complexe historique depuis Sedan.

Le football français vient des tréfonds ; il est monté au ciel : au début des années 1970, il ne battait pas la Norvège : désormais, il rivalise avec les géants du siècle, Brésil, Argentine, Italie, Allemagne. Un miracle.

Pourtant, ce titre de 2018 me laisse un sentiment mêlé. L'équipe de Didier Deschamps a déployé un jeu défensif et précautionneux. On est loin du « football champagne », comme on disait au temps de Raymond Kopa dans les années 1950. On est loin du carré magique des années Platini. On est beaucoup plus près de l'équipe d'Aimé Jacquet de 1998. Un football qui ressemble davantage à la tradition italienne, qui n'a pas son pareil pour contenir les assauts offensifs de l'adversaire avant de lui planter un coup de couteau dans le dos à la moindre occasion. Pas beau, mais efficace. La leçon est cruelle : la France perd quand elle joue comme la France et gagne quand elle joue comme l'Italie. Ce paradoxe n'a pas échappé à la presse italienne, qui en rit. Avant d'ajouter, perfide, que l'équipe de France est en réalité une équipe africaine. Le sujet est tabou en France. On n'a pas le droit de s'étonner du nombre de joueurs noirs dans l'équipe nationale. En revanche, il est légitime de s'étonner du nombre de Blancs sur les écrans de télévision ou à Sciences-Po. À ceux qui insistent, on rétorque qu'ils sont français et plus talentueux que les autres puisqu'ils ont été sélectionnés. Mais cet argument ne vaut pas pour les écrans ou les concours.

En vérité, le football français a toujours été le produit des immigrations successives : polonaise (Kopa), italienne (Platini), espagnole (Amoros), kabyle (Zidane), africaine (Tigana). Dans les années 1970 déjà, il y avait de nombreux joueurs antillais (Trésor, Janvion, Adams, etc.). Depuis la victoire de 1998, les formateurs français ont privilégié le gabarit sur la technique, ce qui a favorisé les impressionnants physiques venus d'Afrique, d'autant plus qu'à l'adolescence, lorsque les premières sélections sont opérées, les jeunes venus d'Afrique n'ont pas toujours l'âge qu'indique, ou plutôt que n'indique pas leur absence d'état civil.

Enfin, les clubs de football amateurs sont devenus, depuis les années 2000, et l'immigration de masse, la chasse gardée des jeunes Maghrébins et Africains dont certains prennent un malin plaisir à décourager les jeunes « Français de souche », leur faisant subir sarcasmes et brimades.

La presse italienne n'est pas la seule à se gausser de nous. Tous font les mêmes remarques. Imaginez une équipe du Sénégal composée de dix joueurs blancs ou jaunes, une équipe du Japon avec dix joueurs noirs ou blancs. Leurs peuples seraient pour le moins désemparés.

Je n'échappe pas à ce trouble. Pourtant, j'étais dans ma jeunesse un admirateur inconditionnel de joueurs comme Marius Trésor ou Jean Tigana. Il y a eu dans l'histoire du football de grands joueurs noirs (Pelé, Garrincha, Drogba, etc.) et de grands joueurs blancs (Maradona, Platini, Cruyff, etc.). Leur couleur de peau n'était pas un sujet. Elle l'est seulement devenue parce qu'elle symbolise les bouleversements de la population française. Le nombre, le nombre, le nombre. Mais cela n'entache jamais ma joie. Je ne suis pas de ces Français qui ont soutenu notre adversaire croate pour ses joueurs blancs. Je suis admiratif de l'efficacité de cette équipe. En finale, la France a eu quatre occasions et a marqué quatre buts. Un sans-faute.

Le jeune Mbappé est un trésor de rapidité. Aucun finaliste de Coupe du monde n'avait marqué quatre buts en finale depuis le Brésil du grand Pelé en 1970. Je songe à ce que m'avait dit Michel Platini, quelques années plus tôt, lors du seul déjeuner que j'ai eu le plaisir de partager avec lui : « Une finale de Coupe du monde, c'est le sommet. Il y a un tel niveau technique et une telle pression psychologique que marquer un but dans ce contexte est le propre des grands joueurs. Les autres craquent au dernier moment. C'est pourquoi Zidane qui a marqué lors de deux finales, en 1998 et 2006, est un grand. » Et d'ajouter sur un ton doux-amer :

« Moi, je n'ai jamais pu rien prouver puisque je n'ai jamais disputé de finale. » Je me souviens de son regard soudain mauvais : « J'en veux encore à Fernandez. Il n'avait pas connu Séville en 1982. Alors, après notre victoire en 1986 sur le Brésil, il est sorti faire la fête. Je lui avais dit pourtant de ne pas sortir. Forcément, il en a entraîné d'autres. Et deux jours plus tard, face aux Allemands, on n'était pas au top. Notre finale, on l'avait jouée contre le Brésil. Pourtant, cette année-là, on aurait dû gagner le titre… »

C'est sans doute mon destin de supporter. Les deux joueurs que j'ai portés au pinacle dans mon adolescence n'ont jamais gagné la Coupe du monde : Michel Platini et Johan Cruyff. Le Hollandais est tombé lui aussi face à l'Allemagne en 1974. Et pour la petite histoire, lui aussi, et toute son équipe, avaient fêté leur victoire en demi-finale face au Brésil. Une belle orgie avec jolies femmes et beuveries. Que la presse allemande s'était empressée de conter, provoquant les appels courroucés des épouses hollandaises restées au pays. De quoi troubler certains esprits…

Cruyff, autant que Platini, aurait pourtant mérité une étoile sur son beau maillot orange. Avec son club, l'Ajax d'Amsterdam, il fut le grand inventeur de ce qu'on appelle avec emphase « le football total ». Comme la guerre totale. Un jeu fondé sur la rapidité et la polyvalence de tous. L'historien Braudel aurait pu l'ajouter en codicille à son œuvre : « Les Hollandais ont tout inventé, le capitalisme mais aussi le football moderne. »

Mais Cruyff n'a pas été récompensé. Le football est injuste. Comme la vie. C'est sans doute pour cette raison qu'il est le sport le plus populaire au monde.

Elle est blême, mon HLM

3 septembre 2018

Rien n'a changé : les immeubles de quatre étages côte à côte ; les façades en crépi ; les garages alignés, le bac à sable. Seul un digicode électronique ouvrant une porte métallique est le signe discret de nouvelles habitudes. Mon esprit est une caméra embarquée qui me dirige au rythme de mes souvenirs de gosse. Là, je jouais au foot ; ici, je pédalais sur mon vélo sans me soucier des autos sur la route. Je contiens le mieux que je peux l'émotion qui m'étreint... Pour l'heure, une véritable caméra suit mes faits et gestes. Mon éditrice a eu l'idée de ce pèlerinage sur les lieux de mon enfance, pour l'émission que Thierry Ardisson veut consacrer à mon prochain livre *Destin français*. J'ai accepté avec enthousiasme. L'occasion était trop belle. Je n'étais jamais revenu chez moi, à la résidence Faidherbe à Drancy, depuis que je l'avais quittée à l'âge de onze ans. Longtemps j'en avais voulu à mon père d'avoir pris cette décision soudaine. Ce départ précipité avait symbolisé pour moi la fin de l'enfance, la fin des jours heureux, un paradis perdu.

Qui croirait cela aujourd'hui ? Les jours heureux en banlieue, à Drancy ! Mes bons camarades ironiseront, diront que je suis gagné par la nostalgie, que je réécris l'histoire, que c'est un phénomène psychologique habituel que d'enjoliver ses souvenirs d'enfance. Mes contempteurs acerbes noteront que j'ai trouvé une nouvelle manière d'accréditer mon « c'était mieux avant » ; une nouvelle occasion de « stigmatiser » les populations « racisées » qui n'avaient pas encore débarqué en masse dans mon paradis perdu banlieusard des années 1960, d'avant le « regroupement familial ».

Je persiste et signe. La banlieue était heureuse dans les années 1960. Les classes populaires et la petite classe moyenne s'amalgamaient aussi bien que les enfants de l'immigration italienne, espagnole, avec les petits Martin et Minot et les familles de pieds-noirs.

Ma mère pointait son minois à la fenêtre du premier étage et me hélait : « Éric, va m'acheter une baguette. » Et une volière de mômes rougissants s'agitaient pour prendre ma place. Au fond du garage, j'installais mon Monopoly pour des parties interminables, et j'implorais mon père de ne pas y garer sa voiture. Les femmes murmuraient que l'esthéticienne avait un nouvel amant. Les hommes donnaient des avis définitifs sur la dernière conférence de presse du général de Gaulle.

Les souvenirs affluent pendant que je continue de me balader dans la résidence. Je tombe enfin sur un parcours de mini-golf. Je ne l'avais pas oublié, mais à force de susciter l'incrédulité de mes interlocuteurs chaque fois que je l'évoquais depuis cinquante ans, j'avais fini par le croire mythique. Il existe bel et bien et est intact. Personne n'y joue. Il semble abandonné. Les premières feuilles mortes de la fin de l'été jonchent le sol. Je songe que les architectes des années 1960 avaient une haute ambition sociale pour les classes populaires. On croirait du Malraux et ses maisons de la culture. On était loin des bêtises victimaires entendues depuis des années sur la (fausse) étymologie de banlieue : « mis au ban ».

Les rues sont désertes en ce début d'après-midi. Une vieille dame, chargée d'un lourd cabas bien rempli, me croise alors que je montre au cameraman l'immeuble où je résidais. Elle m'interpelle : « J'ai bien connu vos parents. Ça a bien changé ici. Et pas en bien. »

Et elle s'en retourne chez elle. Près du bac à sable, trois enfants jouent au foot. Deux mères de famille approchent, conduisant des poussettes. Elles sont voilées. Le cameraman rigole : « On dira que vous avez fait exprès. »

Rien n'a changé et tout a changé. Le décor est le même, mais les acteurs ne sont plus les mêmes. Le décor a même été ravalé avec soin par les milliards du plan Borloo ; mais l'ambiance n'est plus la même. Elle n'est ni pire ni mieux ; elle est autre.

Le grand remplacement de peuple, de mœurs, de civilisation, qui se devine à Drancy, s'épanouit dans le XVIIIe arrondissement de Paris. L'équipe d'Ardisson m'a transporté dans les lieux qui ont vu mon adolescence. Après Drancy, nous atterrissons rue Doudeauville. Mon père y avait repris son

« affaire » d'ambulances, comme il disait avec emphase. Je revois le local où se réunissait la dizaine de chauffeurs et brancardiers ; je ne sais pourquoi la porte est condamnée. Je retrouve l'immeuble du 33 bis, où nous résidions. Là aussi, les façades n'ont pas changé, celles des immeubles haussmanniens cossus et austères, mais elles sont la dernière et seule trace de la vie parisienne d'autrefois. Tout le reste – hommes, femmes, enfants, boutiques, cafés, parfums, rues, rires, vêtements, conversations – est africain : il y a moins de Blancs ici que dans les rues de Bamako ou Abidjan. Certains clients des cafés, nonchalamment assis sur des chaises installées à la diable sur les trottoirs, se moquent de moi sans méchanceté. Un autre, plus vindicatif, me demande « ce que [je] fais ici ? ». Comment lui dire que j'y vivais avant qu'il voie le jour ? Mais il ne parvient pas à gâcher l'ambiance bon enfant qui règne. L'équipe d'Ardisson se gausse : « Alors, vous voyez, tout se passe bien. » Je réponds sur le même ton rigolard : « Oui, vous avez raison, ici, c'est le grand remplacement tranquille. »

Résidence Faidherbe comme rue Doudeauville, c'est la semblable métaphore du couteau : le manche et la lame ont été changés. C'est toujours un couteau mais ce n'est plus le même couteau.

Et j'ai crié : « Corinne ! » pour qu'elle comprenne...

13 septembre 2018

Je trempe mes lèvres dans la tasse de thé. C'est l'ultime remède qu'on m'a conseillé pour soigner une extinction de voix que la cortisone n'a pas vaincue. En face de moi, Thierry Ardisson officie. On a prévu que chacun des chroniqueurs choisirait un chapitre de l'histoire de France traité par mon dernier livre. Je ferraillerai avec Gilles-William Goldnadel sur Vichy et avec Franz-Olivier Giesbert sur Robespierre. Mais tout l'échange avec celui-ci sera coupé au montage. Il était pourtant passionnant. De toute manière, personne ne s'intéressera à ces controverses historiques. On ne retiendra que la fameuse Hapsatou Sy, alias Corinne. Je ne la connaissais pas avant d'entrer sur le plateau. Elle n'avait choisi aucun chapitre et n'avait pas prévu de poser la moindre question. Aucune période de l'histoire de France ne semblait l'intéresser. On pouvait se demander pourquoi elle était autour de la table. Elle représentait d'évidence le quota diversité et féminin imposé désormais dans tous les talk-shows télévisés. Au début de l'émission, Ardisson évoque mon altercation passée avec Rachida Dati à qui j'avais reproché d'avoir prénommé sa fille Zohra. Je confirme ma position et rappelle encore une fois qu'elle repose sur une loi du 11 germinal de l'an XI, édictée par Bonaparte, qui exige que tous les enfants de France portent des prénoms « français », tirés du « calendrier » des saints et des grandes figures antiques. Cette loi a été appliquée depuis lors dans la France de trois rois, de deux empereurs, et de quatre républiques. Toutes les immigrations s'y sont soumises jusqu'à celles des années 1970. Je regrette que cette loi ait été abolie par les socialistes en 1993, parce qu'au contraire du nom de famille qui symbolise l'identité personnelle, ses origines et sa généalogie, le prénom indique que les parents ont décidé que leur enfant se fonderait désormais dans une communauté de destin avec le pays où ils ont choisi de vivre.

J'ai l'impression de radoter. D'ailleurs, Ardisson rend hommage à ma constance et ma cohérence, en rappelant que j'ai aussi reproché à Nicolas Sarkozy le prénom italien de sa fille Julia. Je taquine sans animosité aucune Goldnadel et Polony sur leurs William et Natacha. À ce moment, la jolie jeune femme noire aux cheveux longs frisottés, que je ne connais pas, lève la main et me lance, sur un ton provocateur, comme si elle me sommait de me dédire ou de l'affronter : « Moi, je m'appelle Hapsatou, moi, vous me le reprochez ? »

Interloqué, je lui dis : « Je ne vous reproche rien, mais vos parents ont eu tort. »

Elle prend la mouche : « Comment voudriez-vous que je m'appelle ? » Je réponds du tac au tac : « Corinne. »

On m'a souvent demandé depuis lors pourquoi je l'avais appelée Corinne. Cela m'est venu spontanément. Comme une évidence. Une réminiscence. Corinne, c'était un prénom des classes populaires dans mon enfance, le prénom des coiffeuses ou des secrétaires. Tout le monde, parmi les chroniqueurs et le public, s'esclaffe. Furieuse, et sans doute vexée, elle me lance dans une syntaxe hasardeuse : « Pour moi qui aime ma France, qui aime ce pays, que ça vous plaise ou ça vous déplaise, je trouve que ce que vous venez de dire n'est pas une insulte à mon égard, c'est une insulte à la France. »

Je saute sur sa dernière phrase pour renvoyer la balle : « C'est votre prénom qui est une insulte à la France. La France n'est pas une terre vierge. C'est une terre avec une histoire, avec un passé. Et les prénoms incarnent l'histoire de la France. » Cette partie sera coupée au montage. Sur le moment, je ne m'en soucie guère. J'ai tort. J'ignore qu'Hapsatou Sy a demandé à sa maquilleuse de filmer avec son téléphone l'échange. Elle a donc préparé son altercation avec méthode. Le tout sera diffusé sur les réseaux sociaux par ses soins, bien que le contrat qu'elle a signé avec la production qui l'embauche l'interdise. Elle hurlera à l'insulte, à l'humiliation suprême, déversera des larmes de crocodile sur la « violence » qu'elle a subie. Comme disait le pape devant les colères de Napoléon : « *Comediante, tragediante.* »

Pourtant, Hapsatou Sy est née en 1981 sur le sol français. La loi du 11 germinal an XI s'appliquait encore. Ses parents auraient dû la respecter en proposant un prénom « tiré du calendrier » ; et l'officier d'état civil, refuser d'enregistrer ce « Hapsatou » ou ne le tolérer qu'en deuxième prénom. La loi française a été dans cette affaire ignorée et bafouée. Hapsatou Sy annonçait *urbi et orbi* qu'elle m'attaquait en justice : « Cette fois-ci, il ne s'en tirera pas. » Déjà le procès médiatique avait précédé le juridique.

Au *Figaro*, la Société des journalistes demande mon licenciement. À RTL, la rédaction exige mon renvoi. Les commentaires sont unanimes : j'ai tout prémédité pour faire le « buzz ». Je suis un habitué. C'est pour cette seule raison que mes livres se vendent autant...

Pas de mise en examen pour la haine du Blanc
17 septembre 2018

> *Pendez-les, pendez-les, pendez-les, pendez-les, pendez les Blancs*
> *Pendez-les, pendez-les, pendez-les, pendez-les, pendez-les maintenant, OK*
> *Pendez-les, pendez-les, pendez-les, pendez-les, pendez les Blancs*
> *Pendez-les, pendez-les, pendez-les, pendez-les, pendez-les maintenant, OK*
> *Je rentre dans des crèches, je tue des bébés blancs*
> *Attrapez-les vite et pendez leurs parents*
> *Écartelez-les pour passer le temps*
> *Divertir les enfants noirs de tout âge, petits et grands...*
> *Bouches de Blancs écartées sur un coin de trottoir*
> *Écrasement de tête mortel pour leur casser les dents*
> *Balle dans la tête, c'est donc ça qu'ils aiment tant*
> *Black History X, ça n'est que le commencement*
> *Fort de l'enseignement que j'ai reçu tout ce temps*
> *J'suis venu inverser le commerce gulaire-trian, hein*
> *Pendez-les tous [...].*

Le clip de cette chanson montre avec délectation la lapidation d'un homme blanc par des miliciens noirs. Il sera supprimé. Comme le sont les exécutions mises en scène par Daech. Ou les victimes françaises des djihadistes. Cachez-moi ces massacres que je ne saurais voir ! Le rappeur Nick Conrad justifie son appel au meurtre en expliquant qu'il a seulement voulu inverser les rôles historiques et « faire réfléchir » à la colonisation et à la traite des noirs dans le passé. Peu importe qu'il oublie (bagatelles !) que ce sont des Africains noirs qui ont fait la chasse à d'autres Africains noirs pour les asservir – dans le cadre d'un système esclavagiste qui préexistait à l'arrivée des Blancs – et vendre une part de leur butin à des acheteurs européens. Il faut le croire sur parole. Cette chanson est un avertissement, un programme, une prophétie comme la *Marseillaise* annonçait les guerres de la Révolution : « Ces féroces soldats qui viennent jusque dans nos bras égorger nos fils et nos compagnes » et « qu'un sang impur abreuve nos sillons », ou encore *La Carmagnole* qui mettait les têtes aristocrates « à la lanterne », c'est-à-dire pendues après avoir été décapitées.

Nick Conrad est le Rouget de Lisle de la contre-colonisation.

Don Valls destituido !
25 septembre 2018

La nouvelle suscite l'hilarité pour mieux masquer la gêne. On moque l'arrivisme effréné, l'impudeur, pour mieux cacher le sacrilège commis. La candidature de Manuel Valls à la mairie de Barcelone fait les gros titres des journaux et les grosses blagues des humoristes. J'avoue que cela ne me fait pas rire. Comme d'habitude, Valls en fait trop, posant pour *Paris Match* avec sa nouvelle compagne, catalane, bien sûr ; multipliant les déclarations d'amour à sa nouvelle patrie, qui se révèle être la première, à son retour au bercail, ses souvenirs d'enfance, les odeurs, les racines, la langue. C'est là que le bât blesse. Comment Valls ne se rend-il pas compte qu'il détruit en quelques semaines, en quelques phrases, en quelques images, toute sa vie politique ? Qu'il désintègre son engagement républicain, ses références énamourées à Jean-Pierre Chevènement et Georges Clemenceau ?

Il donne raison au « sang » sur le « sol », à la nature sur la culture, à l'inné sur l'acquis. Il donne raison à tous ceux qu'il a combattus, à tous ceux qui disent qu'un « poulain qui naît dans une étable à côté d'une vache n'est pas un veau ». Il donne raison à la conception allemande de la nation, à laquelle les Allemands eux-mêmes ont renoncé, et qu'ont combattue les Français groupés autour de Renan. Le républicain Valls a détruit la République. Il donne raison à la « terre et aux morts » de Barrès. Il donne raison à tous les adversaires – dont je suis – de la double nationalité. Raymond Aron disait : « On peut aimer plusieurs pays, mais on ne peut avoir qu'une seule allégeance. » Au passage, Valls a tué Valls, mais c'est la leçon la plus dérisoire de cette triste affaire.

Du Tipp-Ex dans le texte
11 novembre 2018

Cette citation, il ne pouvait pas la manquer. Cette phrase de Clemenceau est une des formules cultes du Tigre qui n'en était pas avare. Elle résume l'exaltation de la victoire, l'ivresse française de la grandeur retrouvée, après un siècle d'humiliations militaires, de Waterloo à Sedan, le retour de la « grande nation », comme disent nos chers amis allemands. Pourtant, en écoutant le président Macron, debout près des murs épais de l'Arc de Triomphe, prononcer ces quelques mots : « Souvenons-nous, nous autres français, de ce que Clemenceau a proclamé le jour de la victoire, il y a cent ans jour pour jour du haut de la tribune de l'Assemblée nationale », mes oreilles tiquent, et pas seulement par réflexe de cuistre qui note que l'Assemblée nationale était alors appelée « Chambre des députés ». Non, c'est autre chose, un vague souvenir qui flotte dans ma mémoire et ne retrouve pas sa musique. Je consulte mes livres d'histoire et je n'ai pas de mal à dénicher l'objet de ma gêne : « Combattante du droit, combattante de la liberté, la France sera toujours et à jamais le soldat de l'idéal », a récité Emmanuel Macron, alors que Clemenceau, lui, avait clamé : « La France, hier soldat de Dieu, aujourd'hui soldat de l'humanité, sera toujours soldat de l'idéal. » Point de pédanterie, le sens est le même, diront les pressés. Et pourtant, Macron, ou l'auteur de son discours, ou les deux, avaient toutes les raisons et toutes les facultés de prononcer cette célèbre phrase au mot près. S'il a préféré le mot « combattant » à celui de « soldat », c'est qu'il a jugé ce dernier trop belliqueux, alors qu'il s'exprimait devant notre chère amie, la chancelière allemande ? S'il a ignoré la référence à Dieu, c'est qu'il a souhaité être plus laïcard que le plus laïcard de nos dirigeants ? S'il a évité de parler de la France « soldat de Dieu », c'est qu'il n'a pas voulu ressusciter la glorieuse épopée des croisades – *Gesta Dei per Francos !* – pour ne pas effaroucher les musulmans de France ? S'il a glissé le droit et la liberté là où elles n'étaient pas, c'est pour attester une lutte au nom d'idéaux, de valeurs ?

Questions vaines ? Questions rhétoriques ?

Macron a répondu lui-même dans son discours. Juste avant de citer Clemenceau de travers : « Le patriotisme est l'exact contraire du nationalisme : le nationalisme en est la trahison. En disant "Nos intérêts d'abord et qu'importe les autres !", on gomme ce qu'une nation a de plus précieux, ce qui la fait vivre, ce qui la porte à être grande, ce qui est le plus important : ses valeurs morales. »

Les historiens ont fait fi depuis longtemps de cette reconstruction littéraire et idéologique. Les lettres des farouches combattants dans les tranchées éclairent sur leurs motivations profondes qui ont pour nom patrie, voire Dieu, mais pas le droit ; leur liberté de peuple, mais pas la liberté du monde. Ces paysans défendent avec l'énergie du désespoir leur sol, leur terre, leur femme, leur famille. Le pays que leurs pères leur ont légué.

Ils sont égoïstes, mais c'est pour cela qu'ils sont grands et admirables. Leur égoïsme sacré les conduit aux plus admirables sacrifices. Ils défendent aussi la « civilisation » contre les « barbares boches », mais ceux-ci n'en pensent pas moins en songeant aux « barbares » russes. Macron reprend à son compte l'opposition de Romain Gary, que j'ai toujours trouvée stupide, entre patriotisme et nationalisme. Quoi qu'en dise notre illustre écrivain gaulliste, le patriote déteste les autres s'ils l'envahissent (les patriotes de 1792 !) et le nationaliste aime tellement les siens qu'il veut leur permettre de dominer leurs voisins. Macron veut nous faire croire que la France n'est pas un peuple, ni une terre, ni des mœurs, mais des « valeurs », les fameuses valeurs de la République qui ne sont en vérité que l'habillage de l'idéologie dominante, qui a justement déconstruit, avant de les détruire, les principes patriotiques et patriarcaux ainsi que les traditions séculaires, venus du fond des âges et de la religion catholique, sur lesquels la République de 1914 a bâti sa victoire.

Macron cite Clemenceau mais fait du Briand. Il se pare de la vareuse du Tigre, mais reprend le pacifisme lyrique du prix Nobel de la paix. Il célèbre la victoire de l'homme qui ne faisait que « la guerre, la guerre, la guerre », mais s'écrie comme le chantre de la Société des nations : « Arrière, les canons, guerre à la guerre ! »

On ne lui demandait pas d'exalter les mérites du char FT17 à tourelle pivotante ni de réclamer à Angela Merkel la rive gauche du Rhin, mais seulement de ne pas sacrifier la dernière grande victoire militaire française – même si ce fut une victoire à la Pyrrhus – sur l'autel d'une idéologie pacifiste et européiste, qui est justement le fruit le plus amer de cette terrible hécatombe de la Première Guerre mondiale : fruit amer d'une crise du patriotisme français qui a couru tout au long du XXe siècle, et dont Emmanuel Macron est le dernier avatar.

Le diable est dans les détails, comme disent nos chers amis allemands.

Le lièvre et la tortue

27 novembre 2018

« Que penses-tu de Bellamy ? » L'abrupte question me prend au dépourvu. Je balbutie une vague réponse : « Je le connais mal... Il me paraît très fin, très subtil... Je ne suis pas sûr qu'il parle aux classes populaires. »

Le dîner tirait à sa fin. Il avait été fort chaleureux. Laurent Wauquiez m'avait convié dans un restaurant de la rue du Cherche-Midi où on déguste une cuisine de sa région du Velay sous la houlette débonnaire du frère de Pierre Gagnaire. Il a sa place réservée au plus près de la cuisine. On y est mal assis sur des sièges trop hauts, mais on est dorloté par des serveurs empressés. La discussion a tourné autour de mon dernier livre *Destin français* : « Je suis de la génération de la déconstruction, me dit-il. On ne nous apprenait déjà plus ce que tu écris. » Wauquiez a le syndrome de l'élève trop brillant qui craint de ne pas avoir de copains dans la cour de récréation à cause de sa supériorité intellectuelle. Il ne se rend même pas compte que c'est pire que de l'arrogance. Comme sa manie de prendre des notes, en posant de manière disgracieuse son avant-bras gauche, pour relever votre propos le plus anodin.

La question sur Bellamy était purement rhétorique. Laurent Wauquiez a déjà pris sa décision. Bellamy sera la tête de liste de LR pour les prochaines européennes de juin 2019. Son choix n'est pas stupide. Wauquiez a compris que l'électorat de droite s'est durci : plus conservateur, plus sécuritaire, plus hostile à l'islam. Ceux qui ne suivent pas cette évolution sont déjà partis chez Macron à l'occasion de la présidentielle de 2017. Il est leur chef, donc il les suit pour ne pas les perdre. Les médias daubent sans cesse sur la « sincérité » de l'ancien disciple apostat du centriste Jacques Barrot. Les arguments sont repris en boucle comme si Wauquiez avait été le premier politique à virer de bord au cours de sa carrière. Comme si le général de Gaulle n'avait pas été appelé sur le pavois par les partisans de l'Algérie française. Le procès en « insincérité » est un procès de classe : un fils de la bourgeoisie, un normalien, un agrégé d'histoire et énarque, cette incarnation pure et parfaite de l'élite française ne peut « sincèrement » critiquer l'Europe et l'immigration. Sous-entendu : il ne peut être aussi « bête » qu'un vulgaire populiste.

Je crois tout le contraire. Wauquiez a saisi qu'il y avait quelque chose de pourri au royaume des élites françaises, parce qu'il est un esprit brillant.

Son erreur n'est pas dans son diagnostic, mais dans son irrésolution, dans sa pusillanimité. Dans son entre-deux permanent, dans son refus de briser le cercle de feu qui entoure le Front national · dans son refus de reprendre les mesures radicales sur l'immigration, qu'avait pourtant énoncées la droite dès la convention de l'opposition de 1990. Les Giscard et Chirac, mais aussi Juppé ou Madelin avaient été bien plus audacieux que leurs cadets. Giscard avait parlé « d'immigration-invasion » et Chirac avait, à la mairie de Paris, versé une allocation familiale réservée aux Français. Wauquiez avait préféré imiter les méthodes d'un Sarkozy, qui lui avaient permis à coups de déclarations tonitruantes, de « Kärcher » et « d'identité nationale » de détacher une partie de l'électorat populaire de Jean-Marie Le Pen. Mais une fois au pouvoir, cet électorat n'avait rien vu venir. À défaut de Kärcher, il avait eu Kouchner. Les cocus ne l'avaient pas oublié. Funeste imitation. Ce n'était pas seulement le « job » de ministre de l'Intérieur que Sarkozy avait tué. Il tuerait aussi Wauquiez, qui coucherait avec lui sous la mitraille ce pauvre Bellamy qui n'en pouvait mais. Sarkozy, c'est Attila : là où il est passé, l'herbe de la droite ne repousse pas.

Jockey Club
28 novembre 2018

« Et comment fais-tu ton nœud de cravate ? Je n'en mets jamais. »

Et me voilà, devant la glace du hall d'entrée du Jockey Club, faisant et défaisant devant un Michel Houellebecq attentif et distrait à la fois mon nœud de cravate. Je suis bien incapable de lui nouer, encore moins de lui expliquer, seulement de lui montrer, sans grande utilité pédagogique. Je lui raconte que c'est mon père qui m'a appris la technique du « double nœud ». Il me confie que son père ne lui a pas transmis de geste aussi utile. Notre ami commun, Marin de Viry, nous a conviés à dîner dans cet endroit délicieusement désuet. On n'a ni l'un ni l'autre l'allure distinguée et précieuse des personnages de la *Recherche du temps perdu*, mais on s'applique du mieux qu'on peut.

On rit de notre maladresse commune. On est comme deux enfants complices, perdus devant les gestes les plus simples de l'existence.

Cocus de l'histoire

15 décembre 2018

Dîner en ville rue Tronchet, derrière la Madeleine. À chaque fois que je passe dans cette rue, je songe à Frédéric qui y attend Mme Arnoux dans *L'Éducation sentimentale.* Flaubert ne dédaignait pas les jeux de mots grivois. Mais l'enfant de la belle tombera malade, et Mme Arnoux renoncera au dernier moment à ses coupables ébats...

Le temps n'est plus guère à la galanterie. Question d'époque et de moment. Tous les samedis, les gilets jaunes défilent dans les rues de Paris. Chaque semaine, la manifestation bon enfant s'achève dans une violence inouïe, bagarres, saccages, pillages. À table, ce samedi-là, la conversation ne peut pas échapper aux gilets jaunes. Conversation est un mot inadéquat. Réquisitoire serait mieux adapté. Chacun des convives y va de son anecdote, de son sarcasme, de son indignation. Très vite, le ton monte, mais à l'unisson. Les gilets jaunes sont vilipendés, brocardés, insultés, traités de demeurés, d'abrutis, de fainéants, voire de cocus. Je m'efforce de distinguer entre gilets jaunes qui manifestent, black blocs qui cassent, et banlieusards à capuche qui pillent. En vain. Je justifie la rébellion populaire contre une taxe inique, hypocritement légitimée par une écologie punitive. La tablée refuse mon plaidoyer. Elle a vu, jugé, condamné. On dîne dans la vaste cuisine. Autour de la table, il y a patron, financier, avocat, haut fonctionnaire. Assise à côté de moi, une jeune femme distinguée et courtoise est particulièrement en colère ; je comprends qu'elle est chargée au cabinet du Premier ministre des questions budgétaires. Son mari nous décrit, sur un ton caustique, les larmes de son épouse lorsqu'elle a entendu le président à la télévision, annoncer une dépense exceptionnelle de 17 milliards, pour calmer la révolte. « Comme si c'était son propre argent », se moque le cruel époux. Notre « techno » ne s'en laisse pas conter. Elle réplique en experte : « Cet argent avait été économisé pour réduire les déficits et la dette. On va leur donner et ils vont le mettre sur leur livret A. Je l'ai dit au PM. » La tablée l'approuve à l'unanimité.

On est dans un livre de Christophe Guilluy. La bourgeoisie des métropoles méprise et déteste la France périphérique. Elle l'a repoussée au loin et ne s'en soucie guère. Elle se procure en banlieue d'innombrables domestiques, venus de contrées exotiques, nounous, taxis, cuisiniers, plongeurs, livreurs de pizzas ou de sushis, et même de drogues diverses. Ceux-là au moins ne rechignent pas à les servir pour un coût modeste. Les « Français », eux, sont trop revendicatifs, trop fainéants, trop assistés. Ils refusent d'être des « larbins » selon l'expression populaire. Qu'ils aillent donc au diable ! C'est d'ailleurs où ils ont dû aller, loin du paradis des métropoles où se créent désormais les richesses au temps de la mondialisation. Bien sûr, la cohabitation avec les nouveaux arrivants n'est pas toujours aisée. Mais la bourgeoisie des métropoles a les moyens de s'en protéger : codes électroniques, quartiers, écoles, lieux de loisirs et de vacances : ils ne les voient jamais.

Alors, quelques femmes voilées ou même quelques décapitations au cri de *Allah Akbar* ne leur semblent pas un prix trop exorbitant à payer pour un tel confort…

La rue Tronchet me ramène toujours à Flaubert. On est dans les années 1840. La lutte des classes bat son plein. À l'Élysée, un émule de Louis-Philippe rassemble les bourgeoisies autrefois divisées entre droite et gauche. Les « classes laborieuses, classes dangereuses » n'ont plus les moyens d'habiter à l'intérieur des murs de Paris, mais elles ont l'outrecuidance, chaque samedi, de revenir hanter ces rues où leurs aïeuls ont vécu. Les gilets jaunes valent bien les gavroches de Paris ou les canuts de Lyon. L'armée ne tire plus sur la foule, les morts ne jonchent plus le sol ; mais on frappe, on blesse, on éborgne, on mutile.

On est loin des consignes précautionneuses données dans les banlieues. Le gilet jaune ne s'appelle pas Malik Oussekine. Le peuple français ne veut plus dire grand-chose pour cette bourgeoisie des métropoles qui ne jure que par l'Europe et le vaste monde. Les classes populaires françaises sont, à leurs yeux dessillés, des beaufs inutiles et invisibles. Loin des yeux, loin du cœur.

La revanche d'une blonde
18 décembre 2018

Elle m'attend au fond de la salle. Pas vraiment dissimulée, mais en retrait. Elle a ses habitudes dans ce restaurant, derrière l'Arc de Triomphe. L'Aventure, c'est tout un programme. Son père y venait souvent naguère. Il paraît que Dominique Strauss-Kahn y emmenait aussi certaines de ses conquêtes. Marine Le Pen pianote sur son téléphone en tirant par petits coups saccadés sur sa cigarette électronique. Elle est vêtue d'un strict pantalon-veste, perchée sur de hauts talons, seule concession à sa part féminine.

Elle me sourit, et me tend sa joue pour la bise rituelle. On ne s'est pas revus depuis la campagne présidentielle. Ses amis m'ont soufflé qu'elle n'avait guère goûté mes commentaires acerbes sur sa déplorable prestation lors de ce fameux débat d'entre deux tours. On échange quelques banalités, comme pour montrer que tout est oublié à défaut d'être pardonné. La froidure de la météo, les enfants qui grandissent, la santé chancelante de son père. Les sujets vont vite manquer : je ne partage pas ses passions pour les chats et les plantes. Heureusement, il y a Macron. On peut dire à l'unisson tout le mal qu'on pense de lui. C'est elle qui évoque la première les européennes. Elle m'offre d'être sur la liste du Rassemblement national, en troisième place. Je n'ignore pas qu'elle a déjà promis cette place à Thierry Mariani. Elle fait mine de ne pas savoir que deux de ses proches, Sébastien Chenu et Philippe Ollivier, me sollicitent depuis des semaines pour prendre la tête de la liste. Ils m'ont assuré à plusieurs reprises qu'ils convaincraient « Marine ». Ils avaient l'air sûrs d'eux. Je ne les ai pas découragés. Je lui réponds que la troisième place ne m'intéresse pas. Elle m'indique que les militants ne comprendraient pas qu'elle ne confie pas la tête de liste à un membre du parti. Elle ajoute qu'elle a trouvé la perle rare, un jeune, très doué, une surprise. Elle conclut dans un sourire matois qu'elle sera toujours à ses côtés. Elle m'assure qu'être tête de liste n'est pas une sinécure, qu'on est responsable sur ses deniers propres, qu'on doit chaque matin répondre à des questions ineptes des journalistes. Elle imite le ton acerbe des interviewers radiophoniques. On rit un peu. Elle fait semblant de ne pas comprendre mes réticences ; je fais semblant de ne pas comprendre ses motivations. La boutique, avant tout ! La main sur le cœur, elle me lance avec une générosité affectée : « Je veux seulement te permettre de défendre tes idées et te donner la tranquillité matérielle pendant cinq ans ! » Elle me glisse qu'un député européen est très bien payé. Mieux qu'un député français ! Je lui réponds que j'ai les moyens de m'exprimer et de vivre. Et puis, j'ajoute : « Ma venue n'aurait d'intérêt que si on dépassait l'étiage habituel du Front. Si on atteignait les 30 %, alors, on bouleverserait le paysage politique. Pour faire le score habituel de ton parti, tu n'as pas besoin de moi. »

Elle a choisi. Elle n'a même jamais hésité. Paul-Marie Coûteaux m'avait encouragé à lancer une liste autonome. Au moins, me disait-il, cela pourrait inquiéter Marine et l'obliger à te concéder la tête de liste. J'avais refusé. Je n'avais pas envie de me lancer dans la présidentielle du pauvre. La politique n'est pas mon métier ; je défends des idées et des convictions, pas des places. Les maladresses des demi-habiles, comme disait Mauriac, ne m'amusent pas. La politique, à mes yeux, c'est le moyen de poursuivre l'histoire de France. Cela peut paraître grandiloquent ; mais je préfère la grandiloquence à la médiocrité des luttes partisanes. Je laissais Marine à ses choix.

On a fini notre café. Elle se lève, me claque une bise désinvolte, sort du restaurant. Son chauffeur l'attend devant. Avant de s'engouffrer dans la voiture, elle me lance : « N'oublie pas de me donner ta réponse tout de suite après les fêtes. Je dois annoncer ma tête de liste dans les premiers jours de janvier. »

Je n'ai pas le temps de lui dire qu'elle connaît déjà ma réponse. La voiture a démarré et file dans les rues désertes.

2019

Les larmes de l'histoire
15 avril 2019

Je retiens mon souffle et essuie quelques larmes d'un geste furtif. L'émotion m'étreint malgré moi. Je reste debout, pétrifié, devant mon téléviseur à contempler la flèche de Notre-Dame de Paris en flammes. Ma réaction n'a rien d'original. Des millions de gens, en France et dans le monde, éprouvent la même stupeur, la même incrédulité, essuient les mêmes larmes. La France redécouvre qu'elle est une terre chrétienne. Marcel Gauchet aurait ajouté que sa déchristianisation est l'ultime preuve qu'elle est bien la terre de « la religion de la sortie de la religion ». La France redécouvre aussi qu'elle est la terre de la beauté. Une beauté des paysages des bourgades, des rues, des églises, des façades des maisons, des places, des peintures, des musiques, de la langue, de la littérature, toute cette beauté héritée des Grecs et des Romains, pétrie et remodelée par l'Église, imposée par elle, toute cette beauté qui finira par s'émanciper d'elle et être retournée contre son magistère. La beauté des femmes aussi, la beauté des femmes surtout. Des femmes qui, à travers la figure de la Vierge Marie, acquièrent en ce Moyen Âge brutal une position unique au monde. En ce XIIe siècle, la France est à la fois le pays de l'amour courtois et de la cathédrale dédiée à la Vierge Marie. La langue française a tiré sa « dame » de la *domina* latine, qui tient la dragée haute à son *dominus*. Le christianisme a tissé autour de la femme un habit de respect et de dignité. Le seigneur paillard et sanguinaire met un genou à terre devant sa dulcinée ; le paysan rustaud et illettré supplie la Vierge de protéger ses récoltes. La femme n'est, en terre de France, ni enfermée ni méprisée. La France est femme.

En contemplant la flèche de Notre-Dame en feu, je songe comme tout le monde à Victor Hugo. Quand il part en campagne sauver la cathédrale, vers 1830, elle menace ruine et la flèche construite au XIIIe siècle n'existe plus, démontée sous la Révolution. Louis-Philippe, Mérimée et Viollet-le-Duc vont entendre son appel au secours. Victor Hugo écrit et convainc : « Il y a deux choses dans un édifice : son usage et sa beauté. Son usage appartient au propriétaire, sa beauté à tout le monde. C'est donc outrepasser son droit que de le détruire. »

Dans son roman *Notre-Dame de Paris*, Hugo exalte les anonymes, artisans ou ingénieurs, qui ont élevé l'édifice au fil des siècles. Un anonymat accepté et même désiré, qui fascine le poète qui brûle d'orgueil et de narcissisme, dans ce XIXe qui invente la figure du poète maudit.

Depuis lors, la démolition de l'identité française a commencé par le saccage de la beauté. Au nom du progressisme, de la modernité, de la liberté du créateur, de sa volonté de briser les anciens codes, on a méprisé le culte de la beauté au profit d'une conception de l'art « conceptuel » qui privilégie avant tout le message et l'intention révolutionnaire. La beauté et la nation française subissent une même remise en question, une même dénonciation, une même contestation, celle qui court tout au long du XXe siècle. Dès 1939, Jean Giraudoux écrit : « Il se poursuit sur tout le territoire un sac général de nos richesses naturelles et urbaines. Tout ce qui en France ressemble à la France suscite bientôt un iconoclaste, et cet iconoclaste est français. Et la caractéristique la plus surprenante de ce carnage est la facilité avec laquelle il peut s'opérer. »

Défendre et sauvegarder les traces de la beauté française, c'est défendre et sauvegarder l'identité française. Il est inutile de proclamer l'identité française en danger si on ne fait pas barrage de son corps pour préserver une certaine idée de la beauté de la France. Il faut retrouver l'élan de Mérimée et Viollet-le-Duc, et celui de Malraux dans les années 1960, qui a lui aussi sauvé le patrimoine urbain des immeubles anciens et hôtels particuliers qui menaçait de s'effondrer.

Pour reprendre Victor Hugo, ceci précédera cela. Ceci entraînera cela. Ceci ressuscitera cela.

« Je ne suis pas un acteur de tombola »
24 avril 2019

Il fut pour moi le marquis de Queffélec, rebelle breton pris au piège des manœuvres machiavéliennes de l'abbé Dubois, joué par Jean Rochefort dans *Que la fête commence...* Le représentant truculent et paillard des *Galettes de Pont-Aven*. Le héros misogyne et gargantuesque qui sonnait la révolte des mâles dans *Calmos*. Jean-Pierre Marielle incarnait à mes yeux d'adolescent le quinquagénaire qui refuse de devenir adulte, un condensé de Gaulois râleur et lyrique, d'amoureux transi des femmes, mais aussi de la bouffe, du vin, de la langue de Molière et de Rostand, des grandes tirades, grandes déclarations, grandes déclamations. Un mâle français. Dans une de ces dernières interviews, il déclarait : « Travailler avec des cons, c'est la plaie. Je tâche de le faire le moins souvent possible. Je vais vous dire, ça a commencé très jeune : quand ça va pas, je me tire et quand on me fait chier, je tire ! Je ne suis pas un acteur de tombola. »

Les acteurs sont comme le reste des hommes : ils meurent après que leur emploi a disparu.

Les étoiles... en piste

25 avril 2019

La loge commune du Cirque d'Hiver est pleine à craquer. On s'y entasse comme dans la cabine de bateau d'un vieux film des Marx Brothers. On se salue, on se hèle, on s'embrasse. Chacun des invités est accompagné qui d'un ami, qui de son éditeur, qui de son attachée de presse. Geoffroy Lejeune, Tugdual Denis, les organisateurs de *Valeurs actuelles*, puissance invitante, accueillent les débatteurs et les guident vers le vestiaire, remplissent les verres et répondent aux questions. Des amis d'amis entrent et sortent dans un mouvement incessant. François-Xavier Bellamy, posé, discret, presque timide, sourit des bons mots que lui glisse à l'oreille un Philippe de Villiers volontiers taquin ; Jacques Attali, barbe de sage et regard rusé, rode auprès de moi ses premières répliques : « J'ai l'impression d'être un lapin invité dans un congrès de chasseurs. » Je m'esclaffe d'un rire bon enfant avant d'ajouter : « Oui, mais l'inverse ne serait pas vrai. Je ne serai jamais invité, moi, à débattre par *Le Nouvel Observateur*. » Il opine de bonne grâce. Au milieu de la pièce, Michel Houellebecq est assis en compagnie de son célèbre agent, François Samuelson. Ils sont tous deux vêtus de chandails épais et sales. Ils ont une coupe de champagne à la main qui se vide et se remplit sans discontinuer. Tout le monde est debout et eux sont assis. Chaque personne qui entre dans la loge vient d'abord saluer Houellebecq en se penchant vers lui. On a l'impression d'un roi qui reçoit les hommages de ses féaux. Bruno Le Maire est lui aussi arrivé. Je dois débattre avec lui après l'échange qui aura lieu entre Bellamy et Attali. Ses officiers de sécurité le suivent dans la salle et observent cette agitation d'un air interloqué. Le ministre est vêtu d'un élégant costume bleu nuit, qui rehausse son teint clair. L'homme est grand et élancé, il porte beau. Il reste un instant adossé à un mur, un verre à la main dans lequel il trempe à peine ses lèvres. Son regard est rivé sur le visage fripé de Houellebecq qui n'a pas remarqué son entrée et continue à ripailler avec son complice. Le ministre écrivain, si fier d'être publié dans la collection Blanche de Gallimard, est cloué par l'admiration qu'il voue au grand écrivain national. Dans l'ombre de Le Maire, je devine ce marquis poudré qui acclame le roi Voltaire, ou le bedonnant ministre franc-maçon de la IIIe République qui se presse autour du cercueil du vieil Hugo. Je songe que la France est ce pays unique où cette scène se répète de siècle en siècle.

Le copain de Dany
13 mai 2019

J'ai la nuque raide et douloureuse. La climatisation excessive m'a transformé en automate. Trois heures de débat sur l'Europe m'ont chauffé l'esprit mais glacé le corps. Je m'empresse de ceindre mon cou d'une écharpe que mon fils me donne sans un mot. Daniel Cohn-Bendit me tend, sans me regarder, le torse déjà tourné vers la sortie, une main aussi froide que la soufflerie du studio de LCI. David Pujadas me tape sur l'épaule en guise de remerciement. Je m'apprête à partir lorsqu'un grand gaillard se plante devant moi. Je le reconnais aussitôt : c'est Romain Goupil. Il est venu dans les bagages de Dany, son vieux complice de Mai 68. Il n'a plus le lumineux visage d'ange qu'il arborait à l'époque, mais son physique massif en impose encore. Il m'interpelle abruptement d'une voix vibrante de colère : « Tu auras beau dire, tu auras beau faire, on a gagné. La France, c'est fini. »

– « Oui, malheureusement. L'islam va tirer les marrons du feu. »

– « C'est vrai, mais on s'en fout. »

Lutte commune
26 juin 2019

C'est Don Camillo. Il en a l'accent, la faconde, le goût de la castagne. Le père Grimaud n'est pas italien mais pied-noir, et ce n'est pas le communisme qu'il craint, mais l'islam. Le père Grimaud me reçoit avec une hospitalité sans apprêt ; il me fait visiter fièrement son domaine en m'interrogeant sur la vie de ma famille dans « l'Algérie de papa ». Le foyer Jean-Bosco est son royaume. Niché au cœur verdoyant du XVIᵉ arrondissement de Paris, dans la rue de Varize, où se retrouvent une ribambelle de jeunes gens venus de leur province pour étudier à Paris.

J'observe avec amusement les relations ambivalentes qu'il a nouées avec Vincent Bolloré. Un mélange de respect pour son mécène, et de tendresse paternelle pour son ouaille pécheresse, forcément pécheresse. Le déjeuner est joyeux et chaleureux, sarcastique et rigolard. Une complicité entre nous naît spontanément d'un combat commun. Nous sommes engagés dans une lutte pour la survie de la France telle que nous la connaissons. Une lutte qui est loin d'être gagnée d'avance, eu égard à la force et la férocité de nos ennemis. Bolloré insiste auprès de moi pour que j'accepte de venir chaque jour à l'antenne de CNews. Je résiste mollement. Je crains de m'user et d'user les téléspectateurs. Je sens bien que le « tycoon », comme certains aiment l'appeler, n'a pas l'habitude qu'on lui dise non. Je lui glisse que ma seule crainte est qu'il m'abandonne au premier « dérapage », selon le mot employé par mes adversaires. Je lui conte mes mésaventures passées dans les médias que j'ai fréquentés et qui ont tous (sauf *Le Figaro*) fini par me renvoyer, sous la pression conjointe des rédactions, du CSA, des médias, voire des dîners en ville. Je lui cite la phrase de Philippe Muray : « Les bien-pensants ne dérapent jamais. Ils sont la glace. » Il rit et m'assure qu'il n'est pas fait du même bois que les autres.

« Je suis un Breton, me dit-il. Je ne suis pas très intelligent, mais je suis très déterminé. » Je vais très vite m'apercevoir que le roc breton mérite sa réputation.

Saint Jacques
26 septembre 2019

Je me souviens des portières qui claquent ; des moteurs qui vrombissent ; des motards qui donnent des coups de botte dans les automobiles qui ne se rangent pas assez vite ; des trains pris en courant ; des avions privés qui décollent et atterrissent au Bourget.

Je me souviens des sandwichs qu'il engouffre à peine sorti de table ; des pauses pipi collectives : « Quand c'est fait, c'est plus à faire. »

Je me souviens des bières Corona englouties à la chaîne.

Je me souviens des « Allez, coucouche panier » ; des « Il faut mépriser les hauts et repriser les bas » ; des « Comme disait ma grand-mère : à question idiote, réponse idiote ».

Je me souviens des poignées de main et des bises ; des bises et des poignées de main ; des regards enjôleurs et des regards assassins.

Je me souviens des « Chirac remonte sur son cheval ».

Je me souviens de Chirac gaulliste, Chirac pompidolien, Chirac travailliste à la française, Chirac appel de Cochin, Chirac européen, Chirac libéral, Chirac reaganien, Chirac fracture sociale.

Je me souviens de « *This is not a method ! This is a provocation* » ; Je me souviens des « Bonjour, bonjour » ; des « Ça sent bon, ici » ; des « C'est beau, mais c'est loin », des « C'est loin, mais c'est beau » ; des « Je n'ai pas les moyens d'exercer mes fonctions » ; des « Je vais ouvrir une boutique d'antiquités ».

Je me souviens de : « Jean-Louis, on ouvrira une agence de voyages, tu vendras les billets et je voyagerai. »

Je me souviens de : « J'avais sous-estimé l'importance des déficits. »

Je me souviens de : « Qu'est-ce qu'elle veut la ménagère, mes couilles sur un plateau ? »

Je me souviens des combats de sumo.

Je me souviens des « Dix minutes, douche comprise ».

Je me souviens de Chirac qui vendait *L'Humanité*.

Je me souviens de Chirac qui signe l'appel des étudiants de l'ENA contre le putsch des généraux après une nuit entière d'hésitations.

Je me souviens de Chirac, ciseaux à la main, découpant des bouts de discours qu'on lui avait écrits.

Je me souviens de Chirac décidant de voter non au référendum sur Maastricht avec l'approbation de Juppé.

Je me souviens de Balladur l'appelant au téléphone le matin même de son intervention devant les cadres du RPR : « Vous ne serez jamais président de la République si vous votez contre l'Europe. »

Je me souviens de Chirac sifflé par les cadres du RPR lorsqu'il annonça qu'il voterait oui.

Je me souviens de Chirac refusant de participer à la guerre américaine en Irak. Je me souviens de Chirac aux côtés de l'Allemand Schröder et du Russe Poutine : l'Europe de l'Atlantique à l'Oural, avait dit le général de Gaulle.

Je me souviens du mot d'ordre américain : « Ignorer la Russie, pardonner à l'Allemagne, punir la France. »

Je me souviens de Claude, le doigt sur la bouche, pour interdire à son père de parler à la presse.

Je me souviens de Claude glissant un petit papier à son père sur lequel était écrit : « Pense à appeler Maman. »

Je me souviens de Claude demandant « ma tête » à Yves de Chaisemartin, le patron du *Figaro*, pour mon livre intitulé *L'homme qui ne s'aimait pas*.

Je me souviens du communiqué de l'Élysée : « Il n'y a jamais eu de rencontre entre Jacques Chirac et Jean-Marie-Le Pen. »

Je me souviens de Pasqua : « C'est moi qui ai organisé leur rencontre entre les deux tours de la présidentielle de 1988. »

Je me souviens de Jean-Marie Le Pen à la télévision : « Non seulement Chirac est un voleur, mais il est en plus un menteur. »

Je me souviens du « discours du Vél' d'Hiv » encensé par les médias. Un an plus tôt, le président Mitterrand avait rugi une dernière fois avant de mourir : « Celui qui demande à la France de s'excuser pour Vichy n'aime pas la France. »

Je me souviens de : « Ma position est singulière, j'ai été à la fois son adversaire et son successeur. »

Je me souviens de : « Il est fort, le bestiau. »

Je me souviens des : « Ce soir je ne suis pas le Premier ministre, et vous n'êtes pas le président de la République ; nous sommes deux candidats… »

Je me souviens de : « Mais vous avez tout à fait raison, monsieur le Premier ministre. »

Je me souviens de : « C'est vous le dernier grand président ; moi, je ne suis grand que par la taille. »

Je me souviens du « Meilleur d'entre nous » ; des bras levés de Juppé et des larmes de Séguin ; des « Voyez ça avec Édouard ».

Je me souviens de Marie-France Garaud : « Je croyais que Chirac était du marbre dont on fait les statues ; en réalité, il est de la faïence dont on fait les bidets. »

Je me souviens de Pasqua : « Chirac est un homme de gauche. »

Je me souviens de Sarkozy : « Chirac se fait passer pour un gentil con ; il n'est ni gentil ni con. »

Je me souviens du « bruit et les odeurs » ; de l'allocation santé de la ville de Paris réservée aux Français.

Je me souviens du « rempart contre le Front national ».

Je me souviens de « Facho-Chirac ».

Je me souviens de Chirac « ultime défenseur de la République contre le fascisme ».

Je me souviens de « Chirac va mal ; Chirac ne parle plus que de cul : il est complètement désinhibé ».

Dédaignez !
28 septembre 2019

Je lis l'éditorial en dernière page du *Monde* daté du 2 octobre intitulé : « Zemmour et la haine télévisée » :

> On le sait depuis 1945 : les crimes contre l'humanité ont commencé par des mots. Ceux qui ont présenté les juifs comme un peuple inassimilable et menaçant dont la seule présence compromettrait une identité nationale immuable. Stigmatisation, exclusion, expulsion, extermination. « Au bout de la chaîne, il y a le camp », a écrit l'auteur italien Primo Levi, à son retour d'Auschwitz...
> Ces mots, cette rhétorique qui montre du doigt une partie de la communauté nationale, normalise une distinction fondée sur l'origine, la culture ou la religion, enferme dans une identité fantasmée et transforme « l'autre » en bouc émissaire, constituent le fonds de commerce du polémiste Éric Zemmour...
> Son discours, prononcé au cours d'un meeting d'extrême droite organisé samedi 28 septembre par des proches de Marion Maréchal ex-Le Pen, est d'une violence insensée...

Reductio ad Hitlerum. Dès les premières lignes, l'éditorialiste du *Monde* ne s'embarrasse pas de nuances. En lisant cette prose vindicative, et le tombereau d'injures que je reçois sur les écrans ou les réseaux sociaux, je songe soudain à une page de *Choses vues* dans laquelle Victor Hugo réconforte un de ses amis qui lui avoue ne pas supporter les critiques et les polémiques dont il est l'objet :

> Moi qui vous parle, est-ce que je ne lutte pas depuis vingt ans ? Est-ce que je ne suis pas depuis vingt ans haï, déchiré, vendu, trahi, conspué, sifflé, raillé, insulté, calomnié ? Est-ce qu'on n'a pas parodié mes livres et travesti mes actions ? Moi aussi, on m'obsède, on m'espionne, on me tend des pièges, on m'y fait même tomber ; qui sait si on ne m'a pas suivi aujourd'hui même pendant que j'allais de chez moi à chez vous ? Mais qu'est-ce que tout cela me fait ? Je dédaigne. C'est une des

choses les plus difficiles et les plus nécessaires de la vie que d'apprendre à dédaigner. Le dédain protège et écrase. C'est une cuirasse et une massue. Vous avez des ennemis ? Mais c'est l'histoire de tout homme qui a fait une action grande ou créé une idée neuve. C'est la nuée qui bruit autour de tout ce qui brille. Il faut que la renommée ait des ennemis comme il faut que la lumière ait des moucherons. Ne vous en inquiétez pas ; dédaignez ! Ayez la sérénité dans votre esprit comme vous avez la limpidité dans votre vie. Ne donnez pas à vos ennemis cette joie de penser qu'ils vous affligent et qu'ils vous troublent. Soyez content, soyez joyeux, soyez dédaigneux, soyez fort.

Droit de réponse
3 octobre 2019

J'allume la radio ce matin et j'entends :
« … Tuerie à la préfecture de police de Paris : quatre policiers sont tués et deux blessés au couteau dans l'enceinte de la préfecture de police de Paris par Mickaël Harpon, agent administratif dans une unité de renseignement, spécialisée dans la menace du radicalisme islamique (!), ensuite abattu par les forces de l'ordre […].
« Christophe Castaner affirme que l'assaillant n'a "jamais présenté le moindre signe d'alerte", puis évoque une « défaillance grave » des services, le meurtrier ayant manifesté par ses propos une possible radicalisation islamiste non signalée à l'administration […].
« Emmanuel Macron appelle à "faire bloc" face à "l'hydre islamiste" […] ».
J'ai l'impression que ce Mickaël Harpon a répondu au journal *Le Monde* beaucoup mieux que je ne l'aurais fait. J'éteins la radio.

Misère de la diversité
20 octobre 2019

Cela devient une habitude troublante. Je regarde un film après avoir lu les commentaires dithyrambiques des médias et j'ai l'impression de ne pas avoir vu la même œuvre. *Les Misérables* est encensé à juste titre par la critique pour son réalisme cru et son rythme endiablé. Mais le commentaire politique s'invite aussitôt dans le regard cinématographique. Ce ne sont que déplorations, lamentations, exhortations, le tout enrobé dans une novlangue qui exalte l'énergie des « quartiers populaires » au moment même où le film montre sans fard une banlieue justement vidée de ses classes populaires d'origine française ou européenne.

Le titre hugolien encourage ce grand remplacement sémantique : le nouveau Gavroche est africain et vend de la drogue. Le nouveau Jean Valjean est islamiste et sauve les âmes et couvre les corps. Le nouveau Javert est hanté par la crainte de la bavure. Le film est d'abord le récit d'un fantastique renversement : la « diversité » est uniformément noire avec des « touches » maghrébines » ; le maire de la ville a un langage et un comportement de « racaille » ; les policiers sont sans cesse sur le qui-vive, craignant l'agression, la submersion, et le pire : leur réaction trop vive. Les violences policières sont devenues un oxymore qui signifie : les violences sur la police. Le militant islamiste tient la ville. Le flic lui hurle dans un réflexe du passé : « La loi, c'est moi. » Il se trompe et il le sait. La loi, c'est l'Autre. L'Autre qui éduque les enfants, dit le bien et le mal, l'autorisé et l'interdit, canalise et oriente la violence juvénile, impose la morale, les vêtements et la nourriture, détermine les mœurs de la cité, utilise la force armée légitime constituée par les bandes de trafiquants de drogue. Comme disait Jean Bodin lorsqu'il élabora le concept de souveraineté : « Est souverain celui qui donne ou casse la loi. » Le trio policier paraît étranger à la ville qu'il parcourt. Avec l'Antillais et le fils d'immigré espagnol, il incarne la France d'avant, celle du XXe siècle, la

France de l'assimilation, comme une borne du passé, de la douceur de vivre : celui qui n'a pas connu la France d'avant le regroupement familial ne sait pas ce qu'est le bonheur d'une assimilation réussie...

Leur collègue de Cherbourg vient perturber cet équilibre. Celui-là arrive de province et plaque un humanisme déconnecté avec la réalité de la banlieue. Comme si cet humanisme si français tuait la France.

Ce film ridiculise tous les discours sur la République et l'intégration. À la fin, le regard impitoyable du gamin annonce l'inexpiable guerre civile qui vient. Qui est déjà là. À aucun moment on ne songe que c'est une affaire de moyens financiers, de crédits, d'urbanisme, d'immeubles rénovés. C'est pourtant ce que tout le monde a dit, des médias unanimes au président de la République lui-même. Dans cette stricte logique bien-pensante, ce film aurait dû être interdit, en tout cas dénigré ou ostracisé. Je me demande comment il aurait été accueilli si le metteur en scène ne s'était pas appelé Ladj Ly.

Poupou

13 novembre 2019

Anquetil était mort depuis si longtemps que je croyais que Poulidor l'avait déjà suivi dans la tombe. Je contemple dans les journaux les photos de sa jeunesse glorieuse, son torse épais, ses mains calleuses, sa trogne de paysan rude au mal. C'était le temps des images en noir et blanc, et de mes après-midis d'été que je passais à contempler le peloton sillonnant les routes escarpées des Alpes, avant que l'on m'autorise à retourner à la plage. Dans mon enfance, Poulidor était le chouchou des Français, mais pas le mien : je lui préférais Anquetil. Je n'aimais pas l'image que Poupou donnait de nous, toujours vaincus et toujours malchanceux. Moi, les Français, je les voulais glorieux, je les rêvais triomphants, sûrs d'eux-mêmes et dominateurs, Condé à Rocroi, Murat à Austerlitz.

À l'époque, nos champions s'appelaient Michel Jazy, Christine Caron, Raymond Kopa, Jean Gachassin : courageux, audacieux, valeureux, mais jamais sur le toit du monde. J'en souffrais secrètement et jurais que ma génération les vengerait.

2020

Cérémonie anti-blanc

29 février 2020

Drapée dans une robe jaune qui met en exergue ses formes abondantes, mademoiselle compte les Noirs devant une salle éberluée. Épuisée par son exercice, la jeune actrice vindicative réclame un verre d'eau. Un homme blanc la sert. Aïssa Maïga, puisque c'est ainsi qu'elle s'appelle, prend la bouteille et la rend sans un regard pour son serviteur. Il est blanc ; elle n'a donc pas à le compter. De là à dire qu'il ne compte pas... D'un ton rogue, elle lui jette : « Restez là, je peux avoir besoin de vous. » Et elle reprend sa diatribe contre la France des Blancs, le cinéma des Blancs, le monde des Blancs. Devant leur écran, les téléspectateurs médusés se demandent s'ils assistent bien à cette cérémonie des César qui les ravissait lorsqu'elle accueillait les Noiret, Rochefort, Deneuve, Adjani, Schneider, Delon, etc. Je songe à la phrase de Franz Fanon, chantre de l'indépendance des colonies françaises, compagnon de route du FLN pendant la guerre d'Algérie, qui avait deviné que « la volonté inconsciente du colonisé [était] de devenir le colonisateur de son colonisateur ».

La guerre à Macron
17 mars 2020

Longtemps j'ai pensé que Macron était un Sarkozy en moins vulgaire ; pour la première fois, je comprends qu'il n'est qu'un Hollande en mieux vêtu.

« Nous sommes en guerre… Nous sommes en guerre… Nous sommes en guerre… » Six fois dit et répété. Sans craindre l'emphase ni le ridicule. La même anaphore belliqueuse que l'Autre, qu'il avait pourtant juré de n'imiter en rien, et même de prendre comme repoussoir absolu.

« Nous sommes en guerre. » Hollande l'avait proclamé devant le Congrès, réuni à Versailles après les sanglants attentats du Bataclan en novembre 2015. Macron retrouvait cette inspiration cinq ans plus tard, face à un virus. Des deux, Macron était le plus grotesque. Au moins, les djihadistes étaient-ils des soldats, certes d'une guerre asymétrique, mais qui tuaient et risquaient leur peau ; et on sait désormais que Hollande a donné l'ordre aux services spéciaux d'exécuter chacun des membres du commando : actes de guerre s'il en est.

Déclarer la guerre à un virus m'a paru dérisoire – et je fus loin d'être le seul. Le président de la République allemande lui-même s'en est offusqué.

Mais voilà, la guerre, ça vous pose un homme. Surtout quand il ne l'a jamais faite. C'est le point commun essentiel avec Hollande et Sarkozy : tous trois appartiennent à la première génération de chefs d'État français qui n'ont pas fait la guerre ; qui ont grandi, vécu et pris le pouvoir au cours de la plus longue période de paix jamais connue par la France dans sa longue histoire. La guerre est pour eux un concept de communication. Ils en jouent « pour de faux », comme disent les enfants. Je me souviens de l'enthousiasme exubérant, presque touchant tant il était puéril, de Hollande accueilli comme un libérateur au Mali et s'écriant : « C'est le plus beau jour de ma vie politique. » Et de la satisfaction sans fard de Sarkozy sonnant la charge contre Kadhafi. Guerres de pacotille qui ne sont en vérité que des opérations de police internationale – il n'y a plus de vraie guerre entre de grandes puissances depuis les débuts de l'ère nucléaire – mais qui satisfont à peu de frais le fantasme viril de nos dirigeants émasculés. La parabole guerrière leur permet de se hisser sur la pointe des pieds, d'oser la comparaison avec leurs glorieux prédécesseurs : Macron visitant un hôpital au milieu des malades, et c'est Clemenceau dans les tranchées au milieu des poilus.

L'ignorance historique autorise l'impudence et l'indécence le dispute au grotesque.

Il faut pourtant les prendre au mot. Sans le savoir, Hollande comme Macron ont mis leurs pas dans ceux de leurs ancêtres. Il y a un génie français des débuts de guerre en fanfare, où la fanfare tourne vite à la cacophonie et la cacophonie à la catastrophe. 1870, 1914, 1940 : à chaque fois, la France n'est pas prête, la France recule, la France s'affole. En 1914, le fameux « miracle de la Marne » permet seul de rétablir la situation. Mais le prix à payer fut énorme. Les pantalons garance qui chargeaient baïonnette en avant furent fauchés par les mitrailleuses allemandes. Les officiers teutons admiraient l'intrépidité des soldats français conduits à l'abattoir par un état-major dépassé : « Des lions dirigés par des ânes. » Cette formule me revint en mémoire en observant l'admirable dévouement des médecins et infirmières privés de tout, de masques, de tests, d'appareils de réanimation, par une technocratie qui avait passé son temps à supprimer des lits et à fermer des hôpitaux en se croyant bon gestionnaire.

Des lions dirigés par des ânes.

En observant les prestations alambiquées d'Emmanuel Macron qui emprisonnait tout un peuple, je ne pouvais m'empêcher de parodier la célèbre formule des *Mémoires de guerre* du général de Gaulle après sa rencontre avec le malheureux président Lebrun, à l'Élysée : « Le président Macron prit congé. Je lui serrai la main avec compassion et cordialité. Au fond, comme chef de l'État, deux choses lui avaient manqué ; qu'il fût un chef, et qu'il y eût un État. »

Un État qui montre des signes inquiétants de désagrégation ; qui paye des décennies de discours managérial, privilégiant toujours plus la logique des flux à celle des stocks, encourageant les délocalisations de nos industries en Chine – médicaments, masques, appareils de réanimation comme tout le reste –, en traitant de populistes les rares qui s'inquiétaient des risques pour « l'indépendance nationale ».

Finalement, cette épidémie de Covid-19 est l'épreuve de vérité qui s'apparente bien à une guerre. Après chaque grand conflit dans l'histoire, une nouvelle puissance devient hégémonique. En 1648, à l'issue de la guerre de Trente Ans, c'est la France qui inaugure le « siècle de Louis XIV ». En 1815, après Waterloo, la Grande-Bretagne domine un « Empire où le soleil ne se couche jamais ». En 1945, l'Amérique est le phare du monde.

Le coronavirus a confirmé que le soleil se lève désormais à l'est. Pas seulement en Chine, mais aussi en Corée du Sud, à Taïwan, Singapour, voire au Japon. En Occident, l'Allemagne conjure le spectre du déclin, appuyée sur son industrie et son organisation de fer, tandis que les pays latins, Italie, Espagne, France, comptent leurs morts, prix de leur déclassement, leur affaissement, leur « tiers-mondisation ».

Macron avait été élu pour faire profiter à plein des bienfaits de la modernité triomphante et il est le spectateur impuissant des ravages que cette modernité a causés à la France.

Macron avait été élu pour accoucher aux forceps la « start-up nation », et enterrer six pieds sous terre le cher et vieux pays.

Mais voilà, le cher et vieux pays méprisé et enterré a passé son temps à ressusciter au nez et à la barbe de l'arrogant start-uper président. Il y eut d'abord les « gilets jaunes » qui ont envahi chaque samedi les artères rutilantes des métropoles : une reconquête par les gueux modernes – les « sans-dents », disait Hollande, « ceux qui ne sont rien », avait ajouté son successeur – des territoires occupés par les vainqueurs de la mondialisation. Puis, ce virus qui obligeait notre fringant apôtre du marché et du nomadisme, l'enfant qu'auraient fait ensemble Jacques Attali et d'Alain Minc, à redécouvrir dans l'urgence les nécessités de l'industrie, de la relocalisation, des « circuits courts », de la nation, de l'État, du peuple français : l'argent public coule à flots et le ministre des Finances retrouve les joies socialistes de l'économie d'État. Ne sachant plus à quel saint se vouer, Emmanuel Macron a brûlé ce qu'il a adoré et adoré ce qu'il a brûlé. Son quinquennat est son chemin de Damas.

Si bête à en pleurer
Mars 2020

Il faut se presser d'en rire de peur d'être obligé d'en pleurer. On connaît la célèbre tirade de Beaumarchais. Elle se prête à d'innombrables situations, d'innombrables personnalités. Mais depuis que Sibeth NDiaye est apparue dans l'espace public, elle semble avoir été inventée pour elle. Se presser de se gausser de peur de devoir s'indigner. Se presser d'ironiser de peur d'avoir envie d'invectiver. Je fulmine et j'oublie. Je persifle et je dédaigne. Magnanime, je me contente de colporter le bon mot de mon cher Naulleau : « Sibeth. Contrairement aux apparences, ce n'est pas un jugement mais un prénom. »

Depuis le début de l'épidémie, Sibeth NDiaye ne parvient plus à me faire rire. Sans doute ai-je perdu le sens de l'humour dans les affres du confinement et de l'angoisse face au virus qui rôde. Naguère, ses tenues bariolées avec un grand cœur rouge qui la faisaient ressembler à Casimir et ses coiffures à étages qui ne la faisaient pas ressembler à Marie-Antoinette m'irritaient, mais je préférais m'en moquer. Je pressentais l'outrage politique tout à fait intentionnel pour ridiculiser la République française à travers un de ses ministres : Sibeth est fille d'un député sénégalais et d'une mère magistrat ; elle connaît les usages et ne les transgresse qu'à dessein. Comme c'est à dessein qu'elle donne le kebab comme plat de base du Français moyen, pour bien ancrer dans l'esprit public le changement de population. À dessein qu'elle assiste en pyjama au défilé du 14 Juillet pour montrer le mépris qu'elle porte à la fête nationale. Je n'oublie pas qu'elle a fait ses premières armes politiques à l'Unef, dont une porte-parole a arboré un ostentatoire voile musulman, et qui est au cœur de l'alliance nouée depuis une dizaine d'années entre la gauche, le mouvement décolonial et les islamistes, les fameux « islamo-gauchistes ». Je n'oublie pas non plus qu'elle ne cache pas que l'imaginaire politique de sa jeunesse fut nourri des luttes de l'indépendance africaine auxquelles ses parents ont participé. Jadis, les immigrés qui voulaient devenir français s'entichaient des héros de l'histoire de France, pas de celle de ses ennemis. Comme ils prénommaient leurs enfants Catherine, François ou Paul, et non Youmali, Ingissolyn et Djimane, prénoms des enfants de Sibeth. Les étrangers désiraient alors se draper dans les plis élégants de la civilisation française, pas lui imposer ceux chatoyants de celle de leurs ancêtres.

La propre généalogie de notre ministre est un parfait résumé de l'histoire de la colonisation française. Son grand-père fut un de ces tirailleurs sénégalais qui donnèrent leur vie pour la France ; ses parents se battirent pour ne plus être soumis à la France ; leur fille acquiert administrativement la nationalité française mais impose à son pays d'adoption son imaginaire africain et islamique.

Il serait inutile de faire ces observations à Sibeth, qu'elle balaierait avec un mépris condescendant. « Raciste », « sexiste », on connaît d'avance ses répliques convenues. Être une femme noire lui donne deux arguments imparables, et la dispense d'un plus grand effort.

Avant l'épidémie de Covid-19, les camps étaient ainsi établis sans effort. Après, tout fut chamboulé. La dame fit l'unanimité contre elle. Ses mensonges impavides, ses palinodies incessantes, son rire niais, ses réflexions stupides sur les profs qui ne travaillent pas pendant le confinement, son mépris d'airain pour les Français qui ne savent pas mettre leur masque, tout exaspérait et tous étaient remontés contre elle.

On avait presque envie de la défendre, de l'excuser : après tout, la porte-parole du gouvernement ne faisait qu'incarner les injonctions contradictoires, les carences mal camouflées, les mensonges d'une politique toujours en retard d'une guerre. On avait envie, mais on se retenait.

L'apôtre de la liberté individuelle
29 mars 2020

On a tous le même réflexe lorsqu'on apprend la mort d'une connaissance : on songe aussitôt à notre ultime rencontre avec lui, les circonstances, les mots échangés, les rires, les éventuelles passes d'armes. J'avais croisé Patrick Devedjian pour la dernière fois lors d'un dîner chez notre ami commun Michel Maffesoli. C'était il y a deux ans, peut-être trois, je ne sais plus. Ce soir-là, il y avait aussi Philippe Manière auquel me liait un chaleureux compagnonnage dans les années 1980, au sein du *Quotidien de Paris* de Philippe Tesson. La soirée avait été animée, le ton était monté, d'abord entre hommes – car seuls les hommes se connaissaient avant le dîner – puis les épouses étaient entrées dans la bataille ; la preuve indubitable que le sujet était d'importance.

On se serait cru par moments dans le fameux dessin de Caran d'Ache sur l'affaire Dreyfus qui montre une sage tablée familiale puis, dans la case d'en dessous, les mêmes convives dans un charivari indescriptible, se balançant force invectives, voire coups de poing, avec comme seule légende : « Ils en ont parlé. »

Nous n'en fûmes pas loin. Personne ne voulait laisser parler l'autre, et Michel Maffesoli, se proclamant Casque bleu, avait bien du mal à séparer les combattants. Pressée de revenir dans la bataille qu'elle avait abandonnée quelques instants pour surveiller la cuisine, notre hôtesse se prit même les pieds dans le tapis et renversa la soupière brûlante.

Notre affaire Dreyfus à nous était le voile islamique. On imagine les arguments entre ceux qui défendaient les droits de l'individu à se vêtir librement et ceux qui leur opposaient les droits de la nation à sa continuité historique et culturelle. Devedjian se faisait l'apôtre de la liberté individuelle. Il déployait sa plaidoirie avec la gourmandise de l'avocat qui a coutume de séduire son auditoire. Je lui avais glissé un jour, après avoir lu un de ses livres, qu'il parlait mieux qu'il n'écrivait. Il avait acquiescé à mon sarcasme, sans le goûter. Sa bouche se tordait, ses mains s'agitaient, son regard pétillait. Il avait la verve, l'humour, la culture. À mon artillerie patriotique et républicaine, et même catholique, il opposait le contre-feu des droits de l'homme et de la tolérance. Il invoquait les mânes d'Aron et de Tocqueville et m'enfermait dans un républicanisme étriqué et liberticide. Je le traitais de gaulliste de pacotille ; il me qualifiait de dictateur en herbe. Notre jeu de rôle était ritualisé ; cela faisait des années qu'on se côtoyait, depuis le temps – la fin des années 1980 – où je faisais mes armes de journaliste politique, et lui, d'élu RPR. J'y prenais toujours autant de plaisir, et il me donnait tous les signes flatteurs que le plaisir était partagé. J'avais toutefois la désagréable impression que ce n'était pas à moi qu'il s'adressait mais à lui-même. D'abord, parce que son narcissisme n'avait d'égal que sa morgue, ce qui lui faisait presque autant d'ennemis que son humour ravageur, digne des plus talentueux bretteurs à la cour de Louis XV ; ensuite, parce que mes convictions, mes arguments, mes colères, mes rejets avaient été en partie les siens dans sa jeunesse. Il était alors patriote intraitable et anticommuniste farouche. Ses anciens compagnons du groupe Occident n'ont pas oublié qu'il n'était pas le plus maladroit ni le plus timoré dans le maniement de la barre de fer. Je ne lui reprochais aucunement avec l'âge de s'être assagi et d'avoir mis de l'eau dans son vin idéologique. Devenir un notable exige qu'on modère ses passions et ses convictions. Ce qu'on gagne en confort, on le perd en authenticité. Je m'agaçais seulement qu'il en fît un système. Il entonnait désormais l'éloge de l'Europe, du marché, du droit et de la décentralisation comme un vulgaire chrétien-démocrate.

C'est la grande différence entre « l'extrême droite » et « l'extrême gauche » : l'ancien trotskiste est fier de sa jeunesse aventureuse et ne renie rien de son idéal qui l'a porté à soutenir des régimes criminels. L'ancien nationaliste prend sur lui des crimes que sa patrie n'a pas commis et passe sa vie à s'accuser de ses fredaines juvéniles. Les deux finissent au même endroit, au centre, et endossent le même costume de bourgeois libéral, mais le bourgeois de gauche a la conscience légère tandis que son homologue de droite ne cesse jamais de battre sa coulpe.

Devedjian était un enfant de l'immigration arménienne. Nous partagions le même « inconscient collectif » : vie de *dhimmi* en terre d'islam, génocide, assimilation française par la langue, l'histoire, la littérature. Mais on n'en tirait pas les mêmes leçons individuelles. Je le soupçonnais d'insincérité, de dissimulation, de cynisme électoraliste d'élu de banlieue parisienne, de lâcheté. Il affichait une supériorité morale et intellectuelle de celui qui s'est arraché des miasmes nationalistes pour mieux s'élever vers les idéaux libéraux. Là où je voyais un renoncement et une compromission, il affectait un zeste de mépris pour celui qui n'était pas parvenu à s'élever sur les cimes qu'il fréquentait. Je savais que son arrogance était en partie – en partie seulement – affectée. Elle lui permettait de masquer ses désillusions comme celle qu'il connut lorsque Sarkozy préféra donner le ministère de la Justice dont il rêvait – et qu'il méritait – à Rachida Dati, « parce que tu comprends, comme c'est une Arabe, ils ne pourront pas me traiter de raciste quand on prendra des mesures dures ». Ce jour-là, à l'Élysée, Devedjian le notable libéral et tolérant redevint un court instant Patrick le jeune militant farouche d'Occident – Sarkozy eut de la chance qu'il n'y eût pas de barre de fer à proximité.

Devedjian était un esthète, un séducteur, un Don Juan. Il lisait Chateaubriand et écoutait Jean-Sébastien Bach. Il aimait aussi cultiver son jardin au sens propre du terme, dans sa maison du Sud-Ouest. À la fois Voltaire à Ferney et Marie-Antoinette au Petit Trianon. Il était trop intelligent pour ne pas comprendre que le XXIe siècle nous ramènerait plutôt vers les temps furieux des guerres de Religion. Il était un grand admirateur de René Girard – c'est par son entremise que j'avais eu l'honneur un jour lointain de rencontrer l'immense penseur du désir mimétique – et ne pouvait pas méconnaître l'avertissement fulgurant de son maître dans son dernier livre : « Il nous faut entrer dans une pensée du temps où la bataille de Poitiers et les croisades sont beaucoup plus proches de nous que la Révolution française et l'industrialisation du Second Empire. »

Il avait décidé de ne pas en tenir compte par hédonisme ou arrivisme. Il se disait sans doute que sa génération passerait à travers les gouttes et que ses quatre fils – « quatre garçons pour porter mon cercueil », disait-il – seraient assez forts pour faire face à la dureté des temps. Après moi, le déluge, disait Madame de Pompadour. Toujours son cher XVIIIe siècle.

À la recherche du temps gagné
31 mars 2020

Je n'avais vu Paris ainsi vidé de ses habitants que dans les vieilles images d'archives montrant Hitler, debout dans une voiture décapotable, déambulant de la place de la Concorde aux Invalides, découvrant ébaubi comme le moindre soldat de sa victorieuse armée la si convoitée « Ville lumière », capitale décadente des plaisirs et de la débauche, et admirant malgré lui la beauté incomparable d'une ville qu'il rêvait de conquérir, et qu'il ordonnera de détruire quatre ans plus tard.

Paris, ville ouverte. Paris occupée, Paris humiliée, mais Paris libérée…

C'est la première pensée obsédante qui me vint à l'esprit lorsque je fis mes premiers pas timides dans la capitale désertée. Au bout de la rue de Rivoli, je croyais voir pendre une immense croix gammée rouge et noir ; et j'avais l'impression fugace de lire en allemand les panneaux indicateurs. Mon esprit valsait entre *Paris brûle-t-il ?* et *La Grande Vadrouille*. Je riais de mes réminiscences. Peu à peu, mon sentiment de panique historique s'apaisa. Ou plutôt se diversifia. La ville était toujours aussi morte, mais je ne craignais plus de croiser un officier allemand au coin de la rue. Je voyais place de la Concorde la guillotine dressée pour l'exécution de Louis XVI ; quand je passais devant l'église Saint-Roch, Bonaparte installait ses canons pour mitrailler les rebelles royalistes ; rue de l'Université, je découvrais le balcon duquel Lamartine avait salué la foule après l'avoir dissuadée de troquer le drapeau rouge pour le tricolore ; dans un immeuble de la rue de Richelieu, Molière vivait ses derniers instants de malade pas imaginaire ; dans le faubourg Saint-Antoine, les sans-culottes furibonds montaient à l'assaut de la forteresse de la Bastille.

L'absence de ses habitants arrachait Paris au présent et la rendait au passé. Et tous les héros de l'histoire de France, les héros mais aussi les traîtres, les rois et les révolutionnaires, les ministres et les écrivains, les paysans et les savants, les putes et les nonnes semblaient m'apostropher et m'invectiver : « Mais qu'as-tu fait de notre capitale chérie ? »

Je traversais la ville d'un pas vif comme pour fuir leur vindicte. J'avais l'habitude de marcher tête baissée, plongé dans mes pensées et soliloques. Je levais désormais les yeux vers le ciel, et surtout vers les monuments, places, perspectives que Paris accumule à satiété. J'appréciais l'harmonie de la place Vendôme, le charme de la place des Victoires, l'élégance aristocratique de la rue Royale, l'éclat doré du dôme des Invalides, la grandeur majestueuse des façades du Louvre, comme je ne les avais jamais vus, comme je ne les avais jamais regardés. Plus de flot de voitures pour brouiller la perspective ; plus de cohorte de touristes chinois pour encombrer les trottoirs. Je m'approchais de l'obélisque de la place de la Concorde sans qu'aucune automobile vînt déranger mon intimité avec la fière égyptienne ; je reconstituais la perspective altière de l'avenue de l'Opéra comme le baron Haussmann l'avait conçue sur ses plans.

Je marchais chaque jour au moins pendant une heure. J'avais besoin de me dégourdir les jambes, puisque toute activité sportive m'était interdite. Ma carte de presse me servait d'*Ausweis* ; mais, en vérité, les rares policiers que j'avais rencontrés m'avaient réclamé un selfie en leur compagnie plutôt qu'une attestation.

Le paradoxe de l'acteur
3 avril 2020

C'était devenu chez moi une pétition de principe : devant l'engouement unanime pour les « séries » de Netflix qui hantait tous les dîners en ville et les nuits de mes proches, je décidais que je serais le dernier des Mohicans : s'il n'en restait qu'un, je serais celui-là !

No pasarán ! Netflix et autres ne passeraient pas par moi !

Et puis, profitant perfidement du désœuvrement causé par le confinement, ils sont passés. Me voilà moi aussi pris comme les autres, et de m'installer chaque soir sur mon canapé pour suivre les aventures des agents de la DGSE réunis au sein du *Bureau des légendes*.

J'avais tout perdu fors l'honneur : ma « série » était française et n'était pas produite par Netflix, mais par Canal+. On a les glorieuses défaites qu'on peut, qu'on mérite. Au fur et à mesure des soirées, et des épisodes, je retrouvais le plaisir d'enfant que j'avais connu devant *Thierry la Fronde*, *Vidocq*, *Schulmeisteir, l'espion de l'empereur*, ou encore les *Forsyte* ou *Au nom de la loi*. À l'époque, on retrouvait chaque semaine nos « feuilletons », c'est-à-dire la même histoire contée sur plusieurs épisodes. La « série » était un genre distinct, plus américain et plus éloigné de nos habitudes : une suite d'épisodes indépendants les uns des autres, seulement unifiée par un ou plusieurs personnages récurrents. Mais nous ne boudions pas notre plaisir : *La caméra explore le temps* ou *Les Envahisseurs* ou encore *Amicalement vôtre* ou *Chapeau melon et bottes de cuir* étaient des séries passionnantes dont on se délectait et qu'on commentait dans la cour de récréation.

Les mots cependant avaient perdu leur sens originel : « série » était devenu un terme générique, qui avait recouvert l'ancien feuilleton. Encore une victoire de l'impérialisme américain, me dis-je, alors même que les Français avaient été les rois incontestés du « feuilleton » dans les années 1960 et 1970, après avoir inventé leur modèle écrit dans les journaux du XIXe siècle !

Ce *Bureau des légendes* montrait que nous n'avions pas perdu la main. On suivait, haletants, les aventures de ces espions qui risquaient leur vie à Raqqa, Téhéran ou Moscou, mais qui, lorsqu'ils s'en revenaient à Paris, subissaient les médiocrités routinières de la vie de bureau. C'est ce qu'on appelait sans doute la « *French Touch* ».

Mathieu Kassovitz incarnait le héros autour de qui tout s'ordonne. Magie de l'acteur : Kassovitz le militant, humanitariste enragé et immigrationniste fou m'exaspère ; mais je m'attachais au personnage qu'il avait créé, mélange de force et de faiblesse, d'agent intrépide et imprudent, de père divorcé et dépassé, d'amant tourmenté et éploré. Peu à peu, cependant, ma raison prenait le dessus sur mes émotions qu'on avait habilement titillées. Mes filtres idéologiques parvenaient à corriger mon empathie de spectateur.

Comment résumer cette histoire ? Un agent de la DGSE tombe amoureux d'une jeune et séduisante Syrienne. Pour elle, il met en danger sa mission, son équipe, son service, son pays. Il est l'incarnation de l'homme qui renonce à tout par passion : l'exact inversé des héros raciniens qui renonçaient à leur passion pour le bien suprême de l'empire.

L'individu moderne fait fi de toutes les contraintes et de toutes les règles ; rien n'est au-dessus de lui, aucune valeur, aucun Dieu, devoir ou patrie, ou même simple souci de la vie des autres. Il détruit tout pourvu que son désir, jusqu'au caprice, s'impose.

À la fin de la « série », les services américains et français s'accordent pour liquider l'espion félon ; mais il est sauvé *in extremis* par des agents russes. Recueilli à Moscou, il trahit cependant ses sauveurs pour retrouver sa belle à Paris, à la plus grande confusion, qui le poussera au suicide, de son protecteur russe. La vengeance posthume de celui-ci s'exercera dans toute sa rigueur, et la belle Syrienne sera exécutée. Une sentence divine qui m'évoquait la mise à mort de Milady à la fin des *Trois Mousquetaires*, sous la hache du bourreau Sanson : Alexandre Dumas était bien le père incontesté de toutes nos « séries » contemporaines et ses arrière-petits-enfants ont renoué *in extremis,* malgré eux, avec le fil perdu des temps révolus.

Comme dans mon lit d'enfant, des décennies plus tôt, je ressentais le même mélange d'effroi, de compassion, dominé toutefois par le même soulagement horrifié : justice était rendue.

En liberté conditionnelle

15 avril 2020

Le soleil inondait de ses chauds rayons le ciel d'avril, comme si un Dieu sarcastique avait voulu moquer l'enfermement volontaire de cette humanité moderne qui avait cru pouvoir se passer de Lui. Je poursuivais mes quotidiennes déambulations dans Paris. Je changeais mon itinéraire chaque jour. Je longeais les rails abandonnés de l'avenue Laffitte, derrière le parc Monceau, et les immeubles cossus qui les surplombent. Je plongeais dans les rues étroites derrière la rue du Louvre, qu'avait épargnées la hache d'Hausmann, le « Attila de la ligne droite », comme l'avait surnommé Hugo ; les queues de clients respectant la « distanciation physique » s'étiraient devant les commerces de la rue Montorgueil ; Le Rocher de Cancale était fermé à tous les Rastignac ; les façades des immeubles se faisaient ici plus humbles, les fenêtres prenaient moins la lumière ; pour s'éloigner à distance réglementaire d'un des rares passants qu'on croisait, on descendait du trottoir sur la chaussée où ne nous menaçait aucune voiture. Je laissais derrière moi les tubes et tuyaux hideux de Beaubourg, et je remontais par le boulevard Sébastopol. Au fur et à mesure que je m'enfonçais dans le centre et l'est de la capitale, les rues se remplissaient. À la porte Saint-Denis, la foule grouillait en grappes compactes, presque comme d'habitude. De grands Noirs s'apostrophaient d'un bout d'un trottoir à l'autre, des femmes en tenue chamarrée attendaient devant les étals de fruits, et de jeunes Maghrébins étaient regroupés autour d'un scooter sur lequel était juché l'un d'entre eux. À Barbès, le spectacle devenait troublant : la foule habituelle était de sortie, alors même que la plupart des magasins avaient baissé leur rideau. Aucun policier ne les contrôlait ; on avait l'impression d'être dans un autre monde, comme si l'Arc de Triomphe de la porte Saint-Denis faisait figure de nouveau mur de Berlin, partageant la cité en deux parties indépendantes l'une de l'autre, régies par des régimes et des législations différentes, voire opposées. Je n'étais plus habitué à de telles concentrations humaines. Je rebroussais chemin comme si j'étais désormais atteint d'une crise aiguë d'agoraphobie.

Ma quête était irrépressible. Je voulais tout voir, ou plutôt tout revoir sous ce nouveau jour. La solitude me donnait un ridicule sentiment de toute-puissance : Paris vide m'appartenait comme si je l'avais conquise. Un jour, je me retrouvais place Saint-Georges et je demeurais un long moment songeur devant l'hôtel particulier d'Adolphe Thiers, imaginant la vie du petit bonhomme si laid, entre ses « trois moitiés », son épouse, mais aussi sa belle-mère, qui avait été naguère sa maîtresse, et sa belle-sœur, qui l'était devenue depuis son mariage. Un autre jour, je longeais le jardin des Tuileries, essayais d'imaginer où se situait le palais brûlé par les communards, contemplais l'alignement des ponts qui se reflétaient dans l'eau verdâtre du fleuve, marchais d'un pas décidé sur la rive gauche, découvrant au loin les deux tours de Notre-Dame orphelines de leur flèche, et contemplant les meubles anciens dans les boutiques d'antiquaire, les façades élégantes, et leurs balcons en fer forgé, toute cette uniformité factice des immeubles que l'on dit « haussmanniens », qui recèle, derrière l'alignement de pierre, une grande variété de styles et de raffinements, sans compter ces blocs de béton ou de verre, que notre époque a glissés dans les rares trous laissés par ce paysage ordonné de main de maître, comme pour mieux imposer à la face des siècles et aux yeux des badauds son mauvais goût et son mépris arrogant des merveilles que nous avaient léguées nos ancêtres.

Les jours se suivaient et se ressemblaient. Toujours les mêmes rues désertes, le même soleil railleur, les mêmes perspectives grandioses, les mêmes places élégantes, le même Henri IV à cheval, comme son petit-fils Louis XIV, et le même Napoléon en toge d'empereur romain perché au sommet de sa colonne Vendôme, les mêmes ponts de pierre ou de fer qui surplombent la même eau verte et tranquille, la même épée dorée à l'entrée du pont Alexandre-III, les mêmes canons devant les Invalides, la même pyramide du Louvre, mais sans les touristes imbéciles qui se prennent en photo à quelques mètres devant elle pour faire croire qu'ils ont le doigt posé dessus, le même Arc de Triomphe garant de la gloire éternelle de la Grande Armée, les mêmes jardins et parcs fermés, comme des douceurs interdites, les mêmes balcons où on a la chance parfois d'apercevoir une jolie silhouette qui s'offre aux rayons du soleil, les mêmes boutiques aux rideaux baissés, la même tour Eiffel esseulée, les mêmes colonnes majestueuses de la rue de Rivoli. L'épidémie avait accompli le rêve misanthrope de tous les amoureux de la capitale : Paris, enfin débarrassée des Parisiens, était rendue à cette élégance altière, une Rome sans les ruines et le linge aux fenêtres, que les siècles avaient édifiée avec les rêves grandioses des Français.

Macron m'a dit...

1er mai 2020

Le nom s'affiche en toutes lettres. Je le montre à mon fils pour justifier que je me lève de table alors que nous nous apprêtons à dîner. Il est vingt heures ce vendredi 1er mai. Ce numéro ne s'était jamais affiché depuis qu'Emmanuel Macron, alors fringant ministre de l'Économie, me l'avait donné en me croisant dans les studios de RTL où nous intervenions tous deux. Depuis lors, il ne m'avait jamais appelé et je ne l'avais jamais appelé. Je ne me doutais pas que devenu président il eût conservé son numéro d'avant.

Je reconnais aussitôt sa voix. En sortant de la cuisine, devant les regards éberlués de mon épouse et de mes enfants, je me surprends à un très protocolaire : « Bonsoir, monsieur le président. » Je devine, bien sûr, pourquoi il m'appelle. La veille, dans l'après-midi, alors que je revenais les bras chargés de fruits achetés rue des Martyrs, un orage soudain m'a cueilli, m'obligeant à une marche empressée, le dos courbé, pour tenter en vain d'échapper à l'eau qui se déversait sur ma tête et dans mon cou. Même si, en ces périodes d'épidémie, le président est très soucieux de la santé des Français, il ne m'appelle pas pour s'enquérir des effets de l'orage sur ma complexion fragile. Ce ne sont pas les trombes d'eau qui l'inquiètent mais plutôt les trombes d'insultes, de menaces, d'injures et de crachats que j'avais dû endurer sur le même chemin. C'était dans la rue Caumartin, une large voie piétonne qui débouche sur les grands magasins Printemps, que j'emprunte souvent pour rentrer chez moi. J'ai entendu soudain un bruit de scooter et une voix rageuse hurlant à mes trousses, sans crier gare : « Éric Zemmour, comment tu vas, gros fils de pute, ça va, gros fils de pute… Ouais nique bien ta mère, ouais, nique bien ta mère, Éric Zemmour… Un petit doigt dans le cul, Éric… un petit doigt dans le cul, Éric. »

Ce n'est pas la première fois que je subis ce type d'invectives. J'ai appris au fil du temps à ne pas rétorquer, à ne pas me retourner, ne pas m'arrêter, à contenir une irrépressible envie de rendre insulte pour insulte, voire coup pour coup – car il y a aussi parfois des coups. À ne pas les regarder, ce serait donner le spectacle attendu à leur téléphone-caméra qui ne les quitte jamais. J'ai appris également à ne jamais en parler pour ne pas inquiéter ma famille. Les auteurs, je les connais bien, ce sont toujours les mêmes : des islamo-racailles, comme ils se qualifient eux-mêmes et – plus rarement – des bobos gauchistes. Les deux sont aussi vindicatifs, mais ne disposent pas du même lexique : les gauchistes me traitent de « fasciste » et de « raciste », les racailles défendent le Coran, baisent ma mère et m'enculent en même temps, ce qui montre une remarquable souplesse physique et morale.

Mais cette fois, mes efforts de discrétion ont été vains. C'est mon agresseur lui-même qui, fier de son exploit héroïque, l'a offert aux yeux ébaubis de la multitude des réseaux sociaux.

Les réactions ont été lentes à venir. Certains de mes amis s'offusquaient déjà de l'intolérance indifférente des bien-pensants quand le feu prenait dans la plaine. Tweets, mails, SMS, tout était bon pour manifester son indignation et son soutien, et tout ce que le progressisme comptait d'adversaires voués à ma perte, socialistes, humanistes, antiracistes, internationalistes, féministes, me couvrait de fleurs. La classe politique unanime, du Rassemblement national aux socialistes, rivalisait de ferveur. Je crus par moments assister à mon enterrement. Je note – déformation professionnelle qui prouvait que j'étais encore vivant – que seuls les élus de la France insoumise ne mouftèrent pas – même discrètement – comme une preuve supplémentaire du virage de Mélenchon vers les rivages mouvementés de l'islamo-gauchisme.

Je n'ai pas le temps d'analyser les arrière-pensées politiques du coup de fil présidentiel – baiser de la mort à un opposant vitupérant : « Quand je veux tuer, j'embrasse », disait Chirac ; clin d'œil à droite, et à la droite de la droite ; volonté d'apparaître au-dessus de la mêlée et de réconcilier un pays déchiré – qu'il me faut soutenir l'échange. Très vite, Macron a abandonné les premiers mots de réconfort pour croiser le fer sur le sujet qui s'impose comme une bobine qu'on dévide : racailles, banlieues, immigration, islam. Il le fait avec une spontanéité rafraîchissante, sans se protéger derrière l'armure de la fonction ou du protocole, ce qui le rend aussi sympathique que dangereux. La conversation s'engage comme si on se retrouvait tous deux à la télévision, ou autour d'une table chez des amis. Comme si notre échange était écrit d'avance, l'un devinant ce que l'autre pensait, dirait. Chacun avance ses arguments sans laisser à son interlocuteur le temps de reprendre son souffle, sans même réfléchir, par réflexe plus que par réflexion, comme deux équipes de football qui attaquent et défendent à tour de rôle. Il me dit « République », je lui dis « France ». Il me dit « Minorité de racailles », je lui dis : « Soutenue par une majorité, qu'elle aide à vivre et qu'elle soumet par son alliance avec la loi de l'islam ». Il me dit : « L'État tient dans les banlieues », je lui dis : « Le confinement n'y est pas respecté ». Il me dit : « La police fait respecter l'ordre », je lui dis elle recule partout de peur d'une bavure. Il me dit : « Les préfets donnent des consignes de fermeté », je lui dis : « Chaque préfet tremble de déclencher la révolte des banlieues comme en 2005 ». Il me dit : « Il y a des individus qu'on peut sauver, qu'on peut ramener à la République », je lui dis qu'il y a toujours des individus bons ou méchants, peu importe, mais je crois aux inconscients collectifs qui nous dirigent, et l'inconscient collectif de ces populations musulmanes est de coloniser l'ancien colonisateur, de dominer l'infidèle au nom d'Allah.

À ces mots, un silence de quelques secondes me permet de reprendre mes esprits. Je sens que mon dernier argument l'a pris de court. Il me dit que j'ai raison sur ce point, qu'il croit lui aussi au poids de l'histoire, qu'il l'a évoqué d'ailleurs, mais que ses références à la colonisation n'ont pas été comprises ; je lui dis qu'il l'a seulement fait sur le mode de la repentance, alors que l'ancien colonisateur est désormais le colonisé. Il me dit que s'il parle comme moi, on va à la guerre civile ; je lui dis qu'on va de toute façon à la guerre civile si on continue la politique qu'il suit, que son prédécesseur l'avait dit à des journalistes : « Tout ça finira par une partition », que même Jean-Pierre Chevènement dit que nous sommes « dans une guerre civile à bas bruit ». Il me dit qu'il aime beaucoup Chevènement, je lui dis moi aussi. Il me dit qu'il l'écoute beaucoup, je lui dis que ça se voit dans sa politique de main tendue vers la Russie. Il me dit « j'assume », je lui dis « j'approuve ». Il revient à la charge. Il me dit que ses seuls ennemis sont les salafistes, je lui dis que les salafistes ne sont que la pointe émergée de l'iceberg, que la question cardinale est le nombre, qu'il faut arrêter l'immigration. Il me laisse le champ libre, je m'enhardis, je lui dis : « J'ai un plan si vous voulez, il y a de nombreuses mesures à prendre. » Il me coupe : « Ça m'intéresse. » Je reste interdit, conscient d'être allé trop loin. Il enchaîne : « Vous savez Collomb aussi avait un plan. » Je lui dis : « C'est pour ça qu'il est parti. » Et j'ajoute : « Vous n'avez pas de majorité pour faire une politique sérieuse sur ce sujet. » Il change de registre, prend un ton complice : « Vous savez, les banlieues, ce ne sont pas seulement les racailles ou les salafistes, ce sont aussi tous ces gens qui travaillent dans les cuisines des restaurants, je sais qu'il vous arrive vous aussi d'aller à La Rotonde, vous n'ignorez pas qu'il n'y a que des Africains, et que c'est pareil dans tous les restaurants de Paris. » Je n'en disconviens pas, j'analyse à haute voix, sans qu'il m'interrompe : « Il y a deux explications. La plus courante est que les Français ne veulent plus exercer ces métiers pénibles. On entend cette rengaine dans tous les dîners parisiens depuis trente ans. J'ai une autre hypothèse : pour venir travailler dans les cuisines des restaurants des grandes métropoles, où on finit son service tard dans la nuit, il faut habiter à proximité ; or, les banlieues ont toutes été submergées par l'immigration maghrébine et africaine, et les racailles comme mon agresseur se sont chargées de chasser – par la violence ou la peur ou l'islamisation du mode de vie – les Français de souche – ou même les enfants de l'immigration européenne – qui y vivaient auparavant. » Et j'ajoute, perfide : « Ceux-là ont dû se replier dans cette France périphérique où ils sont devenus les gilets jaunes que vous vous êtes pris en pleine gueule ! » Je l'entends me dire : « Les deux hypothèses sont sans doute bonnes. » Et dans un souffle, il répète comme pour s'en convaincre lui-même : « Si je reprends votre discours, je brise le pays. » Je dis : « Il est déjà brisé et pour le reconstruire, il faut tenir un discours de vérité. » Il fait mine de ne pas avoir entendu, et poursuit : « Mais je sais qu'on vit un moment difficile, j'en ai souvent parlé avec Orban, je m'entends bien avec Orban, vous savez. Lui pense qu'il faut suivre la résolution des majorités. Il n'a pas toujours été là, Orban, vous savez. Il a été plus libéral que moi. Orban me dit souvent pour me taquiner : le premier Français qui soit venu pour me soutenir en campagne électorale, c'est Valéry Giscard d'Estaing... Oui, je sais, Orban est exactement sur votre ligne... »

Le feu nourri de la conversation ne faiblit pas, mais, je ne sais pourquoi, on bascule sur l'épidémie. Je devine à son ironie qu'il connaît mes positions hostiles au confinement. Il se fait l'avocat de ses décisions, de sa gestion. Il est convaincu et convaincant. Je lui réplique avec la trilogie masques, tests, lits. Je m'agace et m'emporte même au-delà de ce que je voudrais : « Quand votre conne de Sibeth nous dit qu'on ne sait pas mettre un masque parce qu'il n'y en a pas, vous ne croyez pas qu'elle se moque de nous ? » Il ne relève pas l'insolence et siffle sur un ton badin : « Alors là, vous vous laissez aller à vos mauvais penchants. Merkel a dit la même chose au début de l'épidémie. » Il dit qu'Agnès Buzyn a en effet alerté fin janvier, mais qu'ils ont découvert, effarés, que les stocks de masques avaient disparu. Il dit : « Vous savez, ce n'est pas moi qui ai bousillé l'hôpital, c'est Hollande. Et puis, les masques, vous verrez, on s'apercevra bientôt que ce n'est pas si utile. » Il enchaîne sur l'Allemagne qui triche, qui ne comptabilise pas les morts des EPHAD, qui ne dispose pas des lits de réanimation qu'elle annonce. On sent que mon « juin 40 de la Covid-19 » lui est resté en travers de la gorge. Il me glisse en passant qu'il a imposé la date du 11 mai à un Édouard Philippe rétif ; je lui renvoie son ton goguenard : « Ah, j'ai remarqué, Philippe a même inventé le déconfinement confiné. » On rit de concert. La conversation s'effiloche. Quarante-cinq minutes, c'est long. On promet de renouer, de reprendre ces échanges enflammés, comme de vieux amis que nous ne sommes pas, que nous n'avons jamais été, que nous ne serons jamais. Avant de raccrocher, il me jette : « Au fait, votre plan, faites-moi une note. » Je fais mine de ne pas comprendre : « Quel plan ? » Il enchaîne, amusé de m'avoir bousculé : « Mais voyons, votre plan sur l'immigration, mon secrétariat vous contactera. »

« La sœur Traoré a commencé la guerre civile ! »

23 juin 2020

On devine l'ombre de l'élégante église Sainte-Clotilde derrière nous. Je dîne avec mes deux fils à la terrasse du restaurant Le Basilic. Le service est d'une lenteur exaspérante. À minuit, nous quittons enfin la table et croisons Jean-Christophe Lagarde qui dînait avec des amis de son parti centriste de l'UDI.

L'ancien maire de Drancy a le visage et la voix forte du convive aviné.

Il me tombe dans les bras à la grande surprise de tous.

Entre deux postillons, il me crache au visage : « Tu vois, je ne suis pas souvent d'accord avec toi, mais je dois reconnaître que tu avais vu juste. La sœur Traoré a commencé la guerre civile ! »

Allez les Verts !
23 août 2020

Ce fut le même adversaire et la même défaite par le même score. En 1976, Saint-Étienne avait perdu en finale de Coupe d'Europe face au Bayern Munich par 1-0. En 2020, le Paris-Saint-Germain s'est incliné devant le même Bayern Munich par 1-0. Après leur défaite, les joueurs « verts » défilèrent sur les Champs-Élysées au milieu de leurs « supporters », une foule immense, chaleureuse et bon enfant. En 2020, une horde indescriptible de « supporters » venus de banlieue accompagnèrent leur équipe sur les Champs-Élysées, en brisant les vitres, pillant les boutiques de sport et de luxe, insultant et agressant les forces de l'ordre. Deux matchs de football, deux défaites, deux races de « supporters », deux époques, deux France. J'appartiens à la première de tout mon cœur et de toute mon âme ; je combattrai la seconde de toutes mes forces. J'ai vécu la défaite de la première les larmes aux yeux ; j'ai observé l'échec de la seconde avec la froide distance de celui qui n'est pas concerné. Il y avait dans l'équipe de Saint-Étienne deux étrangers qu'on chérissait comme nôtres : l'Argentin Oswaldo Piazza et le Yougoslave Ivan Ćurković. Il y avait davantage de joueurs français dans l'équipe allemande de 2020 que dans celle du Paris-Saint-Germain. À dix-huit ans, je m'identifiais à la première ; plus de quarante ans plus tard, je me sens étranger à la seconde ; et ce n'est pas seulement parce que j'ai vieilli. En regardant l'équipe du PSG, son prince qatari, son équipe cosmopolite, ses supporters maghrébins et africains qui muent à la nuit tombée en pillards, je songe avec mélancolie à la phrase du grand républicain Edgar Quinet : « Le véritable exil n'est pas d'être arraché de son pays ; c'est d'y vivre et de n'y plus rien trouver de ce qui le faisait aimer. »

Joyeux anniversaire !
31 août 2020

Danièle Obono hurle qu'on l'assassine. La députée France insoumise est seulement victime d'une série d'été de l'hebdomadaire *Valeurs actuelles* qui la met en scène pour une uchronie dans laquelle elle incarne une esclave africaine sauvée par un homme d'Église. Un dessin la caricature avec un collier au cou. La semaine précédente, j'ai moi-même subi le même sort, croqué en soldat tombé du ciel pour sauver Napoléon à Waterloo. J'y apparaissais exalté et ridicule. Rien de bien méchant. Mais Danièle Obono n'a pas l'âme rabelaisienne ni voltairienne. Elle est de ces nouveaux prêtres de l'époque qui ne souffrent ni le grotesque ni l'autodérision. Elle ne supporte pas non plus qu'on rappelle certaines vérités historiques qui lui déplaisent : l'esclavage était, dans l'Afrique précoloniale, le destin inexorable des vaincus des nombreuses guerres tribales. Ce sont des Noirs qui ont vendu leurs « frères » aux Blancs. Obono s'émeut alors même que tout son discours depuis des années, repris au mot près de la matrice des Indigènes de la République de son amie Houria Bouteldja, ne cesse de rabâcher que les descendants de l'immigration africaine sont pour l'éternité victimes de l'esclavage et de la colonisation, persécutés par des Blancs, eux-mêmes trafiquants d'esclaves et colonisateurs pour l'éternité. Sans se soucier de cette contradiction, toute la classe politique, y compris le Rassemblement national, et médiatique – jusqu'au directeur de la rédaction de *Valeurs actuelles*, Geoffroy Lejeune lui-même – vient à la rescousse de la grandiloquente éplorée.

Pour me punir de ne pas participer à cette unanimité geignarde, Danièle Obono m'attaque en justice pour diffamation. Je soupçonne les habiles manipulateurs de la France insoumise d'avoir détourné l'attention après ce que j'ai appelé « l'été du vivre-ensemble », et ses innombrables agressions et violences, pour remettre au cœur du débat politique les questions usées du racisme et de la culpabilité blanche. Je téléphone à Geoffroy Lejeune pour lui reprocher son *mea culpa* : « S'excuser, c'est s'accuser. » J'ignorais que je ne tarderais pas à devoir mettre en pratique mes conseils.

Une antenne maîtrisée
1er octobre 2020

J'avais pourtant dit le mot magique. J'avais dit « la plupart » des mineurs isolés sont « délinquants, voleurs, violeurs ». À deux reprises, je l'avais répété, ce mot magique. « La plupart », c'est le sésame ouvre-toi. C'est le moyen d'échapper aux condamnations judiciaires. C'est le cache-sexe du réel. Lors de ma diatribe contre ces mineurs isolés qui pourrissent la vie de nos villes, je m'étais laissé emporter une fois – un seule –, confondant dans ma véhémence l'accusation et l'expulsion, utilisant le mot maudit, le mot qui essentialise, le mot qui vaut d'être envoyé en enfer médiatique et judiciaire, le mot qui correspond au blasphème d'autrefois, le mot qui vous transforme en chevalier de La Barre d'aujourd'hui, et vous condamne à avoir la tête (médiatique) aussitôt tranchée : le mot « tous » ! Tous voleurs, tous violeurs, tous délinquants, avais-je osé, malheureux que je suis. Aussitôt, fine mouche, Christine Kelly m'avait glissé avec une douce insistance : « Pas tous, pas tous. » J'avais compris le message qu'elle me lançait comme une fusée éclairante, une fusée qui avait dû exploser dans son tympan à travers l'oreillette qui la reliait au studio : « N'oublie pas le mot magique ! » Comme un enfant sage qui a retenu sa leçon, j'obtempérais : « Vous avez raison, Christine, pas tous, la plupart. » J'avais bien répété « la plupart », mais cela n'a pas suffi. « La plupart », cette formule est exigée par le CSA pour considérer que « l'antenne est maîtrisée ». Une « antenne maîtrisée » est une antenne où le politiquement correct est rappelé à tous ceux qui le transgressent, où il est érigé en référence éthique et politique suprême, comme une croix qu'on donne à baiser aux lèvres d'un possédé. Le CSA ne reproche jamais à France Inter ou à France 2 de ne pas « maîtriser son antenne ». Au fil des années, à côté des juges, des organisme parapublics – aux membres rémunérés grassement sur fonds publics – ont été investis de la mission de contrôler l'esprit public. Le CSA en fait partie. Il exige donc que « l'antenne soit maîtrisée ». Dans le studio d'enregistrement, le directeur de l'information, Thomas Bauder, et le patron de la chaîne, Serge Nedjar, surveillent le moindre de mes propos pour être sûrs que l'antenne est bien maîtrisée. Ils donnent leurs instructions dans l'oreillette de Christine. J'ai toujours refusé d'en glisser une dans mon oreille. Serge est aussi petit et rondouillard que Thomas est grand et mince. La famille de celui-ci vient de Pologne et l'autre est un pied-noir d'Algérie. Et tout ça fait d'excellents Français… qui doivent s'assurer que l'antenne est maîtrisée.

La hantise de Serge Nedjar est que le CSA supprime l'émission, voire ferme son antenne. Déjà, les amendes, que le CSA (200 000 euros pour les mineurs isolés !) lui impose, le font souffrir mille morts, comme l'Avare de Molière à qui on a volé sa cassette. La hantise de Thomas Bauder est qu'on rate un sujet « d'actu ». Les deux hommes subissent aussi les campagnes de boycott d'un groupuscule d'extrême gauche, venu des États-Unis, Sleeping Giants, qui somme les entreprises de renoncer à la publicité de leurs produits sur la chaîne qui ose m'employer. Et puis, mais c'est à leurs yeux une inquiétude bien moindre, il y a la rédaction de la chaîne, dont la plupart – le « mot magique » est devenu chez moi une seconde nature – des journalistes tiennent à se désolidariser de mes propos « odieux » pour ne pas être ostracisés par leurs confrères qu'ils côtoient chaque jour. Sur une chaîne du service public, le ministre de la Justice, Éric Dupont-Moretti, me couvre d'un tombereau d'injures, sans que le CSA se soucie que l'antenne soit « maîtrisée » ni que la présomption d'innocence soit préservée par le ministre de la Justice.

Mon intervention controversée sur les mineurs isolés avait suivi le meurtre commis par un Pakistanais qui avait bénéficié de cette procédure hautement protectrice. Deux semaines après, le professeur Samuel Paty était égorgé par un Tchétchène, venu en France dans le cadre du droit d'asile, pour avoir osé montré une caricature de Mahomet à ses élèves. Mais comme le dit avec mesure et pondération le ministre de la Justice, c'est moi qui suis « un déversoir de haine qui pousse à la guerre civile ».

Technique du coup d'État
7 novembre 2020

L'intervention télévisée du président Trump dénonçant les fraudes électorales de son adversaire Joe Biden est interrompue par de nombreuses chaînes américaines, au prétexte que ce serait une affirmation mensongère. Son compte Twitter sera ensuite fermé. Pour réussir un coup d'État, les putschistes souvent galonnés se devaient jadis de prendre d'assaut la télévision. Aujourd'hui c'est la télévision qui prend d'assaut la parole présidentielle.

Jadis, c'était le pouvoir exécutif qui censurait le contre-pouvoir médiatique. Désormais, c'est le contre-pouvoir médiatique qui censure le pouvoir exécutif. Le contre-pouvoir est devenu le pouvoir.

Obama insulte à volonté
17 novembre 2020

« Sarkozy était tout en emportements émotifs et en propos hyperboliques. Avec sa peau mate, ses traits expressifs, vaguement méditerranéens [...], et de petite taille (il mesurait à peu près 1,66 mètre, mais portait des talonnettes pour se grandir), on aurait dit un personnage sorti d'un tableau de Toulouse-Lautrec... »
Portrait digne des croquis antisémites d'avant-guerre.
Barack Obama a tous les droits.

L'homme qui avait le droit d'aimer les femmes
29 novembre 2020

Il était James Bond. Pas le meilleur, mais le seul. Non pas qu'il fût plus beau, plus viril, plus alerte, plus sportif que ses successeurs. Son talent d'acteur n'était pas exceptionnel. Mais Sean Connery a eu la chance d'incarner le héros dans une époque aujourd'hui disparue. Une époque où la virilité n'était pas dénigrée, ostracisée, vilipendée, voire diabolisée, pénalisée. Une époque où un séducteur, « un homme qui aimait les femmes », n'était pas considéré comme un violeur en puissance. Une époque où la beauté des femmes n'était pas la preuve de leur aliénation au patriarcat. Une époque où l'homme occidental ne devait pas se justifier d'un « privilège blanc » dans les pays mêmes que ses ancêtres avaient façonnés. Une époque où les nations européennes étaient différentes entre elles mais homogènes à l'intérieur quand elles sont devenues toujours plus uniformisées par le rouleau compresseur de la mondialisation et toujours plus hétérogènes au sein de chacune d'entre elles du fait de l'invasion migratoire.

Sean Connery incarne avec une superbe de chevalier d'antan ces Anglo-Saxons qui ont gagné les deux grandes guerres du XXe siècle. Ils n'ont pas subi les affres de la défaite ni les miasmes de l'Occupation qu'ont connus les Français et les Allemands. Ils en ont tiré un sentiment de supériorité – celui-là même que Stendhal a bien décrit chez les Français au temps des victoires napoléoniennes – qui crève les écrans d'Hollywood.

Bond est l'incarnation du culte de la science et de la technique à son firmament avant que les écologistes ne nous culpabilisent. Une synthèse des mythes occidentaux du XIXe siècle. Un mélange d'Alexandre Dumas et de Jules Verne. Il nous fait croire à la fameuse prophétie de Victor Hugo : « Le XIXe siècle fut grand, mais le XXe sera heureux. »

Le charme de ces films n'est pas cinématographique mais anthropologique. L'homme occidental vit une période dorée et il ne sait pas que c'est son été indien. C'est le temps d'une certaine innocence. Le temps des années 1950 et 1960. À la fois la liberté comme on n'en a jamais connu et le progrès économique et social et la paix. Il ne sait pas, l'homme occidental, que son monde va bientôt s'effondrer sous les coups de ces jeunes chevelus – ses enfants – des campus américains qu'il contemple avec une pointe de mépris. Il fait la guerre bien sûr, mais les méchants qu'il combat sont de pacotille : la bombe atomique – tant dénoncée à l'époque par les compagnons de route du communisme – nous protège d'une guerre entre ce qu'on appelle alors les « deux blocs ».

Sean Connery meurt au moment même où le cinéma enterre James Bond. Où l'on évoque un James Bond joué par une femme, par un homme noir, par une femme noire. « Et pourquoi pas un gay noir ? » susurre la « toile ». Peu importe que le créateur, Ian Fleming, ne l'ait jamais imaginé ni écrit. Peu importe la fidélité à l'auteur, à l'œuvre, à son esprit, l'important est d'effacer et de remplacer l'homme blanc occidental autant de fois qu'on le peut. Sean Connery est mort : ils iront cracher sur sa tombe.

Fin de l'histoire

2 décembre 2020

Le président le plus important de la Ve République (hors le général de Gaulle, bien sûr) est mort et tout le monde s'en moque. Pour Georges Pompidou, on avait ressorti la pompe des obsèques nationales et internationales à Notre-Dame sur le modèle planétaire de son illustre prédécesseur. Mitterrand avait eu l'hommage du peuple de gauche et de toutes les élites du pays. Chirac, il y a à peine un an, avait eu la ferveur populaire et l'hommage à l'église de la Madeleine du président Macron. Mais pour le décès de Valéry Giscard d'Estaing, deux drapeaux, tricolore et européen, entremêlés sur un cercueil, et quelques émissions de rétrospective à la télévision, et l'affaire est faite. L'épidémie de Covid n'est qu'un prétexte : arriver jusqu'à quatre-vingt-quatorze ans pour connaître pareille désinvolture, c'est pire qu'une injustice ; c'est une faute.

Quand il est entré à l'Élysée, en mai 1974, Giscard a affirmé qu'une « ère nouvelle commençait ». On a cru à une formule de campagne, ou à une vanité de coq. Sept ans plus tard, Jack Lang dira de même que le nouveau septennat de Mitterrand séparait « l'obscurité de la lumière ». On avait cru alors à une imitation de Giscard ; c'était une parodie. Depuis l'annonce de la mort de VGE, les hommages vont tous dans le même sens : on rappelle la loi Veil légalisant l'avortement, on vante ses réformes « sociétales », on évoque le « grand Européen ». Pourtant, interrogé, peu de temps avant sa mort, sur ce « dont il était le plus fier », l'ancien président avait répondu que c'était d'avoir mené à son terme le programme nucléaire civil de la France. C'est lui qui avait raison et non ses thuriféraires posthumes. On aurait pu ajouter le TGV ou le téléphone. Ce qu'il y a de grand dans Giscard, c'est le polytechnicien colbertiste qui poursuit et parachève le chef-d'œuvre industriel hérité de l'ère gaullo-pompidolienne. Mais notre époque ignore ou méprise ou vomit ce Giscard-là. Elle aime l'autre. Et elle a raison. Elle a tort pour la France, mais elle a raison pour l'importance de son legs.

Giscard n'avait pas le cheveu long et son attitude compassée traduisait une éducation soignée de cette grande bourgeoisie qui lorgnait avec une envie souvent ridicule vers l'aristocratie ; mais il fut le plus redoutable lanceur de pavés que le Quartier latin avait connu quelques années plus tôt. Mai 68, c'est lui. Lui qui l'a analysé, approuvé, appliqué.

D'ailleurs, Daniel Cohn-Bendit ne s'y est pas trompé qui lui a rendu à sa mort un hommage vibrant qu'on sentait sincère.

Giscard a compris avant tout le monde que nous étions passés de la République des citoyens à une société des individus. Quinze ans avant Régis Debray et ses entrechats sur république et démocratie. Vingt ans avant les livres de Jean-Claude Michéa et son alliance entre les libéraux et les libertaires. Cette alliance, Giscard l'a façonnée entre lui et lui. À la fin de son septennat, Reagan et Thatcher sonnaient les trompettes de la révolution libérale ; mais celle-ci ne concernait que l'économie. Seul Giscard avait compris que le libéralisme était un projet total, économique et surtout social. Pour lui, la politique n'est plus dans la recherche du bien commun, ou la grandeur de la France, mais dans la quête du bonheur individuel. En 1945, de Gaulle assénait au résistant d'Astier de La Vigerie : « Le bonheur, d'Astier, c'est pour les crétins ! Politiquement, ça n'existe pas ! »

Giscard est la plus parfaite antithèse du crétin qui m'ait été donné de voir de près. Son intelligence m'a toujours impressionné et, à chaque fois que j'échangeais avec lui, j'étais à la fois fasciné et intimidé. Je peux dire que dans ma longue carrière de journaliste politique, c'est le seul qui m'ait produit cet effet. Je n'ai aucun mérite : son intelligence a toujours ébloui tous ceux qui l'approchaient, jusqu'au général de Gaulle, qui l'écoutait avec attention lors de ses interventions en Conseil des ministres.

Et pourtant, c'est lui, et non Mitterrand, qui fut vraiment l'anti-de Gaulle. Alors que le général avait instauré les institutions de la Ve République comme un abri antisismique pour résister à un nouveau juin 1940, Giscard, lui, est persuadé qu'un cycle historique s'achève, celui du tragique, des guerres, des menaces. La France est en paix avec ses voisins, réconciliée avec ses « ennemis héréditaires » anglais et allemands. La France doit sortir de l'histoire et devenir une Suède sociale-démocrate. D'ailleurs, avec 1 % de la population mondiale, disait-il, elle n'a plus les moyens de rester dans l'histoire, et doit dissimuler ses rides et sa santé cacochyme dans les plis fédéraux des États-Unis d'Europe.

À sa mort, Giscard a pu constater avec une satisfaction orgueilleuse qu'il avait eu raison : l'État est devenu le distributeur de droits d'une société d'individus impérieux et capricieux. Les minorités organisées en lobbys tyrannisent la majorité, servies par le pouvoir médiatique et judiciaire. C'est lui qui avait popularisé le premier en France, l'expression « état de droit ». Lui qui a donné ses premières armes au Conseil constitutionnel pour qu'il devienne une Cour suprême à l'américaine. Lui a qui a forgé le mythe du « couple franco-allemand ». Lui qui, en adossant le franc au mark, prépara avec le « serpent monétaire » les premiers pas de l'euro. Lui qui accabla les entreprises d'impôts et de charges sociales, ce qui les pousserait, lorsque la bise socialiste fut venue, vers le grand exil des délocalisations et de la désindustrialisation du pays. Lui qui, avec la réforme Haby instaurant le collège unique, a entamé la ruine de notre système scolaire, un des meilleurs du monde.

Quelques années avant son décès, il avait reconnu que l'instauration d'un large regroupement familial des immigrés avait été sa plus grave erreur. Une erreur que son Premier ministre Raymond Barre avait essayé de corriger. Celui-ci avait même négocié avec l'Algérie un programme de retour dans leur pays de plusieurs centaines de milliers de travailleurs algériens par an. Mais le Conseil d'État, saisi par une association de défense des immigrés, avait annulé le décret du Premier ministre, suspendant le regroupement familial au « nom du droit à une vie familiale normale ». Il était difficile au président Giscard d'Estaing de s'opposer à cette magnifique « avancée » de « l'état de droit ». Et les socialistes, arrivés au pouvoir avec François Mitterrand, s'étaient empressés de renoncer à l'accord avec le gouvernement algérien.

À la fin de sa vie, Giscard peut être fier de lui : il a gagné sur toute la ligne. Il a eu raison avant tout le monde et contre tout le monde. Mais il était trop intelligent pour ne pas comprendre qu'il était en vérité en train de perdre la partie. Pas seulement parce que sa Constitution des États-Unis d'Europe, qui devait faire de lui un nouveau Washington, avait été repoussée par le peuple français en 2005. C'était pire que cela : la montée en puissance de la démographie islamique à l'intérieur de nos frontières et, à l'extérieur, l'émergence de la Chine, comme rival continental de l'hégémonie américaine, nous ramenaient vers des rivages historiques que nous n'avions pas connus depuis longtemps : ceux des guerres de Religion et des affrontements pour l'hégémonie mondiale. Dans les deux cas, cela signifiait troubles, affrontements, massacres.

Il faut imaginer Giscard inquiet. Il faut l'imaginer tourmenté.

L'histoire était en train de redevenir tragique et il avait désarmé le pays. Tous les aveugles progressistes l'en louaient, mais il savait au fond de lui qu'il avait commis un crime impardonnable.

Conclusion

Dans la vie des nations comme dans la vie des individus, on passe par des phases d'abattement qui précèdent un redressement ; par des phases de déclin qui annoncent une renaissance. J'ai moi-même connu ces moments de doute, de désespoir, où je ne voyais plus pour mon pays d'autre destin funeste que la décadence et la disparition tragique. Et puis, je plongeais dans les livres de notre histoire, que ce soit dans Michelet ou dans Bainville, et je reprenais espoir.

Dans sa longue histoire, notre nation a souvent vu la mort en face, de la guerre de Cent Ans jusqu'à la débâcle de juin 1940. À chaque fois, un envahisseur nous submergeait par la force de ses armes et occupait des pans entiers du territoire national. Mais la spécificité française est que nous ajoutons toujours à des conflits extérieurs des guerres intestines.

Nous sommes le pays des guerres civiles. Une partie de nos élites se retourne toujours contre le peuple français, pour prendre parti en faveur de l'empire du moment, au nom d'un universalisme dévoyé. L'empire fut successivement anglais, espagnol, allemand. Et, à chaque fois, des Français se soumettaient à ces empires pour combattre d'autres Français qui voulaient repousser l'envahisseur.

Mais, à chaque fois, la France a trouvé en elle-même, au sein de son peuple, que ce soit Jeanne d'Arc, Bonaparte ou de Gaulle, un « homme providentiel » qui porte le fer et rassemble les énergies au nom de la survie de la nation.

À chaque fois, les Français, au départ une poignée, se sont retrouvés autour des principes qui conduisent la politique nationale depuis mille ans, les principes qui sont passés de la monarchie capétienne à la république. Ces principes, simples et limités, se rapportent à la notion de souveraineté. Souveraineté de la nation contre les empires ; souveraineté de l'État contre les féodaux ; souveraineté de sa civilisation contre les « barbares ».

À chaque fois, l'objectif était le même : panser les plaies de la division, et refaire des Français autour de leur État et de l'amour de leur patrie.

Devenir français, c'est choisir la France, l'aimer, la chérir, l'admirer. Bainville écrit au début de son histoire de France : « Les Français ne sont ni une race ni un empire ; ils sont mieux, ils sont une nation. » Il y a deux types de Français, les Français de souche et les Français de branche. Ceux-ci deviennent français en s'appropriant l'histoire, la langue, les mœurs, les goûts, les héros, des Français de souche. Ils sont comme des pieds de vigne importés d'Amérique qu'on planterait dans la terre de Bourgogne, et qui donneraient d'excellents crus qu'on ne distingue guère des autres. J'ai beaucoup choqué – et reçu un « avertissement » de la part du CSA – pour avoir déclaré à l'antenne de CNews, que j'étais désormais du côté du général Bugeaud, « pacificateur » de l'Algérie, alors même que parmi ses victimes il y avait sans doute certains de mes ancêtres, membres de la tribu berbère des Azemmour, qui nomadisaient (comme des seigneurs de la guerre du Moyen Âge) sur des territoires chevauchant la frontière (établie par la France) entre l'Algérie et le Maroc.

Loin de moi l'idée de glorifier des massacres (contre mes propres ancêtres !) ; je voulais seulement expliquer le mécanisme psychologique de l'assimilation.

Moi qui viens d'une terre conquise par la France, comme l'Alsace, la Corse ou la Provence, j'ai toujours considéré que c'était une chance infinie et un insigne honneur que de devenir le compatriote de Pascal et Descartes, Richelieu et Chateaubriand, Bonaparte et Flaubert, Lavoisier et Hugo, etc.

Pourtant, chaque jour, notre pays se livre à la détestation acharnée de son histoire, à la criminalisation systématique de ses héros. Écoles, universités, médias, jusqu'au président de la République, toutes les institutions crachent sur la France et les générations qui l'ont faite.

Nous avons, depuis quarante ans, pris le contrepied systématique de ce qu'avaient réussi avec intelligence les hauts dignitaires de la IIIe République. Autour de Ferry, les Lavisse, les Vidal de La Blache, et bien d'autres, avaient, eux, réalisé une admirable synthèse entre la monarchie et la république, entre l'Ancien Régime et la Révolution, réunissant les ennemis et les massacres d'hier autour de la nation et du sentiment patriotique.

Or, partout dans le monde, toutes les grandes nations, tous les anciens empires, toutes les grandes civilisations, naguère humiliés et équarris par l'universalisme marchand de l'Occident, relèvent la tête.

Tous ont fait le même rêve : prendre leur revanche sur l'Occident ; tous ont la même recette : renouer avec leurs racines culturelles et religieuses, tout en appliquant les méthodes d'organisation économique qui ont fait la force du capitalisme occidental.

Tous sonnent le grand retour de leur nation, de leur peuple, de leur gloire, de leur État – et de leurs armes. Tous sont retournés vers leurs racines les plus profondes pour savoir d'où ils venaient. Tous ont réalisé des synthèses fécondes de leur passé toujours tourmenté, souvent criminel, en refusant toute repentance, pour pouvoir regarder vers l'avenir. Tous savent que les guerres civiles commencent toujours par des guerres de l'histoire. Les Russes ont réconcilié les tsars et Staline, l'Église orthodoxe et ses bourreaux communistes ; la Chine a fait de même en opérant une synthèse entre Confucius et Mao. Même la Turquie d'Erdogan mélange plus habilement qu'on ne le dit l'héritage glorieux de l'Empire ottoman, le nationalisme d'Atatürk et le souffle religieux de l'oumma islamique.

La France a la naïveté de croire qu'elle est immortelle. Nos élites citent Paul Valéry et son fameux « nous savons désormais que les civilisations sont mortelles », sans comprendre que le grand poète parle d'eux, de nous, de la civilisation et de la nation françaises. Il y a belle lurette que la France n'est plus la « grande nation » tant crainte jadis par ses voisins allemands et européens. Il y a belle lurette que la France ne dispute plus aux Anglo-Saxons l'hégémonie mondiale. Mais il ne s'agit plus d'hégémonie mondiale et européenne, il ne s'agit plus de jouer dans la cour des grands, de « tenir son rang », selon l'expression qu'affectionnait le général de Gaulle, il s'agit de vivre ou de mourir.

De rester la France ou de disparaître. Rarement nous n'avons été aussi affaiblis, désunis, subvertis, envahis qu'aujourd'hui.

Ces questions d'identité et de souveraineté ne sont pas des questions d'intellectuels. Elles concernent l'avenir de notre pays, et donc celui des Français.

Nous sommes l'un des peuples les plus pessimistes du monde, non que nous soyons malheureux dans nos vies mais nous n'avons jamais été aussi inquiets du sort de notre nation.

Nous attendons désormais des réponses à des questions existentielles, sur notre identité, notre souveraineté, notre existence même en tant que peuple français, à quoi ressembleront les paysages de nos villes, nos mœurs, et j'oserai dire : notre âme.

Nous devons nous battre sur tous les fronts. Pour sauvegarder notre identité et rétablir notre souveraineté. Tous ces combats sont liés.

Nous devons remettre les juges français et européens et les commissaires bruxellois à la place qu'ils n'auraient jamais dû abandonner, au service des peuples et des nations, seule base de la démocratie.

L'état de droit et l'Union européenne ne sont pas une fin, mais un moyen. Le général de Gaulle avait établi l'ordre des priorités : « D'abord la France, ensuite l'État, enfin le droit. » Depuis des décennies, nous avons retourné la hiérarchie gaullienne : d'abord le droit, ensuite l'État, enfin la France. Notre devoir est de la remettre sur ses pieds. Seul ce rétablissement nous donnera les moyens d'arrêter les vagues migratoires qui, depuis des décennies, submergent notre territoire et notre peuple.

La démographie, c'est le destin. Redonnons maintenant à la France et à son peuple les moyens de reprendre en main son destin. Notre peuple, par référendum, doit décider de sa composition et de son avenir. Il doit pouvoir décider de la fin du regroupement familial, de la suppression du droit du sol, de l'encadrement strict du droit d'asile, sans qu'une oligarchie de juges français et européens ne l'en empêche.

Seul ce rétablissement nous permettra de ramener l'ordre et la paix civile. La sécurité n'est pas seulement une question d'effectifs et de moyens. Elle est d'abord une question d'état d'esprit et de philosophie. On doit cesser de dénoncer les « violences policières » et les « discriminations » et les contrôles au faciès. On doit, au contraire, comprendre que les « violences aux policiers » exigent de donner à ces derniers une présomption de légitime défense.

Il faut que la peur change de camp et que force revienne à la loi. Mais cela ne suffira pas. Il faut avant tout appréhender autrement le sens profond de la violence que nous subissons. Ce n'est pas une délinquance ordinaire, encore moins une révolte adolescente en manque de père, même pas une cupidité de miséreux. L'origine ethnique et confessionnelle de la plupart des trafiquants de drogue, comme des agresseurs de vieilles dames, doit nous éclairer : cet ensauvagement signe le grand retour des « Barbaresques » sur notre sol. Ce qu'on appelle en termes euphémisés la « délinquance » est l'empreinte de plus en plus profonde d'une guerre de civilisations menée sur notre sol. Du vol de téléphone portable au trafic de drogue, de la « guerre des yeux », jusqu'à l'action terroriste, massacre du Bataclan ou décapitation de Samuel Paty ou d'un prêtre dans son église, ce sont les mêmes « jeunes », les mêmes bandes, les mêmes motivations, la même haine de la France et de l'infidèle, le même « djihad », la même volonté de transformer « le monde de la guerre » en « monde de l'Islam ».

Nous n'avons plus le temps ni le choix, nous devons adapter nos lois, cesser de croire que nous obtiendrons par notre compassion, et notre humanisme, la rédemption du pécheur, et tout faire pour éloigner ces envahisseurs prédateurs loin de nous : expulsion systématique des étrangers pénalement condamnés (25 % des détenus) ; déchéance de nationalité française pour les individus binationaux condamnés pour un crime ou pour une succession de délits ; reprise en main par l'État des « zones de non-droit ».

Si on n'opère pas cette révolution copernicienne, on pourra sauter sur sa chaise comme un cabri, en criant « sécurité, sécurité, sécurité », rien n'y fera, rien ne changera. Les musulmans qui veulent s'assimiler à notre civilisation doivent pouvoir le faire sans crainte ni sentiment de culpabilité, sans être harcelés par ceux qui les traitent d'apostats, « d'Arabe de service » ou de « nègre de maison ». Ils sont nombreux à avoir quitté leur terre parce qu'elle était le lieu de toutes les misères, les tyrannies, les corruptions. S'ils sont venus chez nous, eux ou leurs parents, c'est pour bénéficier des charmes et avantages de la civilisation occidentale, née du mariage de la religion chrétienne et de la culture gréco-romaine, et non pour y ramener les affres de la civilisation qu'ils ont fuie.

La subversion migratoire n'est pas une fatalité, contrairement à ceux qui nous disent que les lois de l'économie nous l'imposent. Depuis des décennies, on a exigé que le peuple s'adapte et se soumette aux lois de l'économie. L'économisme est la religion de nos politiques. Ils croient y puiser leur légitimité, alors qu'ils ne déploient, depuis des décennies, que leur incompétence. Ils se sont inclinés devant cette évolution délétère : la finance a asservi l'économie qui a asservi le politique. Nous devons remettre sur pied la hiérarchie naturelle : la politique doit piloter l'économie, elle-même soutenue par la finance.

Nous devons nous rassembler autour de ce que j'appellerai « les 5 I » : identité, immigration, indépendance, instruction, industrie.

Ces cinq thèmes ne peuvent être classés selon le vieux clivage entre la droite et la gauche. La laïcité fut de gauche, mais c'est la gauche qui a abandonné le devoir de discrétion dans l'espace public. La méritocratie de l'école républicaine fut de gauche, mais c'est la gauche qui l'a rayée au profit des chimères du pédagogisme et de la discrimination positive. L'assimilation fut de gauche, mais c'est la gauche qui l'a laissée tomber au profit du multiculturalisme. La lutte contre l'immigration fut de gauche, mais c'est la gauche qui a troqué les ouvriers français pour les immigrés. La méfiance de la religion considérée comme un opium du peuple fut de gauche, mais c'est la gauche qui s'est soumise à l'islam, « religion de paix et d'amour ». Le patriotisme fut de gauche, mais c'est la gauche qui a abandonné le « cher et vieux pays » au profit d'une conception désincarnée et mondialisée de la république. L'industrie, ses usines, ses ouvriers, mais aussi ses scientifiques et ses technologies furent de gauche, mais c'est la gauche qui a bradé l'industrie pour les services, la protection de son économie pour le libre-échange, les emplois de ses ouvriers pour le pouvoir d'achat des consommateurs.

Ce combat relève d'une gauche qui n'est plus, mais aussi d'une droite qui se renie : la droite de la patrie, la droite de nos clochers et de nos terroirs, la droite qui défend le droit de propriété, la droite du travail bien fait, la droite de la famille traditionnelle, la droite qui rejette avec raison l'enfer fiscal, la droite qui exige qu'on « cesse d'emmerder les Français », la droite du bon sens, la droite qui n'a pas peur de la sélection et de la discipline à l'école, la droite qui conserve ce qui est bon et change ce qui est mal, la droite qui récuse le dogmatisme idéologique, la droite qui défend la terre et la beauté de nos paysages, la véritable droite conservatrice qui a inventé l'écologie avant que les gauchistes ne la prennent en otage. Cette droite n'a pas de parti exclusif, pas de classe sociale non plus : c'est la droite qui rassemble une énorme majorité de Français pour que la France demeure la France.

Ce défi français, ce défi pour la France, cette renaissance française, cette reconquête française exigent que nous nous arrachions à nos petits conforts, nos petites vanités, nos petits ego. Nous vivons un moment que nous revivons rwégulièrement dans notre histoire, où le peuple ne se reconnaît plus dans ses élites, ne se reconnaît plus dans les partis politiques, ne se reconnaît plus dans ce qu'on appelle aujourd'hui « le système ». Aucun parti, même ceux qui prétendent canaliser cette colère, ceux que les élites et les médias disent populistes, ne parvient à incarner la juste colère et angoisse du peuple français.

Nous sommes engagés dans un combat pour préserver la France telle que nous la connaissons, telle que nous l'avons connue. Ce combat nous dépasse tous et de lui dépend l'avenir de nos enfants et petits-enfants. Il concerne aussi ceux qui nous précédés, qui ont forgé la France dont nous avons hérité, la France si belle que nous aimons et que le monde entier admire, ces ancêtres à qui nous devons reconnaissance et respect, alors que nous ne cessons de les abreuver d'insultes et de reproches, ces ancêtres à qui nous devons de préserver la France telle qu'ils nous l'ont léguée. Nous sommes là pour perpétuer l'histoire de France. Pour ceux d'hier et ceux de demain, il ne s'agit plus de réformer la France, mais de la sauver. La France n'a pas dit son dernier mot.

Paris, le 21 juin 2021

Table

2006

Bouffon médiatique : 22 avril 2006	29
Les nouveaux collabos : 29 juin 2006	33
Les boules ! : 9 juillet 2006	36
La dernière séance : 20 juillet 2006	37
Comme à la maison : 7 septembre 2006	41
Gastrite coloniale : 14 septembre 2006	43
Et Dray créa Ségo : 12 octobre 2006	48
De Barrès à Zola et de Zola à Barrès : 14 novembre 2006	49

2007

« On n'attire pas les mouches avec du vinaigre » : 8 janvier 2007	53
La France coupable : 17 février 2007	54
L'amour est dans la campagne : 14 avril 2007	60
Et le quinquennat tua le Premier ministre : 25-29 août 2007	62
Le grand remplacement muséal : 12 octobre 2007	63

2008

Du chiffre au nombre : 17 février 2008	71
Quand la rumeur tue : 25 février 2008	77
Blasphème d'un nain éditorial : 3 avril 2008	79
Le rêve de Mélenchon : 7 avril 2008	83
Salauds de retardataires ! : 29 septembre 2008	84

2009

Le messie président : 20 janvier 2009	91
Les illusions perdues de Sarko : 17 mars 2009	93
La nostalgie du grand con : 23 mars 2009	98
L'adieu aux tropiques : 30 octobre 2009	101
Regrets éternels : 10 novembre 2009	106

2010

Le petit chose de Tunis : 7 janvier 2010	111
Entre routine et fous rires : 10 janvier 2010	116
Bouffonnerie prophétique : 27 février 2010	117
L'aveu : 3 mai 2010	120
Crème de sang : 18 novembre 2010	121

2011

Accusé, couchez-vous ! : 13 janvier 2011	125
Un mauvais moment à passer : 2 mars 2011	128
Fin de partie : 4 mars 2011	129
« Vous n'êtes pas fins, vous les Allemands » : 12 mars 2011	131
Un président ne devrait pas faire ça… : 23 mars 2011	134
Impuissance d'État : 23 mai 2011	137

« Ils voudront porter des Nike » :
   14 septembre 2011 137
« Entre ici, Steve Jobs » : 5 octobre 2011 140
Omar, l'intouchable : 2 novembre 2011 142
Sans foi ni loi : 15 novembre 2011 143

2012

Frères ennemis : 4 janvier 2012 147
La guerre des trains a bien eu lieu :
   30 janvier 2012 149
Perdre pour exister : 13 mars 2012 150
La terre et les morts : 22 mars 2012 151
Parce que c'était lui, parce que c'était moi :
   12 avril 2012 153
Bourgeoisie française : 25 avril 2012 154
L'homme qui s'aimait trop : 4 mai 2012 155
RTL met un genou à terre : 18 mai 2012 158
Un mec de gauche : 29 juin 2012 160
Le conseiller de l'ombre : 9 octobre 2012 161

2013

La défaite pour tous : 20 janvier 2013 165
De l'homosexualité au lobby gay : 22 mars 2013 166
L'homme qui valait 40 milliards : 15 mai 2013 168
La *taqiyya* des progressistes : 17 mai 2013 169
Du moi dans Moix : 28 mai 2013 170
Ils ont touché au grisbi : 9 octobre 2013 171
Un papy qui me veut du bien : 20 décembre 2013 174

2014

Le vilain petit canard
   qui se rêve cygne royal ! : 11 janvier 2014 179

Tout sauf franc ! : 12 mars 2014 181
Adolescents : 21 mars 2014 182
La classe... des riches : 28 mars 2014 183
Qu'est-ce qu'ils ont fait au bon Dieu ! : 16 avril 2014 184
Jacques c'est tout bon ! : 17 juillet 2014 186
Leur suicide, ma victoire : 2 octobre 2014 188
Le roi te touche, Dieu te guérit ! :
  16 octobre 2014 191
Menaces : 18 octobre 2014 192
Monsieur, « la République, c'est moi ! » :
  12 décembre 2014 193
Aux armes éditoriales ! : 15 décembre 2014 194
La femme qui n'aimait pas l'homme :
  18 décembre 2014 195

2015

Le grand retour du tragique dans l'histoire :
  7 janvier 2015 201
Rencontre inopinée : 8 janvier 2015 203
La machine judiciaire : 4 mars 2015 203
Adieu Max : 17 mars 2015 205
Je croyais tout savoir : 25 juin 2015 206
On a toujours tort d'avoir raison trop tôt :
  29 juin 2015 208
Sans limites : 2 septembre 2015 212
Le zèle des attachées de presse... :
  9 septembre 2015 214
Indigestion à l'avocat : 9 octobre 2015 214
Le vieux chat matois : 20 novembre 2015 216

2016

Ils m'y voyaient déjà ! : 2 février 2016 221
« Ma loi ! » : 11 février 2016 222

Le cœur a ses raisons
   que la raison n'ignore plus : 2 septembre 2016...... 224
L'habit ne fait pas le moine : 7 octobre 2016............ 227
Quand l'histoire se répète : 4 novembre 2016............ 228
Mamie Trump : 6 décembre 2016................................ 231

2017

François a tué Fillon : 14 mars 2017........................... 235
L'adieu à Simone : 30 juin 2017.................................. 238
Mort d'un petit juge : 11 juillet 2017 241
« Si tu es mieux placé que moi... » : 12 juillet 2017.... 241
Trop de stress : 6 septembre 2017................................ 243
La première victime de Macron : 17 octobre 2017..... 246
Mick Jagger : 19 octobre 2017.................................... 248
Tea time avec Édouard : 20 octobre 2017.................. 251

2018

Réac and roll : 13 janvier 2018................................... 257
Adieu poulet : 20 janvier 2018.................................... 259
Les enfants terribles : 14 février 2018........................ 260
Ridicule : 20 mars 2018... 262
« Pays en guerre » : 20 avril 2018 263
Droit au but : 15 juillet 2018....................................... 265
Elle est blême, mon HLM : 3 septembre 2018........... 269
Et j'ai crié : « Corinne ! »
   pour qu'elle comprenne... : 13 septembre 2018..... 271
Pas de mise en examen pour la haine du Blanc :
   17 septembre 2018.. 274
Don Valls destituido ! : 25 septembre 2018................ 275
Du Tipp-Ex dans le texte : 11 novembre 2018............ 276
Le lièvre et la tortue : 27 novembre 2018................... 278
Jockey Club : 28 novembre 2018................................ 280
Cocus de l'histoire : 15 décembre 2018...................... 281
La revanche d'une blonde : 18 décembre 2018.......... 283

2019

Les larmes de l'histoire : 15 avril 2019 287
« Je ne suis pas un acteur de tombola » :
  24 avril 2019 289
Les étoiles... en piste : 25 avril 2019 290
Le copain de Dany : 13 mai 2019 291
Lutte commune : 26 juin 2019 292
Saint Jacques : 26 septembre 2019 293
Dédaignez ! : 28 septembre 2019 296
Droit de réponse : 3 octobre 2019 297
Misère de la diversité : 20 octobre 2019 298
Poupou : 13 novembre 2019 299

2020

Cérémonie anti-blanc : 29 février 2020 303
La guerre à Macron : 17 mars 2020 304
Si bête à en pleurer : Mars 2020 307
L'apôtre de la liberté individuelle : 29 mars 2020 309
À la recherche du temps gagné : 31 mars 2020 312
Le paradoxe de l'acteur : 3 avril 2020 314
En liberté conditionnelle : 15 avril 2020 316
Macron m'a dit... : 1er mai 2020 318
« La sœur Traoré a commencé la guerre civile ! » :
  23 juin 2020 323
Allez les Verts ! : 23 août 2020 324
Joyeux anniversaire ! : 31 août 2020 325
Une antenne maîtrisée : 1er octobre 2020 326
Technique du coup d'État : 7 novembre 2020 328
Obama insulte à volonté : 17 novembre 2020 329
L'homme qui avait le droit d'aimer les femmes :
  29 novembre 2020 329
Fin de l'histoire : 2 décembre 2020 331

Conclusion 335

DU MÊME AUTEUR

ESSAIS

Balladur, immobile à grands pas, Grasset, 1995.
Le Livre noir de la droite, Grasset et Fasquelle, 1998.
Le Coup d'État des juges, Grasset et Fasquelle, 1998.
Une certaine idée de la France, Collectif, France-Empire, 1998.
Les Rats de garde, en collaboration avec Patrick Poivre d'Arvor, Stock, 2000.
L'homme qui ne s'aimait pas, Balland, 2002.
Le Premier Sexe, Denoël, 2006.
Mélancolie française, Fayard/Denoël, 2010.
Z comme Zemmour, Le Cherche Midi, 2011.
Le Bûcher des vaniteux, Albin Michel, 2012.
Le Bûcher des vaniteux 2, Albin Michel, 2013.
Le Suicide Français, Albin Michel, 2014.
Un Quinquennat pour rien, Albin Michel, 2016.
Destin Français, Albin Michel, 2018

ROMANS

Le Dandy rouge, Plon, 1999.
L'Autre, Denoël, 2004.
Petit Frère, Denoël, 2008.

Composition et mise en pages
Nord Compo à Villeneuve-d'Ascq

Imprimé en France par CPI
en septembre 2021

Dépôt légal : septembre 2021
N° d'édition : X23570/02
N° d'impression : 3045045